名师工程
教育探索者书系

书系顾问 张志勇
书系主编 齐 健

鲁派名校系列

李志欣 ◎ 著

博弈中的追求

——一位中学校长的「零」作业抉择

BOYI ZHONG DE ZHUIQIU

YIWEI ZHONGXUE XIAOZHANG DE LING ZUOYE JUEZE

西南师范大学出版社

全国百佳图书出版单位 国家一级出版社

图书在版编目（CIP）数据

博弈中的追求：一位中学校长的"零"作业抉择/李志欣著.
—重庆：西南师范大学出版社，2013.11
（名师工程系列丛书）
ISBN 978-7-5621-6501-9

Ⅰ.①博…　Ⅱ.①李…　Ⅲ.①中学教育－研究　Ⅳ.①G63

中国版本图书馆 CIP 数据核字（2013）第 258872 号

名师工程系列丛书

编委会主任：马　立　宋乃庆
总策划：周安平
策　划：李远毅　卢　旭　郑持军　郭德军

博弈中的追求——一位中学校长的"零"作业抉择
李志欣　著

责任编辑：钟小族　张燕妮　孙建莹
封面设计：天之赋设计室
出版发行：西南师范大学出版社
　　　　　地址：重庆市北碚区天生路 1 号
　　　　　邮编：400715　市场营销部电话：023-68868624
　　　　　http://www.xscbs.com
经　销：新华书店
印　刷：重庆紫石东南印务有限公司
开　本：787mm×1092mm　1/16
印　张：16.25
字　数：250 千字
版　次：2014 年 2 月　第 1 版
印　次：2014 年 2 月　第 1 次
书　号：ISBN 978-7-5621-6501-9

定　价：30.00 元

编者的话

当前，以人为本的教育理念正在逐步深化，素质教育以及基础教育课程改革不断推进。在这场深刻又艰苦的教育改革中，涌现了无数甘为人梯、乐于奉献的优秀教师。他们积极探索、更新观念、敢于创新、善于改革，在实践中创造性地发展、总结了很多先进的教育思想、教育理念；创造性地开发了很多新的教学模式、教学内容和教学方法。这些新思想、新模式、新方法在实践中极大地提高了教学质量，是教育改革实践中的新内涵和宝贵财富。这些优秀教师就是我们的名师，这些新内涵就是名师的核心教育力。整理、总结、发展、推广这些教育新内涵，是深化教育改革、完善教育体制、提高教育质量、提升教师水平的一件大事。

教育，是民族振兴的基石；教师，是教育发展的根基。

胡锦涛在全国优秀教师代表座谈会上指出："教师是人类文明的传承者。推动教育事业又好又快发展，培养高素质人才，教师是关键。没有高水平的教师队伍，就没有高质量的教育。"十七大报告又进一步强调了必须加强教师队伍建设，不断提高教师的素质。当今世界，社会进步一日千里，科技发展日新月异，知识更新的周期越来越短。教师作为"文明的传承者"更要与时俱进，刻苦钻研、奋发进取，尽快提升自身素质和能力，为推动教育事业的健康发展贡献自己的力量。

基于以上，西南师范大学出版社策划、组织出版了大型系列教育丛书——《名师工程》。希望通过总结名师的创新经验、先进理念，宣传名师的核心教育力，为广大教师职业生涯提供精神源泉和实践动力，在教育实践层面切实推动从教者职业素养的提升。通过《名师工程》实现"打造名师的工程"。

丛书在策划、创作过程中力求实现以下特色：

一、理念创新，体现教育的人本精神

教师角色在以人为本的教育理念下发生了重大的变化，教师的素质和能力也面临更高的要求。如何弘扬、培植学生的主体性、增强学生的主体意识、发展学生的主体能力、塑造学生的主体人格等问题成为教师在目前教育中亟待解决的难题。丛书以教育管理者和教师为主要读者对象，通过教师综合素质的提高而将人本教育的思想落实到教育实践中，真正实现教育培养人、塑造人、发展人的本质要求。

二、全面构建，系统提升教师的教育能力

丛书选题的最大特点就是系统、全面地针对教师教育能力的提升而展开。施教者的能力决定教育的效果，教育改革的落实、教育效果的提高无不体现在教师身上。丛书针对不同教育能力、不同教学要求、不同教育对象，有针对性地设置选题。棘手学生、课堂切入、引导艺术、班主任的教导力、互动艺术、课堂效率、心灵教育等等，这些鲜明的主题从教育的细节出发，从教育实际情况出发，有针对性地解决问题，让教师在阅读中学有所指、读有所获。

三、科学权威，体现教育的时代前沿性

丛书邀请全国各地著名的教育工作者执笔，汇集在教育改革与实践中涌现的先进理念、成果和方法，经过专家认真遴选、评点总结而成，代表了目前教育实践中先进的教育生产力，具有时代前沿性，是广大一线教师学习、借鉴的好素材。

四、注重实践，突出施教的实用价值

丛书采用了通俗的创作方法，把死板的道理鲜活化，把教条的写法改变为以案例为主，分析、评点为辅，把最先进的教育理念和方法融入有趣的情境中。经典的案例，情境式的叙述，流畅的语言，充满感情的评述，发人深省的剖析，娓娓道来、深入浅出，让教师更充分地领会先进、有效的教育方法。

在诸多教育、出版界同仁的支持与努力下，《名师工程》陆续推出了《名师讲述系列》《教学提升系列》《教学新突破系列》《高中新课程系列》《教师成长系列》《大师讲坛系列》《教育细节系列》《创新语文教学系列》《教育管理力系列》《教师修炼系列》《创新数学教学系列》《教育通识系列》《教育心理系列》《创新课堂系列》《思想者系列》《名师名课系列》《幼师提升系列》《优化教学系列》《教研提升系列》《名校长核心思想系列》《名校工程系列》《高效课堂系列》《创新班主任系列》《教育探索者系列》等系列，共150多个品种，后续图书也将陆续出版。

丛书在出版创作过程中得到各地、各级教育部门与教育工作者的大力支持与帮助，在此一并表示感谢！

教育事业是全社会共同的事业，本丛书的出版一方面希望能对广大教育工作者有所帮助，共缮先进成果；另一方面也是抛砖引玉，希望更多的教育工作者参与到出版创作中来，百家争鸣、百花齐放，为促进教育事业的发展共同努力！

轴心的力量

9 月 28 日。

公元前 551 年 9 月 28 日，鲁国，今山东曲阜，孔子诞生。

那个时代，被 1900 年后的雅斯贝尔斯称为人类的"轴心时代"，在中国，有孔子；在古希腊，有苏格拉底；在以色列，有犹太教先知；在古波斯，有琐罗亚斯德；在印度，有释迦牟尼……

在中国，是因为孔子开启了一个时代，还是因为那个时代塑造了孔子？

雅斯贝尔斯是这样说的："人类一直靠轴心时代所产生、思考和创造的一切而生存，每一次新的飞跃都回顾这一时期，并被它重新燃起火焰。自那以后，情况就是这样。轴心期潜力的苏醒和对轴心期潜力的回忆，或曰复兴，总是提供了精神力量。"[①]

这是一种力量。

马克思是这样说的："个人怎样表现自己的生命，他们自己就怎样。因此，他们是什么样的，这同他们的生产是一致的——既和他们生产什么一致，又和他们怎样生产一致。"[②] 他批评"人是环境和教育的产物，因而认为改变了的人是另一种环境和改变了的教育的产物"这种学说忘记了"环境正是由人来改变的，而教育者本人一定是受教育的"[③]。

这是一种同一。

再论孔子，我们相信他能够给中华民族带来新的力量；再论孔子，我们相信人始终创造这个世界并与这个世界相一致。

（一）

有学者将中国大师（包括教育家）涌现的时代划分为三个阶段：春秋

---

① 雅斯贝尔斯. 历史的起源与目标［M］. 魏楚雄、俞新天译. 北京：华夏出版社，1989.
② 韦建桦. 马克思恩格斯选集（第一卷）［M］. 北京：人民出版社，2012.
③ 韦建桦. 马克思恩格斯选集（第一卷）［M］. 北京：人民出版社，2012.

战国时期、宋明时期、民国时期，我们也可以循着这样的脉络追寻山东大地上的教育家，探访山东大地上的教育。

孔子是一位教育家，在文化思想领域给予他再高的地位和赞誉都不为过。然而，他并不是高高在上，而是在我们身边。他继承"三代"，积极"入世"，终生"为师"，儒泽·"千载"。精神力量与实践基础相结合，延伸到文化与教育的血脉中。

探讨教育绕不过孔子，探讨山东教育要回到孔子。我们还是更关注作为教师的孔子：

子曰："温故而知新，可以为师矣。"

子曰："知之者不如好之者，好之者不如乐之者。"

子曰："不愤不启，不悱不发，举一隅不以三隅反，则不复也。"

子曰："有教无类。"

……

这不仅是教育的财富，更重要的是，孔子是一位教育实践者。他以育人为本：志于道，据于德，依于仁，游于艺。他编订教材：《礼》《乐》《诗》《书》《易》《春秋》。他寻觅教学方法：因材施教、循循善诱。他留给学生精神财富：仰之弥高，钻之弥坚，瞻之在前，忽焉在后。

孔子之后，在那个时代，山东大地上能够被历史作为教育家所记载的当属"亚圣"孟子和"劝学"的荀子。

孟子于孔子后百年出生，是战国时期伟大的教育家、思想家，儒家的主要代表之一，他与梁惠王、齐宣王两位大国君主的对话可以看作是他的教育实践，"仁者无敌"的思想展示无余，"经济政策""仁政治国""克制欲望""人心四端"都是他所关注的：

——"恻隐之心，人皆有之；羞恶之心，人皆有之；恭敬之心，人皆有之；是非之心，人皆有之。恻隐之心，仁也；羞恶之心，义也；恭敬之心，礼也；是非之心，智也。仁、义、礼、智，非由外铄我也，我固有之也。"《孟子·告子上》

——"人之所不学而能者，其良能也；所不虑而知者，其良知也。"《孟子·尽心上》

……

战国时期山东大地上的另一位教育家荀子，他五十始来齐游学，长期在著名的稷下学宫任祭酒，留下了关于学习、修身的不朽篇章：

学不可以已。青，取之于蓝，而青于蓝；冰，水为之，而寒于水。木直中绳，輮以为轮，其曲中规，虽有槁暴，不复挺者，輮使之然也。故木受绳则直，金就砺则利，君子博学而日参省乎己，则知明而行无过矣。

故不登高山，不知天之高也；不临深溪，不知地之厚也；不闻先王之遗言，不知学问之大也。干越、夷貉之子，生而同声，长而异俗，教使之然也。《诗》曰："嗟尔君子，无恒安息。靖共尔位，好是正直。神之听之，介尔景福。"神莫大于化道，福莫长于无祸。

……

不仅仅是荀子，还有更多的大师曾在那个时代云集稷下学宫。稷下学宫，又称稷下之学，是战国时期田齐的官办高等学府，稷下位于今山东省淄博市稷门附近。齐宣王之时，在稷下扩置学宫，招揽天下名士：儒家、道家、法家、名家、兵家、农家、阴阳家等百家之学，会集于此，自由讲学、著书论辩，成为百家争鸣的时代标签。

在汉唐盛世，中国的政治体制、文化积淀都达到了时代顶峰，教育的发展随之呈现出蓬勃壮大的态势。在山东，叔孙通、匡衡创立了不可磨灭的教育功业，兰陵人王良曾"教授诸生千余人"；高密人郑玄"学徒常数百千人"，虽遭遇党祸被禁锢，仍设帐讲学达二十余年；而颜之推的家庭教育经典著述《颜氏家训》则更是被称为"古今家训以此为祖"。

宋代以来，封建制度面临着诸多新的问题，恰恰是这个时代，成为教育家涌现、教育创新探索的重要时期。北宋初年，山东出现了中国书院发展史上占有重要地位的泰山书院（有宋代"四大书院"之一之称）。

而泰山学派、泰山学院的代表性人物"宋初三先生"——"泰山先生"孙复、"徂徕先生"石介（泰安人）、"安定先生"胡瑗更是名冠一时的教育家。

其中，石介出生于一个"世为农家""豪于乡里"的聚族而居的大家庭，他"貌厚而气完，学笃而志大"，范仲淹也评价说"介刚正，为天下所闻"。后石介因丁忧回山东，躬耕于徂徕山下，以《易》教授弟子，从者甚多。鲁人敬重其学识风范，故因其所居之山，尊称他为徂徕先生。

石介有感于儒学的衰落，守制期间"以《易》教授于家"，名闻山东。景佑二年（1035年）开始，石介在泰山聚徒讲学，并邀请学者孙复到泰山主持日常教学工作。孙复曾于景佑元年（1034年）拜访过时任南京推官的石介，两人一见如故，互引为知己。接到石介邀请时，正是孙复人生最潦倒失意的时候：科举再次落榜，家贫以致无法安葬去世的父母。而到泰山教学，既能解决生活困难，又能实现自己振兴儒学、维护圣人道统的理想，于是就欣然接受了石介的邀请，由一落魄书生一跃而为书院主讲，开始了近十年的泰山讲学。景佑四年（1037年），孙复、石介两人在泰山之阳建学舍，孙复名之曰信道堂，并作《信道堂记》："予丁丑岁秋九月做堂于泰山之阳，明年春，堂既成，以是道处堂，故名信道堂"，称其志在发扬尧、舜、禹、汤、文、武、周公、孔子之道。不久信道堂因故迁到泰山栖真观，规模扩大，建制逐步完善。康定元年（1040年），石介作《泰山书院记》始称为泰山书院，说他"于泰山之阳起学舍构堂，聚圣人之书满屋，与群弟子而居之"并认为，孙复"上宗周、孔，下拟韩、孟"，尊其为泰山先生。[①]

"宋初三先生"开理学之先，具有极高的学界地位与教育意义，至今仍值得我们研究。

民国时期，大师辈出，从山东聊城走出去的教育家傅斯年就是其中最为杰出的代表。

在台湾大学，有一个傅园，是为纪念傅斯年而建。傅斯年不仅是历史学家、教育家，而且是五四运动的北大学生领袖、历史语言研究所创始人、北京大学代理校长、台湾大学校长，一生富有传奇色彩。

作为教育家的傅斯年，发表了《教育崩溃之原因》《教育改革中几个具体事件》《改革高等教育中几个问题》等若干文章，其思想择其要者，有以下几点：

考查一所学校成功与否，一要看学生是否有使用课本知识的能力，二要看能否把日常生活与课本知识联系起来。

教育不能独立，学校就不可能办好。政府的责任，一要确保教育经费

---

① 吕建强．石介与泰山书院［J］．煤炭高等教育，2009，（6）．

的独立，二要保障校长和教师的地位，三要在教育管理上采用文官制。

教育之整顿，学风之改善，其关键皆自上而下，都不是自下而上。

学生大多数都是好的，政府只有"把教育部建设成一个有技术能力的官厅"，并选择有人品、有见识、有资望的人去当大学校长、教育厅长和教育局长，才能把学校办好。

傅斯年在代理北京大学校长期间，坚决拒绝"伪北大"教员继续留任，坚持"民族气节""正是非，辨忠奸"，将汪精卫时期北京大学的教职员全部开除，学生学籍和学历都不承认，要先补习才能参加学历甄审入新北大。

1950 年 12 月 20 日，积劳成疾的傅斯年突发脑溢血逝世。台湾大学为纪念傅斯年奠定台大发展基石，特地在实验植物园建造一座罗马式纪念亭，亭中砌长方形墓一座，墓前立有无字碑，修有喷水池。园中有兵工署捐赠的一口纪念钟，上面铸着"敦品、力学、爱国、爱人"8 字校训。人们把台湾大学校园内的这个地方叫作"傅园"，把纪念钟称为"傅钟"。值得注意的是，这口"傅钟"每节上下课都会响 21 声，原来傅斯年有句名言"一天只有 21 小时，剩下 3 小时是用来沉思的"。

而今天，在山东大地上，教育事业正在以伟大的复兴之势在发展，素质教育的改革创新之路开始引领全国的教育改革路向，一大批名校、名师也在挥洒着自己的智慧和激情，承续历史、开创历史。

（二）

古往今来的山东教育都是以其文化内涵、大气磅礴而影响着时代的发展，透视历史，观照今天，我们能够找到山东教育可以提供的成功密码，提取出足以供我们思考、批判的价值力。

1. 本体是人：守望道德的高地

教育是人创造的。

"有两样东西，人们越是经常持久地对之凝神思索，它们就越是使内心充满常新而日增的惊奇和敬畏：我头上的星空和我心中的道德律。"这是康德《实践理性批判》中的一句话，也是康德的墓志铭。

在山东教育史上，从孔子的"克己复礼"、曾子的"三省吾身"，到孟子的"舍生取义"，他们当中的每一个人终其一生，无不在追寻心中的道德大义和民族未来。尽管说法不同，其中所蕴含的核心价值却都集中在对国家、对民族、对人类命运与前途的关注与担当上。

"会当凌绝顶，一览众山小。"当一个人占领了道德的制高点后，他眼前所呈现的不再是难以逾越的重重困难，而是一幅幅美好的画卷。此时，人的发展往往会创造出一个又一个的奇迹，伟人如此，常人亦然。让人参与，学生和教师成为行为主体，这是先验性的要义。

在马克思恩格斯的理论中，我们不仅到处可以看到人，而且可以看到的是人的发展，哲学理论和教育理论的前提是对人的回答。在这里，人是实践中的人，是在实践中获得发展的人，离开了实践，只限于精神层面是不能够获得真实的发展的，而且，即便是精神层面的发展也是与实践过程紧密相连的。不仅如此，人类的知识、智慧都是由人所创造的，在传递、继承人所创造的知识与智慧的过程中，人必然会与其具有"此岸性"，会与这些知识和智慧处于"一致"的状态，学习是内化的，不是外铄的。

从教育的价值和意义来看，教育也是一种经历，没有生命的经历和历练就没有教育发生，这就是教育的过程本质。现实的经历是教育的一部分，而作为人类创造的文明成果，往往存在于精神和历史的层面上，很多时候和学生的人生体验不一致，教育的作用就在于创造这种一致性，让人的发展与人类的成果形成一致。

2. 先知先行：实现于自我超越

先知先行者，从古至今。

今天，在教育改革的道路上，山东省的许多地区、学校、教师走在了全国的前列，已经进入了一个比较高的境界，在长期的探索和实践中积累了许多富有启发意义的宝贵经验。区域如潍坊，用教育部基础教育二司司长郑富芝的话来说，叫作"山东经验，潍坊模式"；学校如青岛二中的自主发展，青岛三十九中的特色发展，临朐海尔希望小学的课程建设，利津北宋一中零作业背景下的改革；教师如王岱、刘建宇、张利平、王冬梅……

教育发展，教师是关键。作为教育管理者，应从不断提高教师的幸福指数和职业认同感入手，让每一位教师在快乐中工作，最大限度地激发教师的工作积极性和主动性，最大限度地发挥出每一位教师的智慧和潜能。

根据美国著名心理学家马斯洛的需求层次理论，让人感到受尊重和能够自我实现，才能从内部激发发展的欲望。作为教师，教学在其人生中占有相当大的比重。要让教师生命更有意义、更快乐、更幸福，在各个阶段始终保持生命的激情和活力，就必须把教师引领到研究的路上，让教师成为思想独立的研究者。

教育管理部门、学校校长只有创造机会让每一位教师都成为好教师、名教师，并给这些好教师、名教师不断创造更大的舞台，教师们才能真正体验到自我价值的实现，才会不断寻找更高的发展定位，由此带来的是一个区域、一个学校会充满朝气蓬勃的发展活力。简单地说，一定要让好教师、名教师有出路！

3. 敬畏规律：教育与人的双重肯定

今天，更多的学校、教师走在教育探索的路上。

"蓬生于麻，不扶而直。"在适合自己的教育里，学生才能够快乐地茁壮成长，才能够成为一个具有良好的身心素质、科学头脑、广泛兴趣、创新能力以及笃实、守信、和善、包容的人。这样的人才培养方式最根本的一点是敬畏教育规律。

规律在哪里？当然不是寻找真理式的论断来供奉，不是停留于表面上，而是在于将自己认可的有益于教育发展、有益于学生的事情做出来。规律不仅仅是大道理，是哲学思维，是心理学前沿理论，而是关注学生的阅读，丰厚学生的人生底蕴；关注学生的视野，联通整个信息世界的力量让学生面向整个世界；关注学生的能力，让学生在操作中获得一生必备的创造力。

校长有教育家的情怀，教师有教育家的智慧，每一位创立自己教育业绩的实践者理应都是具有哲学思考力的，是敬畏天地、敬畏人道而敬畏规律的。

《中庸》中说："故君子不可以不修身。思修身，不可以不事亲；思事亲，不可以不知人；思知人，不可以不知天。""修身"一事，是从"天道""人道""亲缘""孝道"化解而来，因为没有更高远的境界，单纯的行动是没有好的结果的。

这就是人本思想，"人本"是思想，也是规律吗？为什么不是呢？

孔子从没有把人失落了，于是他不在意争执，而在意作为。在他的教育价值取向中，学科是人的学科，教学是人的教学，社会、政治、经济也是人的社会、政治与经济，这才是规律。

历数千年的教育传统，最值得称道的还是对学生的关注，无论是宏观教育体系的发展、学校教育价值的延伸，还是学校内部课程建设、教学实践、学生指导，山东教育以学生的自主、主动、超越自我的学习为核心，这也是他们无限切近于规律的必然取向。

今天，在齐鲁大地上，一批名校长、名师正走在教育改革与发展的实践探索之路上，与时代一起成长。他们的执着，他们的成功经验值得敬畏，留取下来构成我们对教育新的探索与尝试，这就是这套书系的初衷。

我们愿意与老师们一起切地行走，在教育的芳草地上寻找面向未来的种子。

齐　健

前　言

网络上曾经流传着有关学生作业的混搭诗句——

举头望明月，低头写作业。

少壮不努力，老大写作业。

商女不知亡国恨，一天到晚写作业。

洛阳亲友如相问，就说我在写作业。

垂死病中惊坐起，今天还没写作业。

生当作人杰，死亦写作业。

人生自古谁无死，来生继续写作业。

众里寻他千百度，蓦然回首，那人正在写作业。

当今中小学校，真的是作业猛于虎啊！现在的孩子，几乎快要被作业逼疯了。

以上混搭诗句并不是没有缘由地编造事实，它以夸张的手段幽默地再现了当前中小学教育的一种"变态"的现实，作业成了中小学生学习的代名词，成了学生学业负担过重的主要形式，成了学生童年和少年生活的主要内容。在学校，作业是老师主要推动学生学习的手段；学生回家后，作业是家长主要监控学生学习情况的手段。学生没有了自主空间和时间发展自己的爱好和兴趣。更为可怕的是，让我们培养的孩子不做家庭作业就不会生活了。

教师不是不明白超量或机械重复性的作业会对孩子的学习兴趣与创造力带来摧残与伤害；家长不是不对孩子写作业到深夜的不负责任的做法而产生抱怨；孩子们更是对那些无休止的而不得不做的作业感到无助和痛恨。但是，为什么作业取消不了，或者减少不了，大家似乎处于明知其害却又不敢轻易放弃的矛盾之中，其原因就是我们大家都身处"应试教育"与"素质教育"相互博弈的生态环境之中，新的科学观念无法迅速战胜旧的传统观念。

许多教育实验正在风云突起，不断更新。课堂模式在变革，以学生为本的课堂正成为改革的目的，当堂达标，向课堂要质量已达成共识；备课方式在变革，学教一体的学教案普遍运用，备课内容以问题为主，课堂训练量逐步增大；作业类型不断翻新，如分层型作业、社会实践型作业、探究型作业、操作型作业、听说型作业、游戏型作业等；作业操作方式也在尝试变革，如"零作业日"的出现、学生自主选择作业的探索、错题完善作业的创新、家长申诉、学生作业免责制度的尝试等；创造机会让学生去读一读、查一查、想一想、画一画、演一演、编一编、辩一辩、议一议等，尽力让学生享受自主学习的快乐。可以说学生减负开始出现一丝曙光，看到了一些希望。

在《国家中长期教育改革和发展规划纲要（2010－2020年)》中，也将"调整教材内容，科学设计课程难度""提高教师业务素质，改进教学方法，增强课堂教学效果，减少作业量和考试次数""培养学生学习兴趣和爱好""充分发挥家庭教育在儿童少年成长过程中的重要作用"等义务教育的诸多领域和实现目标统一纳入到"减轻中小学生课业负担"这一个主题之下。

但就目前整个基础教育领域绝大多数中小学生来说，课业负担问题，仍然是教育的顽疾，孩子们的负担仍然越来越重，作业问题依旧是全社会普遍关注的热点和难点问题。我们是否意识到了，责任该谁来承担？减负的路径该如何寻求呢？

一个个只会乖乖做作业的孩子会有什么责任感和担当意识？当教育简单地只剩下了做题，不客气地说，它不仅无法培养出合格健康的社会主义的建设者和具有道德感的新公民，更有可能造成人的本质意义上的"异化"。

山东省教育厅副厅长张志勇说："当今中国，在孩子们身上压着'三座大山'，这就是：超课时上课、超量作业和频繁考试。在这'三座大山'的'压迫'下，对于孩子们来说，本来充满快乐的学习与生活变得日益枯燥、日益无趣。更有甚者，教育直接成为扼杀众多花季少年的'凶手'，成为少年儿童成长与发展的异己力量！""延续和创造人类文明、促进人类进步和发展的教育，在中国这个具有数千年文明史并正大踏步地走向伟大复兴的国度里何以至此？"这是多么掷地有声，且听后让人忧心忡忡的追问啊！

实际上，这就是中国教育中的"应试教育"长期存在所形成的恶果，它是困扰我们教育科学发展的重大难题。北京师范大学肖川教授从本质上解读了"作业"的危害：当我们的学生为了完成"作业"而每晚"奋战"到子夜时分，累得趴在书桌上睡着，竟然疲倦得连个舒适的姿势也懒得摆的时候；当我们的孩子为了完成"作业"而不得不把双休日公园里活泼的游戏明媚的欢笑声变成书桌旁僵硬的身躯和紧锁的眉头的时候；当我们的学生、我们的孩子为了完成老师布置的"作业"而不得不把几乎一切的休息、休闲的时间都用于"做题"的时候，他们就成了"做题的机器"，教育的"异化"也就产生了。

作业是学习、理解、消化、巩固所学内容的有效方式，但"过多"的作业，特别是当"过多"的作业汇成了"题海"，使之成为应付考试的常规"战术"的时候，教育就成了一种单纯的训练，成了一种纯工具性的、机械的练习和训练，教育就失去了它的本真。教育的这种"异化"极有可能压垮孩子还未成形的稚嫩的双肩，换言之，就是有可能压垮中国未来希望的脊梁。

为什么会产生"题海战术"？其一是这种"战术"对当前"大规模时空限制下的纸笔考试"的有效性；其二就是我们常常不愿提及但事实上又真实存在的教师之间的残酷的博弈。

考试不仅是学生之间的博弈，其实也是教师之间的博弈。虽说学校里最基本的博弈是学生之间的博弈，但学生博弈的方式方法却不是学生能够自己做主的，而是由教师之间的博弈策略来决定的。也就是说，教师之间的博弈决定了学生博弈的策略、方式与方法。

校内教师之间的博弈又可分为两类：一是同年级、同学科教师之间的博弈；二是同班级不同学科教师之间的博弈。但不管哪一种博弈，一个教师要想取得我们常说的"教学成绩"，他就必须让学生在自己的学科上投入更多的学习时间，而各学科教学时数一定时，教师必然要想办法来占用学生的课余时间。要想更多地占用学生的课余时间，一个简单的办法就是布置作业，布置比其他老师更多的作业。当各个老师都想布置更多的作业以"占用"学生更多的时间来学习自己这门学科时，教学中的"囚徒困境"就产生了。而"囚徒困境"的结果就是"没有互赢，只有互败，甚至皆败"！

"囚徒困境"是"经济学"中的一个著名案例，当我们每个人都追求个人利益最大化的时候，群体性的"困境"就产生了。"题海战术"产生的主要原因之一就在于这种"囚徒困境"，学生负担过重的罪魁祸首也在于这种"囚徒困境"。

这种"困境"困住了老师们的学生观、教学观、作业观，更困住了中国的基础教育，使中国的基础教育总是在"困境"的漩涡中打转，在泥潭中挣扎，步履维艰，根本无法拔出脚跟追赶时代的改革步伐。

本来，教学的理想状态，应该是给学生布置少量家庭作业，以期温故而知新。山东省教育厅新闻中心主任宋全政说："我们无法否认，相当一部分老师布置作业的基本动机其实就是抢占学生时间，靠拼时间弥补低效的课堂教学，靠转嫁课业负担来提升自己的教学效果。当前农村学校的教育教学，基本是在一种严重的高耗低效模式下疲惫运行，近一半的作业是无效的。学校之间、学科之间、老师之间的竞争实际上已演化成为时间的竞争。课时既定，怎样才能拼得更多的时间呢？争夺的焦点自然集中在学生家庭作业上。"

良好的初衷，科学的手段，为什么如今已经演化到如此严重的地步，当大家似乎陷入了一种绝境的时候，我和北宋一中的全体教师毅然决然地提出了实施"零"作业。

肖川教授这样评价我们的"零"作业改革：北宋一中用"零"作业这把"宝剑"决绝地奋力一劈，从此斩断了"题海战术"这个纠结了无数利害关系的"绳结"，让中国的基础教育从作业的"囚徒困境"中解脱出来，让我们的教育从此能够冲出"漩涡"，向着大海尽情奔流；让我们的教育从此能够趟过"泥潭"，大踏步追赶世界改革的步伐。

北宋一中以"零"作业的方式斩断了以"作业量"为标志的"题海战术"，也就彻底斩断了"作业博弈"中的"囚徒困境"，甚至我们可以说，因此斩断了主要靠拼时间为标志的"应试教育"的命脉。

北宋一中的"零"作业的意义怎么估量都不过分。因为，我们所有的改革措施，不论是我们寄予了厚望的耗尽了无数教育学者智慧的新课程改革，还是老师们无比向往的"有效教学"的实施，都只有在"零"作业的前提下才能进行。"零"作业"逼"得老师们必须改变博弈的方式。在

"零"作业的前提下"时间战术"已然失效，只能提高"有效教学"的质量，向"课堂要效率"，以保证学生的学习质量。"零"作业的主旨是建设高效课堂，它截断了教学的传统路径，全面启动了课堂教学改革，而这，正是新课程所翘首以盼的。

北宋一中的"零"作业绝非只是"斩断"了陷入困境的现状，更重要的还有"斩断"之后的重新建构。相对于"题海战术"造成的"教育异化"，"零"作业追求的是回归教育本真的"全人教育"，是真正的素质教育，它使学生既心情舒畅，又学习高效，既可以考出高分，又能够健康成长。

在"零"作业的前提下，教师的博弈策略变"题海战术"为课堂的"有效教学"，学生的博弈方式变"低效劳动"为"高效学习"。在"零"作业的校园里，学生从此能自由地呼吸教育的清新空气，能自由地追求生命里的活泼泼的成长。

其实，我一直认为，"零"作业只是一次教育的回归行动，以它为切入点，目的是想牵动诸如课堂、课程、德育、教师专业发展、制度与机制等学校教育因素和文化的观念与实际操作的全面创新与转变。"零"作业更预示着我们这群农村教师立志减负的决心和对理想教育的追求与情怀，"零"作业是学校各项改革与创新的终极目标，是育人目标得以实现的一种策略与理念。

"零"作业的提法，概念上并不十分科学，在实现这一目标的过程中，其实践操作策略也并非完美，可以说是目前教育生态环境下的一个"另类"，但是以学生为本，以教师为本，以质量为生命线，却是我们始终如一的追求，从这个意义上说，"零"作业既是我们改革的手段，也是我们完善的目标，更是我们对教育的追求。

令人欣喜的是，目前北宋一中已经走出了"零"作业初始阶段与"隐性作业"不断较量与矫正的过程。在"强制"执行下，老师由被迫，到习惯，到自觉，到真心拥护，因为他们从实践中已深深体会到，"零"作业不仅解放了学生，解放了老师，更重要的是带来了意想不到的教学效果，诞生了异彩纷呈的新观念、新思想和新产品，师生迈着轻松的步伐，呼吸着自由的空气，信心百倍地走向桃花盛开、落英缤纷的教育桃花源……

目　　录

"零"作业教改的产生背景与意义

  课外作业应该是教师为学生精心准备的礼物。具有良好家庭作业习惯的学生更能认识到课外学习的必要性。在家完成学校布置的学习任务，有助于学生认识到学习并不局限于学校的课堂环境。但是我却发现，课外作业并没有我们向往的美好，它其实已经演化成最让孩子恐惧的负担。

  究其实，提出并实施"零"作业源于我自己的工作经历和改革经验。从1992年从教开始，我先后在3所学校工作过。在这3所学校，我发现了相似的情况，那就是很多老师在布置课外作业时，其实并没有考虑学生的真正需要。他们布置作业的动机更多的是抢占学生时间，靠拼时间来提高成绩。

第一节 实施"零"作业，缘起于绝地反思

一、作业博弈害了谁？

我从踏上教育之路开始，至今已整整 20 年了。在这 20 年中，我很清楚地知道课外作业到底是什么。从作业的功用来看，课外作业应该是教师为学生精心准备的礼物。研究发现，具有良好家庭作业习惯的学生更能认识到课外学习的必要性。在家完成学校布置的学习任务，有助于学生认识到学习并不仅仅局限于学校。但在实践中，课外作业并没有我们想象的那么美好，它已经演化成最让孩子畏惧的负担。

自 1992 年开始，我先后在 3 所学校工作过，而这 3 所学校都曾经是山东省利津县不同时期的教学落后单位。在这 3 所学校，我发现了相似的情况，那就是无论农村学校还是城市学校，很多老师在布置课外作业时，其实并没有考虑学生的真正需要。他们布置作业的动机更多的是抢占学生时间，靠拼时间来提高成绩。由此带来的问题是，作业成为教学管理中最为敏感的话题。

在抢占时间的过程中，有的老师从中获利，有的老师从中受害。这里所说的"利""害"，只是简单针对学生的成绩高低而言。为什么这么讲呢？虽然每所学校也都认识到了没有节制地布置作业的害处，对于学生的家庭作业量也都有时间上的规定，但是在具体实施层面还是有一些问题，那就是谁来掌控时间。数学老师布置的作业不超量，语文老师布置的也不超量，但是数学和语文的作业量相加就可能超出规定的作业时间。更何况，初中绝不仅仅只学习语文和数学这两科，因此学生会有多达八九科的作业，这么多的作业量加起来，如何了得。

这么多的作业，学生能完成吗？学生究竟怎么完成呢？完不成怎么办

呢？如果想完成，先完成哪一科呢？这些问题每天都在困扰着学生。解决的方式，不外乎这么几种：一是选一个脾气好的老师，不做他的作业，他的惩罚措施轻一些；二是谁也不敢得罪，老老实实地全部独立完成（采取这样做法的，往往是学习成绩好的学生或听话的学生）；三是谁的也不做，硬撑，撑不下去了，就选择逃学；四是没有"硬撑"的本事，也不能全部独立做完，只有组成"互助小组"，你做语文，我做数学，他做英语，完成以后大家一起抄（据了解，有很多学生有过这样的经历）。

在学生当中，采取一、二、四种做法的比较多。对于那些脾气较好的老师来讲，在这方面就显得"吃亏"了，学生很少做他的作业，他的教学成绩就受到了很大的影响。久而久之，当他醒悟过来后，就会加入到激烈的竞争中去，于是又引发老师与老师之间的矛盾、老师与学生之间的矛盾。为了调和这些矛盾，学校能做的也只能是分割学生的在校时间。

以上这种现象，我们称之为"时间博弈"。它摒弃了原有的许多好的教育理想，以一种"赌"的心态对待教育，对待学生。在这里，提几组有趣的数字：第一组，8－1大于8。我们这代人上小学时，老师经常向我们解释其中蕴含的道理。一共8个小时的时间，拿出1个小时休息，会比完整地学8个小时的效果好。但今天的现实是，我们不仅不愿意拿出1个小时的时间来休息，甚至于想拿出12个小时来让学生全部用于学习。成效不去管，先求个"心里安稳、踏实"。这种做法，对学生是最有害的。当学生在教室里一坐就是十几个小时的时候，即使对学习很有兴趣，也会觉得枯燥无味。第二组，20分钟与40分钟。我曾做过一个调查，一节课40分钟，学生能集中精力听讲多长时间？答案是很恐怖的，平均不到20分钟，甚至更低。也就是说，有一多半的时间不能有效地被利用。第三组，"前7后8"。受"博弈"心理的影响，许多老师可以说是与时间赛跑的高手。"前7后8"就是很形象的一个例子。也就是说，前一位老师拖堂7分钟，后一位老师提前候课8分钟。这种做法，导致有的学生下课连上厕所的时间都没有，老师之间为此矛盾重重，使内耗进一步加剧。

这种博弈对老师的专业成长造成了很大影响，因为教师每天考虑的是如何占用学生更多的时间，提高学生的应试能力，考更高的分，师生交流更是少之又少。这导致师生之间缺少情感沟通，师生关系紧张甚至对立。

这对师生双方都没有好处。

对成绩好，认真听话的孩子来讲，他的时间就几乎全被做作业占据了。没有多余的时间来培养他自己的爱好，这使其失去了多样化发展的机会；他的思维被限制在重复的作业里，得不到解放；他的身体陷在沉重的作业里，得不到自由。长久以往，一个本应灵气十足的孩子就会变成一个做题的高手，应试的机器。对成绩稍差，但认真听话的孩子来讲，他害怕被落下，他要追，于是学得非常累，压力不仅会摧垮他的身体，更会折磨他的精神。对成绩好，但不听话或有个性的孩子来讲，他将是被打磨的对象，用不了多久，他的个性就会被消磨掉。对成绩不好的学生，这种博弈无异于将他早早地推出了竞争的舞台，由此带来的一系列社会问题值得人们深思。逃学、上网、打游戏使很多学生成了问题少年。

对学生和老师都没好处的事情，对学校当然就更没有好处。一直以来，农村学校的发展有一个怪现象，就是教育教学质量忽高忽低，不能保持稳定。碰到一批所谓好的学生，成绩就上去了；碰到一批所谓差的学生，成绩就降下来了。为什么呢？其中很重要的原因就是这种"博弈"所造成的。靠拼时间、拼精力的做法只能起到短期的效果，而且这种做法严重违背了教育的出发点和科学性。

以前我们也尝试过这样的做法，控制作业的总量，由学校教导处的同志负责审核把关。同时也明确，当天没有课程的科目不能安排家庭书面作业，对允许布置的科目甚至规定了题型。但这样做的结果是，负责的同志成了记账员，没有时间研究教改、加强学习、管理学生。要知道，教导处的老师都是业务能力很强的老师，把他们陷在这些繁杂的事务里，是一种人才的浪费。即使是这项工作做好了，一些隐性的作业也很难控制。比如，有的老师会对学生这样说："这章的题可以不做，但下节课我要讲"。有了这样的暗示，学生就不敢不完成。学校不允许布置书面作业，但我可以布置背诵作业。甚至有的老师不允许学生告诉检查人员布置了作业，当检查者问卷调查或询问学生时，学生便隐藏事实。在过去，为了应对学校的政策，老师们能想出很多的应付策略。

当一所学校面临这么多层出不穷的问题时，它的教育环境实际上是不

公平、不和谐的。污染了学校甚至当地整体的教育环境，摧残了无数学生的身心健康。

二、尝试作业改革（1992—2004）：踏上破冰之旅

1992 年的那个夏天，背着简单的行囊，我来到了利津县最偏僻的一所农村初中——付窝中学。该校地处利津县东北角，距县城约有 80 千米。一条窄窄的公路成了联系外界的"交通要道"。没有人愿意到付窝中学工作，更别说年轻人了。

到了那里我才发现，老师的教育观念非常落后。为了改变课堂的低效状况，老师采用的是可怕的题海战术。结果则是师生都在应付，老师没有热情、没有创意、匆匆讲完，学生大量做题、大量考试。是因循守旧，还是有所改变，初为人师的我遇上了第一道难题。在教育博弈相对残酷的那些年里，作为班主任，我在课堂上率先实行单元达标教学，留给学生自己预习的时间。课下，坚决减轻作业负担。作为级部主任，为了改变无序竞争的状况，我和同事们一道调整学生的作业量，调整学生的作息时间，让学生在紧张的学习之余，身心得到有效调节。这样，学生的负担降了下来，不但学得扎实，玩得也开心，成绩自然也好。

当时，实施过程大致有两个阶段：

第一阶段：要求语数英每个学科只能每天布置 30 分钟以内的课下作业，理化仅能在有课的当天布置 30 分钟以内的作业，其他学科一律不准布置任何形式的课下作业。但是实施一段时间后，我发现学生作业还是很多，问题就是怎么监控这 30 分钟，怎么保证教师能自觉地按 30 分钟去布置作业。还有，你不让其他学科老师布置，但是他们却偷着布置，你该怎么管理？于是我重新思考措施。

第二阶段：要求语文只能在周一和周四布置作业，且只能布置一篇阅读理解题目；数学在周二和周五布置，只能布置一至两道题；英语在周三和周六（当时一周上六天课）布置，只能布置一篇书面表达作业；理化在有课的当天布置一至两道题；其他学科一律不准布置任何形式的课下作业。

这样，效率自然提高了，但是实施的过程却异常艰难，令人心酸。为了将学生减负行动落到实处，我曾经多次请校长去教室检查，与违规教师谈话，结果有不少教师误解我，认为我总是向校长告状；我曾经要求班主任把教师违规的作业从学生手里收起来，却由此引起了与任课老师的争执；我曾经动员学生不做教师不按规定布置的作业，但是有些学生却借机放纵自己；我曾经每周开一次会，把学生作业问卷调查情况当众宣布，使有的教师委屈地痛哭；我也曾经反复与教师解释为什么要规定时间和题型，但是教师就是不理解，甚至拿着学生的日记，找到我的家里，问我日记是作业吗？有的老师曾经用手指着我的鼻子，说"我这是布置复习资料，不是作业"。但是我坚持己见，丝毫不向任何一位教师让步。

以上情形都是在教师形成一致意见之后发生的，我没有想到在实施过程中会出现如此多的问题，这体现了实施这项行动的复杂与艰难。我坚决执行着在当时被看作是另类的教学管理行为，我经常与教师玩"猫捉老鼠"的游戏，与变相布置课下作业的教师进行"游击战"：你让数学教师布置一至两道题，他可以布置一道半小时都很难解出的高难度习题，或者布置一道大题套十道小题；你让语文教师只布置一个阅读理解题，他可以让学生额外阅读各种大部头的书籍，或者暗示学生背诵从第几页到第几页的段落句子；你要求老师不布置任何形式的课下作业，他上课把作业发下去，不说让学生课下做，但是下节课一上课就检查；他还可以把上课完不成的任务留在课下。

就这样，一学年很快地过去了，那年的中考我们取得了令人满意的成绩。从此以后，我们坚持在毕业班实施减负措施，取得了很好的效果，连年中考名列全县前茅，其他的老师也纷纷学习我们年级的经验，兄弟学校开始到我校学习。老师们尝到了"改革"（我一直认为这不是改革，是回归）的甜头，更可喜的是老师们开始慢慢改进自己的备课和上课方式，精心设计问题，转变过去一讲到底的办法，而是该讲的讲，不该讲的就不讲，努力提高课堂效率。课下老师尝试用纸条（每张纸条按规定设计一至两道题）布置可以允许布置的作业，开始慢慢认可我的行动了。

三、再入困境（2004－2007）：异校验证作业改革成果

2004年8月，我被调入了北宋三中，担任副校长一职。当时的北宋三中是怎样的情形呢？有人常用“落后”一词来形容一所学校的状况，可当时的北宋三中，都不能用“落后”来形容了。学校连续十年没有获得一项县级以上奖励，长期处在全县教育下游，老师厌教，学生厌学。

学校生源有一大部分来自黄河滩区，交通极不方便，导致学生辍学情况非常严重。有的年级，初一入学时有四个班，到初中毕业时就只剩下三个班。在这样的学校，我又是如何开展工作的呢？

（一）“把脉”，制约学校发展的因素在教育博弈

经过充分调研，我和校领导班子达成了共识：在长期落后的局面下，学校陷入了一种无序的竞争状态中。虽然学校的教学质量差，但师生的负担并不轻。因缺乏有效的管理，大多数老师都在争抢学生的自习时间。经常见到最后一节课临结束时，有三四个老师在等着为学生布置作业。课上老师满堂灌，课下无休止、无计划、无选择地发放各式各样的作业。但是老师却从不批阅这些作业，上课讲解不分重难点，只给学生对对答案，以题代讲，不给学生消化知识的时间。学生则因有大量的作业等着去完成，以致书写潦草，抄袭成风。学习认真的学生晚上做作业做到十一二点，白天在课堂上昏昏欲睡，无力也无时间对问题进行思考。老师之间则因抢时间布置作业导致矛盾重重。作业泛滥可以说是导致该校成绩长期落后的顽症。

“看到这个症结却不能根治它，是中小学生的悲哀，是教育者的悲哀，也是中国教育的悲哀。”我对自己说。

（二）“处方”，从减负入手，坚决整顿教学秩序

在当时的校长门福才的大力支持下，我以改革作业为切入点，整顿教学秩序。一是要求各年级设立公共自习课。在公共自习期间，一律不准布置任何形式的课下书面作业，严禁让课代表布置隐性作业或背诵作业，然

后再利用上课前检查这一方法来惩罚学生。二是要求教师要根据时间为学生安排合理的作业,布置的作业必须当堂完成,收起上交。严禁提前发放或拖后上交,以占用学生时间。三是严禁教师在学生休息时间,包括午休和晚休前,布置任何形式的作业,特别是具有一定惩罚性的作业。

作业管理使学校教学秩序得到了改善,大多数老师也意识到了作业泛滥的危害,积极地执行学校的规定,各年级的教学成绩迅速提高,当年就荣获全县"教学工作先进单位"的称号。县教育局发出"远学洋思,近学北三"的号召,要求全县各级各类学校借鉴学习。许多教育界同仁感叹该校在短短一年多的时间里,从一所落后长达十年之久的薄弱学校变为了全县学习的榜样。

(三) 在减负路上,我负重攀行

长期落后的北宋三中摘掉了"落后"的帽子,这在当时的教育界是比较"轰动"的事情。可是只有我自己知道,在减负这条路上,我是负重攀行。

有位老教师,他工作很卖力,可以说,他批阅的作业是全校最多的,当然,他布置的作业也是全校最多的。他就是想不通我实行的减负措施。我先是对他通报批评,他不听。没有办法,我只好把他分发下的试卷收回来。他对我说:"志欣校长,难道工作干得多也是错?我想不通。"对此,我只有耐心解释,并诚恳地告诉他:"教育教学是一个全局性的工作,如果我们的学生每天都疲于应付作业改革,教学质量肯定提不上去。我教毕业班,工作压力也很大,你们就看我的,我带头减负,只要我们在提高课堂效率上下工夫,成绩肯定差不了。"

当然,也有令人气愤的事情发生,有的通报发下去,就会被人撕掉。写在小黑板上的常规检查反馈,有时被人打上刺眼的叉号。现在想想,什么是最让人痛苦的事呢?那就是得不到理解。

四、"零"作业(2007－2008.3):"零"作业概念的提出

2007年3月,经过利津县教育局党组严格考核,我被任命为北宋一中校长。我在吸取教训、总结经验的基础上,革命性地实施"零"作业改革,

目的就是改变以往那种高耗低效的运行模式，带领学校摆脱教育博弈的困境，回到科学、和谐发展的轨道上来。下面我把当时实施"零"作业改革的具体内容与要求列举如下。

"零"作业的具体内容：

1. 净化作业布置环境。各年级一律不准布置任何形式的课下书面作业，课上完不成的作业不准留到课下完成，也不准布置隐性作业。

2. 课堂作业精批精改。充分发挥课堂教学的功能：复习、探究、创新，加快知识的消化、理解和运用。

3. 老师所选习题必须以注重培养能力为目标。课堂作业的深度和广度要适当，而且要为学生提供适当的选做题，以关注不同层次的学生，力求做到因材施教、分类推进。

4. 推行课堂作业当堂完成制度。教师要做到"定目标、快节奏、大容量、讲练结合、当堂完成"，突出体现"学一点、记一点、会一点，当堂达标"的原则。

5. 自习课上，提倡学生进行"自助餐"式学习。学生根据自己学习的情况，可以选择自己想要补充学习的科目。或复习旧知，或预习新课，或练习提高，都由学生自定，不受教师干涉。

"零"作业的实施要求：

1. 统一思想，提高认识，为学校素质教育的推进奠定思想基础。学校实施素质教育，就必须规范办学行为，按照教育科学规律办事。首先，建立全面推进素质教育的政策和制度环境。要让素质教育观念深入老师的思想中去，坚决摒弃那些急功近利的短视行为。要让老师们明白：拼时间可能会带来短期的提高，但学生绝不会有充足的后劲。教育是"百年树人的大计"，决不能为争朝夕之功而毁掉孩子的一生。其次，一定要有创建优质学校的思想。让老师们认识到：优质的学校是培养人才的摇篮，劣质的学校则是埋藏智慧的坟墓。优质的学校是孩子们的天堂，这里能满足他们求知的欲望，探索的冲动，使他们能够健康快乐地成长。劣质的学校则是孩子们的"地狱"，他们在这里常悲哀、常恐惧，被动接受，人格萎缩。最后，向师生讲明其中的利害关系，使他们认识到长期博弈造成的恶果。过于紧张的学习生活，极大地剥夺了学生的自由空间，也就导致他们没有了创造性成长的时空。

2. 加强组织建设，创新工作机制。学校成立了以校长为组长的"零"作业研究室，学校中层班子成员全部参加，并吸收部分骨干教师加入其中。研究室主要针对"零"作业的实施展开研究，要求每一项政策的制定都必须经过充分的酝酿和讨论才能通过。这样就保证了政策的科学性。研究室还负责组织教师开展教育理论学习，吸收新的教育思想和教改信息。通过组织教师学习教育科研知识、方法、技术，提高教师的教育科研水平，为更好地实施素质教育奠定了坚实的基础。

3. 民主监督，制度约束，为实施"零"作业保驾护航。一是校长亲自抓落实。俗话说"积习难改"，为了使措施落实到位，校长也要授课，带头执行"零"作业，引领全体教师向课堂要质量，努力打造高效率的课堂教学模式。在执行的过程中，发现违反要求的老师，则坚决地予以制止。校长的兼课打消了老师们的思想顾虑，促使老师们反思自身行为，从而回到正确的教学轨道上来。

二是建立新的教师评价机制。学校规定，教师教学成绩评价采用捆绑式评价，取消原有的个体评价方式。在绩效评价方面，学科成绩和年级总成绩挂钩，同年级同学科老师按相同成绩进行考核。这样就使得年级组老师、同一学科老师成了利益相关的共同体，加强了团结、密切了关系。

三是制定处罚措施。对违规老师给予通报批评，限期改正，并在常规考核中扣分。对多次严重违反制度者，校委会可根据干部人事管理权限对相关责任人给予相应处分。

四是学生监督。我们在全校师生大会上，向学生公开言明，禁止老师布置一切形式的课下作业。如果老师布置作业，就属于违纪，学生可以不予完成，也可以向校长写投诉信，投诉老师的违纪行为。这样就保证了学生在放学、下课后不至于战战兢兢，担心作业没有做完。我们认为，学生的课业负担仅仅是学生负担的一个方面，思想负担才是学生长期负担的根源。只有把学生思想上的负担减轻，他们才能真正释然。

五是教师监督。争抢时间将涉及每一名老师的直接利益。违纪老师的行为将会受到其他老师的谴责。不良的教学环境会催生恶性竞争，学校在提出"零"作业的同时，已将全体老师置身于同一起跑线上，教师比的是教学能力、教学手段、教学理念和教学效率。

一石激起千层浪，困难和阻力可想而知。为了革新能够顺利地进行，在北宋一中我同样与教师们展开了"游击战"。学校不准布置书面作业，有的老师就布置口头作业；学校不准教师在自习课进教室，有的老师就让课代表传达自己的指令；学校不准教师为孩子选购辅导书，有的老师就给学生推荐辅导书……

当时，我也想到过失败。但同时深知教育是育人大计，革新需要长期的过程，不会一蹴而就，即使再困难也要坚持。当然，作业改革的目的，不是完全取消作业，我是想通过这种决然的方式，让教育回归本源，不再走应试教育的老路，我们应该以孩子一生的幸福为教育的出发点。

可喜的是，我和我的团队坚持了下来，在不长的时间里，北宋一中的"零"作业教学改革开始显现成效，教学成绩不降反升，获得了全面丰收。学校不但被评为"教学工作先进单位"，还获得了"教育工作先进单位"的荣誉称号，面对这两块奖牌，老师们从内心开始拥护改革了。

至此，"零"作业真正在北宋一中这片土地上生根发芽，同时以此为突破口的一系列改革在北宋一中轰轰烈烈地开展起来。北宋一中革命性地提出了"零"作业的做法，让学校的教育教学发生了翻天覆地的变化，各项成绩斐然，社会各界一片赞誉。2008 年 1 月，山东省教育厅以鲁教基字〔2008〕6 号文件向全省推广"零"作业改革经验。新华社、《中国教育报》《大众日报》、山东教育社等 4 家媒体记者组团到学校实地采访。《光明日报》《中国教育报》《中国教师报》《山东教育》《山东教育报》《齐鲁晚报》等多家媒体先后报道了学校素质教育的改革经验。

第二节　"零"作业：意义不仅在当下

山东省基础教育课程中心研究员李秀伟在实地调研了我校的改革后这样诠释"零"作业改革的意义：

尼尔·波兹曼曾深深地忧虑于"童年的消逝"，疯狂的大众传媒和成人化的期待，让童年过早地远离了正在成长中的青少年。而伴随着城镇化的进程，伴随着合班并校的推进，伴随着学校学习任务的扩张，学生正在远离"阅读青草阅读蝴蝶"的空间，也正在失去"一个人面对着天空发呆"的时间。中小学生学习和生活生态的恶化成为一个不可回避的社会问题的同时也在呼吁着来自学校教育内部的理性应答。

当作业成为重复别人乃至自己的路，继而引导学生远离冥思苦想、远离百思不得其解的"研究之魅"时，我们还能对大量的作业等闲视之吗？

从这一点上来说，北宋一中提出并实践的"零"作业改革，就不仅仅是减轻学生的课业负担那么简单，它要换回的是真正的有意义的学习，甚至将会是我们即将缺失的民族的思考力。

那么，"零"作业改革真的能够承载这样的历史责任吗？

学生说得真好："自从老师们不再布置课下作业，我们自主学习的时间就多了。自习课是我们自己的时间，利用自习课，我们学会了很多东西。给自己制订一个新的学习计划。自习课上，我们可以预习新课，这样，在上新课时就能分析得更透彻，加深对课文内容的理解，还可以复习学过的知识……我们根据自己的计划去学习，按照适合自己的方法去做，不但使我们充分地利用了时间，提高了成绩，而且让我们学得比较轻松，真正地做到了劳逸结合，减轻了我们的学习负担。"

是啊，"零"作业不仅在"零"——减轻了学生的课业和心理负担，最重要的还在于给了学生对学习的自主支配权，使学生能够张弛有度地对学习过程进行自我控制。

从这里，我们将可以透视"零"作业改革超越教育本身的哲学价值和学习意义，这是寄寓着对"人"的内在需求充分理解和信任的改革。

"零"作业自然不会成为我们登上人类知识与文明顶峰的捷径，但是，我们可以相信，这扇门的推开至少创造了一种可能。

"零"作业改革，一所普通农村学校的一场极其平常的草根行动，却吸引了众多领导、专家、媒体以及社会各界的关注，由此可见，全社会对学生的课业负担问题和身心健康问题是多么的关注。下面我把东北师大王淑文教授和山东省教育厅张志勇副厅长对"零"作业的评价与解读原文提供如下，作为对"零"作业改革的意义阐释。

"零作业"与"零"作业

东北师范大学　王淑文

"零作业"是没有作业，即"无作业"么？"零作业"的内容是如何界定的呢？开门见山的问话，开始了我同李校长的交流，他给我提供了有关"零作业"的相关材料以及报道，并且将"零作业"提出的前前后后娓娓道来……

我为他的"零作业"，也为他以"作业"为切入点，力图探索出一条适合农村中学教育教学改革之路的勇气和胆量油生敬佩之意！

我了解到，他的"零作业"的提出，并非一日之想，一日之为。在他从副校长到正校长的成长过程中，一直想着如何帮助学生减负，让学生得到自然发展。目前，作为北宋一中的校长，他的想法才得以实现。但他没有想到，会引起如此大的"轰动效应"。

我了解到，他的"零作业"所界定的内容，并非是没有作业，他的初衷是农村中学教育的"顽疾"——"高耗低效"的作业，能够通过此问题的提出以及行动的实施，让教师想到"作业"二字，就会受到触动，让教师用更人文、更科学的思想和方法实现学生作业的"低耗高效"。

我了解到，他的"零作业"内容中，从课堂效率、课堂节奏和课堂容量等方面，对教师提出了更高的要求。

"零作业"的内容有其前瞻性、可操作性以及实效性。那么，"零作业"的表述，值得推敲。

"零"在字典中的解释有：动词，落细雨；名词，摄氏温度上的冰点；形容词，零碎、零散；数词，零头、零数、表示没有数量。

校长桌上的计算器以及计算器的"归零"，又给我们以启发。

我想，如果校长还想用"零作业"来表达行动主题的话，笔者建议将"零作业"改为"零"作业。

"零"作业行动，是一次作业回归行动，是以学生发展为中心的行动。行动的主题跃然纸上，体现其两方面含义：一方面体现出农村中学教育

"高耗低效"作业的结束，一方面体现出基于新课程改革的要求，对"低耗高效"作业以及教师发展的探索。

我想，这该是李校长真正的行动主题与目标达成吧。

笔者建议，在行动实施过程中，要充分发挥科研引领作用，重视对教师队伍的培训，强化教师对学科新课程标准的解读。在实施课堂教学的过程中，多关注"目标导向"，多思考易于帮助学生"建模"的内容，优化课堂教学结构，提高教师驾驭教材的能力。

笔者建议，想实现作业的"低耗高效"，要同综合实践活动相结合，以学生发展为中心，多关注学生同自然、同他人、同社会的和谐与发展，多关注学生对知识的综合运用。

笔者认为，"零作业"的提出，不是一个学校一个点的事情，而是一个工程，是一个需要大家共同思考、共同行动的工程。

我们期待北宋一中，期待李校长和他的老师们，以"作业"为切入点，探索出一条适合农村中学教育教学的有效途径，采撷到累累硕果！

用教育科学战胜教育愚昧

山东省教育厅副厅长 张志勇

近两年，我对利津北宋一中的改革非常关注。在我省规范办学行为的大背景下，一些地方采取超量布置作业，或采取课内学习和课内作业前移到课外（名之曰"学案导学"）的办法，控制学生的课外时间，这既违背了我们改革的初衷，也导致了学生负担的加重。可北宋一中却走出了一条取消课外作业，加强课内外教与学的有效链接，指导学生有效地开展自主学习，促进高效课堂建设，改进教育管理，唤醒教师教育自觉的新路，唱出了一曲用教育科学战胜教育愚昧的赞歌，可喜可贺！

教育改革是需要勇气的。我曾经说过，要做敢于直面"真教育"的勇士。我认为，北宋一中李志欣校长就是一位这样的"勇士"。2007年3月，教了16年书的李志欣老师怀着对教育的百般温情与深刻敬畏，带着多年在教学生涯中生成的美好梦想，走上了北宋一中校长的岗位。面对这所普通的九年一贯制农村学校，充满教育情怀的李校长如何迈出他治校的第一步？在学校观察和调研了一个月后，他毅然地做出了一个决定：拒绝教师布置课下书面作业，必须提高课堂效率，当堂完成教学任务，留下课下时间让学生自主学习。从此，拉开了北宋一中"零作业"的教学改革。在"满堂灌""作业满天飞"的教育现实中，李校长的这一改革无疑是"石破天惊"之举。改革面临的困难是可想而知的。有的老师把学校通报在黑板上的作业检查情况擦掉，有的老师责问他成绩下降了怎么办？很多家长纷纷找他或给他打电话，学生没有作业学什么？几个中层干部经常跑到他的办公室质问他这样改革行吗？我想，迎接改革面临的风险和挑战，这是任何一个改革者都必须承担的改革成本。

教育改革是需要智慧的。实施"零作业"下的教学改革，绝对不是下一道命令、不允许布置课下作业这么简单。正如李校长所说："在经历了多年应试教育熏染后的教师们，加上当前教育的功利性心态和评价机制欠科学的生态环境里，他们固有的思维习惯和行为方式是很难一时改变的。"为了推进北宋一中的改革，李校长采取了一系列毅然决然的行动和措施，这充分体现了李校长推进教育改革的智慧。

研发教学载体，构筑理想课堂。实施课外"零作业"改革，不是学生课下不学习，而是让学生自主学习。这里的关键点有两个：一是高效的课堂教学，二是在教师指导下学生课外的自主学习。这两者互为因果。李校长是如何突破这两个难题的？"周目标导航""前置性自主学习模板""课堂合作学习模板"三大教学改革载体诞生了（这三大载体是改革之初的探索，其中有些提法吸取了李胜勇校长和崔成林老师的研究思想，在此作说明）。这就解决了课内学习与课外学习的有效链接问题，解决了书本学习与实践学习的衔接问题，解决了课内高效教学的基础和课外学习的有效引领问题，在此基础上，才能推进高效课堂本身的研究和实践。我想，北宋一中的这"三大教学改革载体"，对于我省建设高效课堂具有普遍的借鉴和推广价值。

改造管理组织，重构管理文化。划小管理单位，这是我在"2009山东素质教育论坛"上提出的一个主张。只有划小管理单位，才能提高参与度，激活广大师生的热情。北宋一中采取以合作小组为基本单位，系统利用教育现场中动态因素之间的互动，促进学生的学习与活动，以团体的成绩和表现为评价标准，来共同达成教育目标。每个学生单元小组，既是学习小组，又是实践小组，也是兴趣小组，小组的活动从课堂走向课下，走进村落。每个教师单元小组，是管理的团队，是教育研究的组织，也是自身专业成长的共同体，更是学生人生指导的生力军。学生家长单元小组既是服务者，也是管理者和信息员。这种管理，不管是教师还是学生，甚至是家长，人人都是管理者，人人也都是被管理者。北宋一中提出的学生单元小组、教师单元小组、家长单元小组的管理思想与实践是非常富有创意的。

拓展研究团队，实现成长梦想。北宋一中由教师们自发组织的学习型组织有"教师志愿者成长共同体""校本课程开发共同体""课堂文化建设共同体"等，这些民间组织已逐步成为教师自主学习成长的主要研究阵地。这一个个扎根于自身教育教学实践的带着泥土芳香的"草根团队"，唤醒了农村教师们成长的梦想。我认为，教育改革必须恢复教师职业的探索性、研究性特征，让教师成为教育的研究者、规律的发现者、事业的探索者、教育内在幸福的享受者。唤醒教师们的学术归属意识、团队成长意识，实现教师们专业经验的分享与建构，建立类似于北宋一中的教师自愿互助学习型社区，对于促进教师的持续性专业发展具有重要意义。

运用校本评估，促进实践生成。评估就是反思，凡是走过的路都要经常回头看一看，这是非常必要的。问题是，谁来评估？依据什么标准评估？这两个方面要进行认真的研究。我想，要为学校建立师生人人参与讨论、认可的共同愿景，评估的目标就是这些愿景；评估的主体必须是多元的，有领导、有教师、有学生，更要有社会各界人士……北宋一中在开展学校校本评估方面进行了有益的积极探索。

教育改革是大有可为的。"零作业""逼"得师生们开始改变博弈的方式，教师的博弈策略开始变"题海战术"为课堂的"有效教学"；学生的博弈方式开始变"低效劳动"为"高效学习"。"零作业""逼"得师生们开始改变自己的生存方式，教师们开始思考自己的专业成长，开始读书、研究、反思、写作，寻求先进的教育思想和创新的教育艺术；学生们开始创建社团、开始自主规划和实施自己的学习，自由地呼吸教育的清新空气，追求生命里的生动活泼的成长……"零作业"下的教学改革使北宋一中这所名不见经传的农村学校开始在山东大地声名鹊起。这说明，改革创新是解放教育生产力的必由之路。

从北宋一中改革伊始，我就对李校长的探索充满了期待，并请有关方面关注并积极支持那里充满希望的改革。让我喜出望外的是：他们的改革不但坚持了下来，而且取得了重要的规律性成果。我在思考：北宋一中的改革对我省20000多所中小学未来所应走的道路具有什么样的启示？诚如李校长所言："北宋一中推行'零作业'改革的目的，是想让老师们重新思考和实践教育原本的东西。它以'零作业'的方式革了以'作业量'为标志的'题海战术'的'命'。这些变化，预示着我们的教师开始重新思考自己的教育哲学，预示着我们的教育正逐步走向科学的、符合规律的改革创新之路。"

教育是最需要科学的，而我们当下的教育又是最不讲科学的。"加班加点""时间加汗水""满堂灌""作业里熬"，什么"两眼一睁，开始竞争"、什么"我们不能成为贵族的后代，但我们可以变成贵族的祖先"、什么"大干200天，圆我大学梦"、什么"零抬头，无声音"、什么"周考、单元考、月考、段考"等等，都是教育的反科学思维的生动体现。北宋一中改革的意义就在于为广大中小学校用教育科学战胜教育愚昧提供了一个鲜活的案例。

希望有更多的学校能拿起教育科学的利剑，勇敢地斩断从骨子里就反科学的套在校长、老师、学生心灵上的各种"枷锁"，坚定地走"尊重规律、依靠科学、改革创新"的教育解放和自由发展之路！

"零"作业下的教学改革范式创新

　　在实施"零"作业改革的过程中，我发现很多传统课堂的教学方式效率低下，不少老师仅仅依靠一本教材、一套试卷、一种教辅，就开始讲课，课堂完全由老师单方面主导，学生机械、被动地按照老师设定的步骤参与其中。主动参与课堂活动者寥寥无几，学生都低着头，发言时声音很低。从小学到高中，这种低效的课堂竟如此相似，如此普遍，看到这种教学场景是多么的令人心痛。新课程改革已持续多年，但课堂变革竟如此缓慢，先进理念与实际操作相差竟然这么大。专家们一致认为，课程改革必须从转变低效课堂开始，我认为这是最实际的呼声。

第一节 "零"作业下的教学改革行动分析

在实施"零"作业的改革过程中，我不断地外出学习，参加省市组织的一些教学调研活动，学习一些先进经验，收集一些能够支持改革的思想理论。

我发现，很多传统课堂的教学方式效率低下，不少老师仅仅依靠一本教材、一套试卷、一种教辅，就开始讲课，课堂完全由老师单方面主导，学生机械被动地按照老师设定的步骤参与其中。主动参与课堂活动者寥寥无几，学生都低着头，发言时声音很低。从小学到高中，这种低效的课堂竟如此相似，如此普遍，看到这种教学场景是多么的令人心痛。新课程改革已持续多年，但课堂变革竟如此缓慢，先进理念与实际操作相差竟然这么大。专家们一致认为，课程改革必须从转变低效课堂开始，我认为这是最实际的呼声。

回顾调研实况，发现所有学校都提出了构建高效课堂的理念，有的学校也设计了自己的教学模式，但是大多数学校只是停留在理念的引导层面，具有实际意义的课堂改革操作并不多见。学校发展也缺乏系统化思考，统摄全局、引领学校教学改革的理念系统没有形成，学校发展理念和教学理念同质化、形式化和应试化现象比较严重。

通过与老师们交流，发现他们都明白该怎么上一节高效的课，也都知道应该把学习的权利还给学生的道理，但是就是不敢进行大胆的改革。有些老师即使想努力改变这种现状，但受功利性评价的影响，在进行一段时间后又被逼回到老路上来。

低效的课堂带来了低效甚至无效的课外学业负担，可怜的学生就成了老师、学校无效劳动的牺牲品，学生们牺牲了自己的休息时间、牺牲了自己的健康，成了做题的机器。如果教育就只剩下做题，学生的创新精神与实践能力培养从何谈起？

其实，上述现象就是一种"零和游戏"现象。当你看到两位对弈者博弈时，他们玩的就是"零和游戏"。因为在大多数情况下，总会有一个赢，一个输，如果我们将获胜方记得1分，失败方记得−1分，那么，这两人得分之和就是：1＋（−1）＝0。这正是"零和游戏"的基本内容：游戏者有输有赢，一方所赢正是另一方所输，游戏的总成绩永远是零。

零和博弈属于非合作博弈，是指博弈中甲方的收益必然是乙方的损失，即各博弈方得益之和为零。在零和博弈中各博弈方决策时都以自己的最大利益为目标，结果是既无法实现集体利益的最大化，也无法实现个体利益的最大化。"应试教育"就是非合作博弈的结局，是一种"零效益"的教育，是一种"损人不利己"的教育。

我们的目的是期望"零和游戏"观念逐渐被"双赢"观念所取代，希望通过有效合作，出现皆大欢喜的结局。但从"零和游戏"走向"双赢"却不那么容易，要求各方要有真诚合作的态度和勇气，在合作中不要耍小聪明，不要总想占别人的小便宜，要遵守游戏规则，否则"双赢"的局面就不可能出现。

根据"应试教育"现状和北宋一中学校实际，受"零和游戏"现象的启发，我和老师们走上了探索"教学改革实际操作"之路。一旦彻底取消了课下书面作业，就切断了过去教师教学所依赖的"题海战术"的"法宝"，创新课堂模式，提高课堂效率，就成为全校师生的共识。而只有先进理念引领的课堂改革，才能从根本上转变教师的观念，真正意义上的课堂改革才会发生。

一、"零"作业教学改革范式的孕育阶段

在"零"作业提出的初始阶段，可以说还没有进入实质性的课堂改革层面，在这个阶段，由于课下作业为零，老师们不得不想办法提高课堂教学效率，以保证自己的教学质量不下滑。此时，学校也没有提出明确的改革思路，只是严格落实了关于控制课下作业布置的刚性管理制度，并设置

了公共自习课。这样就将全体老师置身于同一起跑线上，促使教师在教学能力、教学手段、教育理念和效率上一比高下。争抢时间涉及每一名老师的直接利益，因此违纪老师的行为会受到全体老师的谴责。

下面，我把当时公示的刚性管理制度原文晒出来，无论现在还是当时，制度有很多待完善的地方，但这里仅为了方便大家了解我们改革的心路历程。

1. 在各年级预留的公共自习时间，一律不准布置任何形式的课下书面作业，包括前置性学习模板，不准布置任何教辅资料或成套试题。

2. 在各年级预留的公共自习时间，必须确保学生是自主地复习基础知识或对课堂问题的整理改错，不准出现大量的做题现象。

3. 在各年级预留的公共自习时间，严禁教师让课代表布置隐性作业或口头背诵作业，然后再利用上课前的检查来惩罚学生。

4. 在各年级预留的公共自习时间，为了便于值班教师的管理，严禁教师布置讨论性的任务。

5. 严禁教师在学生休息的时间，包括午休和晚休前，布置任何形式的任务，特别是具有一定惩罚性的任务。

6. 双休日不允许布置任何形式的书面和口头作业，但可以根据教研组和年级组的特点，由年级组统一协调部署，为学生布置科学的、合理的基于学科的社会实践活动或研究性学习。

7. 各年级统计前置性学习课时，需要上报教导处和校长室，前置模板个数必须符合规定课时数，不得随意增加。下课立即收起前置学习模板，不准放在课下，更不准在其他任何时间下发。

备注：

1. 各年级分管教导主任或年级主任，每天要对自习情况进行检查。

2. 教导处将定期组织专人进行问卷调查，结果要及时公布。

3. 校长室将不定期进行督察。发现不按规定执行的，分管主任是第一责任人，发现一次违规现象将根据情节在其综合考核中扣除 0.1～0.5 分，每学期发现 3 次以上违规现象将取消考核优秀评选资格。

4. 对于违反上述规定的教师，一经查实，将给予全校通报批评，在综合考核中扣除 0.1～0.5 分。每学期发现 3 次以上违规现象将取消考核优秀评选资格。

请各位教师看清要求，以大局为重，严格执行！本规定自即日起执行！

北宋一中校长室

北宋一中教导处

2007 年 4 月 7 日

在这个阶段，老师们反映出了很多问题，其中最多的问题就是，课时不够用，不能很好地完成教学任务。是什么原因造成的这种情况呢？不难看出，原来传统的教学路径都被截断了，虽然课堂效率比以前有所提高，但是课堂内外的联系脱节，学生由原来机械似的做课下作业到没有了书面作业，他们自主支配的时间剧增，感到无事可做。

基于此现状，我们把教学阵地前移，引导学生在课前根据师生共同制订的学习目标，超前学习，以此来引导和保障学生在课外更加自主地开展学科学习与实践活动，从而为自己的课堂学习准备丰富的资源。这就为课程资源的丰富、新资源的生成以及课堂活动的互动打下基础。实施"零"作业下的有效教学，实现课堂任务当堂完成，课下学生实现自主性、实践性、差异性学习的新教学形式开始浮现在我的脑海。这个阶段是"零"作业下教学改革范式的孕育阶段。

二、"零"作业教学改革范式的探索阶段

2008 年 3 月，山东省在潍坊市召开素质教育大会，颁布并落实《山东省普通中小学管理基本规范》。通过规范节假日、规范师生在校作息时间、规范课时与课程开设、规范教辅使用与作业布置、规范考试制度与评价办法等手段，力求把时间、健康和能力还给学生。

在这个会议上，我校"零"作业教学改革经验作为典型素质教育经验在全省推广。就在这一年，省内外许多学校的领导、老师纷至沓来，学习我校"零"作业改革经验。实事求是地讲，对学校改革经验的大力宣传与

规范办学给"零"作业改革带来了严峻的挑战。为什么这么说呢？因为规范办学使课时锐减，学生课下时间陡增，学生自主学习习惯还没有完全形成，教师授课的方式和观念也还没有及时转变和更新，师生对此都不适应。但我们的"零"作业改革却已喊了出去，我们又不能再走回头路，必须坚持下去。怎么适应新形势，创新思维、推行课堂改革便提上了全校师生行动的日程。也就是说，在坚持原先做法的基础上，要寻求突破，寻找支撑点与创新点。

可以这么说，以前的所有减负行动，实际上都是采取"堵"的方式，这种方式简单易行，短期效果明显。但是，如果这种行动没有内化到所有教师的心里，他们的行动没有形成一种文化自觉；再加上长期的刚性管理会使教师产生逆反心理，这些因素都会使反对改革的声音越来越大，那么这场改革最后注定会走向失败。

当我清醒地认识到这现状之后，便和老师们开始寻找"零"作业背后规律性的东西。刚开始，我们就像一个病人，抱着有病乱求医的心态，到处取经。但是我感觉到，这样下去，还是不能从根本上转变教师的常态课堂教学习惯，一些新的教学理念和方法往往只停留在培训之后的短期内，时间一长常态授课习惯又回归。我知道，这是因为学校没有给教师一种清晰明确的、可操作的行动载体与方法，也缺乏专业人士的指导和引领，缺乏一种持之以恒的坚守与不断反思修正错误的精神与智慧。所谓的改革就只停留在个别有改革创新意识的教师身上，大部分教师基本是处于观望等待的状态，时间久了，那些跃跃欲试想改革的教师也就被世俗的思想和闲言碎语给吞噬掉了，这就是在学校搞教学改革困难重重的原因之一。

在借鉴学习的基础上，我就想为教师寻找一种统一的能够遵循的教学原则，课堂应该有自己的与过去完全不同的流程，只有对传统、陈旧的东西进行彻底地更新与转变，真正意义上的改革创新才会发生。

值得庆幸的是，我在一些朋友的推荐下，加入了山东省教育厅张志勇副厅长的"创新教育"课题组，我们每年组织一次创新教育沙龙。借此机遇，我认真学习创新教育理论，向参加沙龙的专家们虚心学习。同时，我也认真涉猎了其他方面的理论书籍。以下理论就深刻地影响了我，为我创新教学改革范式提供了理论依据，也使我的思想得以展现。

（一）活动建构教学模式理论

1. 基于生命关怀的"全人教育"理论。课堂教学应该满足学生整体发展的需要，这是"全人教育"理论对课堂教学的指导思想。基于生命关怀的"全人教育"体现在课堂教学中，主要在于四个统一的实现：①教与学的统一，课堂教学不能只见教师的教，不见学生的学；②知识与方法的统一，课堂教学不能只见知识不见能力；③认知与情感的统一，课堂教学不能只见知识不见人；④体验与内化的统一，课堂教学不能只见一般的说教，不见学生发展的系统生成。

2. 活动建构教学论。主张"因学定教""生活重建""多维互动""活动建构""动态生成"，让丰富多彩的主体性活动走进课堂，代替过去那种单一的教学活动形态。所谓活动建构，就是师生在课堂教学过程中，要充分重视"活动"在学生知识掌握与一般发展中的作用，把"活动"看作学生建构知识与能力发展的基础。当然，活动也并不都是自觉主动的，我们需要的是自觉主动的课堂教学活动。这是因为，学习不是知识简单地由外到内的转移和传递过程，而是学生主动地建构自己的知识经验的过程，即通过新经验与原有知识经验的相互作用，来充实、丰富和改造自己的知识经验。

3. "智慧复演"理论。学生的学习过程就是学习人类社会积累的智慧的过程。进入学校课程的文明成果，都是人类文明的"经典"，都体现着人类高度的思维水平和智慧水平。中小学生学习这些知识的目的，一方面是继承人类社会优秀的文明成果，另一方面是为了借助这些优秀的文明成果，创设文明成果产生发展的类似情境，演绎创造者的思维过程，学习创造者的思维方法，感受人类智慧创造的伟大与神奇，培养科学兴趣，为中小学生从学习与接受的主体走向创新与发展的主体打下良好的基础。

4. 活动教学理论。美国著名教育学者杜威提出了一系列活动教育、活动教学思想，其中典型的有"学校即社会""教育即生活""教育即生长""教育即经验的不断改组""儿童中心""做中学"等。皮亚杰是对活动教育、教学做出重大贡献的又一位著名教育家，他探索形成的智力操作图式理论，发展并完善的发生认识论、建构主义学习理论等，都从新的角度确立了活动教学的地位和价值。美国的拉斯卡在其《四种基本的教学方法》一文中，极力倡导实践的方法。

（二）合作教学模式理论

1. 群体动力学理论。美籍德国人库尔特·卢因提出了群体动力学理论，也就是群体的各种力量因素对个体的影响。简要地说：群体动力学就是在群体中，只要有别人在场，一个人的思想行为就同他单独一个人时有所不同，会受到其他人的影响。研究群体影响作用的理论，即群体动力学。因为从群体动力理论来看，小组内所有的人聚集在一起为了一个共同的目标而工作时，靠的是相互团结的力量。相互依靠为个人提供了动力，使他们互勉，愿意做任何促进小组成功的事，从而大大增进了组员之间的团结。

2. 最近发展区理论。苏联著名心理学家维果茨基认为，教育对儿童的发展能起到主导和促进作用，但需要把握儿童发展的水平，其中一种是儿童可能达到的发展水平，表现为还不能独立完成任务，但在别人的帮助下，在集体活动中，通过模仿，却能完成任务。实际发展水平（独立解决问题）和潜在发展水平（通过引导或与其他能力较强的同学合力解决问题）之间的距离就称为最近发展区。教学应当激发和启动学生一系列的内部发展过程，让学生朝着更高层次的水平迈进，俗称"跳一跳，摘桃子"。学生通过分组学习会表现出比单独活动更加丰富和高级的行为，彼此取长补短，以加深对问题的理解，高质量地完成学习任务。

3. 马斯洛的需要层次理论。按照需要层次理论，一些学生在学习活动中厌学，不是他们自身智力的问题，而是缺乏足够的满足其需要的环境。比如，在学习中得不到尊重，表现自己才能的欲望被压抑，没有集体归属感。而通过分组学习的方式来满足学生在学习过程中的各种需要，相对更受学生欢迎，即学生把"要我学"变为"我要学"。

4. 多元智能理论。利用加德纳的多元智能理论来发掘资优学生，并进而为他们提供合适的发展机会，使他们茁壮成长；利用多元智能理论来扶助有问题的学生，并引导他们采取更合适的方法去学习。教育是高度个性化的工作，必须配合每位学生所具有的独特智能之组型：不同的学生具有不同的心智组型，并且会以不同的方法来学习、表征与回忆知识。因此，教师不应以相同的方法、相同的教材来教育所有的学生，而应配合学生的不同需要而使用各种不同的方法来进行教学。应尽可能地鼓励学生确立自己的学习目标，制订学习方案。教师应尊重学生对自己学习风格的认知，给予学生机会去管理自己的学习，并鼓励学生负责任地计划并监控自己的学习，以帮助学生逐渐了解自己的内在潜能与发展这些潜能的方法。换而言之，教育应培养学生的内省智能，而非只是被动地接受学习方案。

(三)《学记》中的教学原则

《学记》在综合各家各派教育教学成功与失败的经验教训的基础上，总结了一套教育教学的原则和方法，包括四条原则："预"是预防性原则，"时"是指及时施教原则，"循"是指循序渐进原则，"摩"是指学习观摩原则。"相观而善之谓摩"，学友间相互观摩，相互学习，取长补短，就能共同进步。否则，"独学而无友，则孤陋而寡闻"。

依据新课程理念和上述理论，针对学校实际情况，我把传统的"教案式"备课方式也改变了，老师没必要再在备课本上写一些与课堂教学无关的内容。我们自创了一种新的备课方式，刚开始叫"自主学习提纲"，后来改为两部分，并分别更名为"前置性自主学习模板"和"课堂学习模板"，确立了"先学后教、以学定教、善学促教"的教学原则。先学后教：学生利用自习课的时间进行自主学习，经过探索、调适，在上课初始就明确学习目标和学习方向，并主动地围绕课堂教学目标探索求解。在此基础上，教师再引领学生有针对性地攻坚克难，破解学习过程中的知识障碍，学得新知，培养情感，形成能力。以学定教：没有学生课前自主学习的教和学生缺乏激情学习的教，课堂很容易陷于低效甚至无效；而没有了针对性和目的性的教学，则极有可能偏离重心，使教学目标难以高效达成。教师只有在学生"先学"的基础上确定"教什么"和"怎么教"，才能减少教学的无用功，进而促进学生智慧的成长。善学促教："善学者，师逸而功倍"，学生善学，不但自己成长快，还能促进教师专业素质的提高。只有学生善学，才能激励教师成为学生学习的合作者、学习活动的指导者、学生发展的促进者，才能真正达到教学相长的目的。

课堂教学流程是"目标定向、学生先学、合作探究、点拨拓展和反馈评价"。目标定向：师生在反馈和完成前置自主学习情况和活动过程中，教师初步了解学生掌握知识的程度和所遇困难。也就是说在充分了解学情的情况下，师生共同探究定位本堂课的学习和研究方向，确定核心问题及讨论话题，解决"学什么"的问题。学生先学：学生根据教师提供的学习问题和师生共同定向的学习目标先行学习。教师要求学生在解决问题的同时努力发现新问题，为合作探究做准备。合作探究：在课堂上形成小组内部、小组之间、生生之间、师生之间的广泛多向对话，以交流先学成果与疑问，实现教学重点、难点的突破，满足不同层次学生的学习需要。点拨拓展：教师依据合作讨论的情形，根据学生展示的效果，适时点拨、梳理和引导。引导学生学会反思和总结，并形成规律。反馈评价：通过设计系列题组或活动，采用灵活多样的展示方式，对课堂教学效果进行反馈与评价，对学习成果和学习过程予以精当点评，实现当堂达标。

实际上我从四个地方把教师的后路给斩断了，一是不允许布置课下书面作业，如果课上完不成任务，那么课下补的机会都没有；二是自习时间谁也不准进入教室抢占学生时间用来补课；三是备课方式彻底改变，教师不备课上课或上完课后补教案的现象已经杜绝；四是打破过去传统课堂的固定环节，重新为教师制定了教学流程。这四条决然的措施把教师逼向了课堂变革的潮流中，教师不得不开始琢磨怎样构建高效课堂，怎样按学校改革要求去设计课堂，改变教学方式，努力做到少教多学，尽量把学习的权利还给学生。

课堂教学和教师备课从理念到形式上都进行了根本性的变革。但是，如果课堂上仍然是以过去的师生问答方式交流，就很难体现改革中所倡导的自主、合作和探究的学习方式，也就是说，很难实现学生学习方式的彻底转变。日本学者佐藤学认为，未来的课堂应该是一个学习共同体，要创建学习共同体，就要实现学习方式的三种转变：一是在传统的课堂里，学生通常坐在教室里仅仅依靠脑神经细胞的活动来学习，新的学习方式则要求学生通过和教师、同伴、教材和环境的实际接触与对话，通过各种媒介化的活动（如观察、调查、实验、讨论等）来学习。二是在传统的课堂中，学生的学习通常是个人化的活动，学生很少通过交往互动进行合作性的学习，人们把不借助别人的帮助、独自解决问题的学习，称之为好的学习。

而在新的学习方式中，学生的学习是交互式的、合作性的，人们把"互惠的学习"，师生之间、学生之间相互切磋、相互借鉴的学习称之为好的学习。三是在传统的课堂上，学生的学习主要体现在获得和巩固预定的知识、技能上，新的学习方式则要求学生把各自的学习经验表达出来，在共同分享和交流中，帮助个体反思性地领会所学的知识与技能。于是我及时吸取了佐藤学的管理理念，在课堂上构建学习共同体，我们把其命名为"学习型组织"。

学习型组织就是将个性不同、情感各异、知识水平各不相同的四个学生组织在一起，形成一个分工明确又团结合作的集体。它不同于传统意义上的小组合作。我校的学习型组织，是有目的、有预设、有精心准备的一种组织，学习型组织的成员之间相互制约、相互激励，有自己的组织名称，有自己的组约、组训、主旨，有共同的追求目标。另外，他们还有自己的组织文化、思想文化、行为文化、学习文化等。

每学期开始前，由班主任和任课教师依据学生的学习水平、性别、个性、心理素质、发展潜力等综合因素，将班级中的学生平均划分成十个合作小组，这就形成了 A、B、C、D 四个层次，如 A 层次就是由十个小组的 A 同学组成的，B 层次则是由十个小组的 B 同学组成。

其中每个小组有组长、记录员、检查员、汇报员各一名，组内成员有明确的分工，在一个阶段里每人都有相对侧重的一项责任，担任一个具体的合作角色。真正做到小组内人人有事做，事事有人做。一定时间后，角色互换，使每个成员都能从不同的位置上获得体验、锻炼和提高。同组学生进行合作学习，同层学生展开学习竞争。这样优等生能得到充分施展才能的机会，中等生能得到锻炼，学困生也可以得到启迪和帮助，使信息资源共享，成功喜悦共享。

单元合作小组活动一般在前后桌四个学生之间进行。所以我们把优等生、中等生、学困生进行间隔排列，按照每个小组的学生编号，规定相同编号的学生坐在相同的位置，比如规定每个小组的 1 号坐在小组的西南角，我们就能清楚地知道某个同学是几号，代表怎样的水平，方便我们的管理与检查。

在单元合作学习中，我们实施"一帮一"互助落实形式，努力实现

"对对红"的合作方式。一般来说，在尊重学生意愿的基础上，由能力较强的1号负责能力较弱的3号，2号负责4号，手拉手，齐头并进。这样不仅大大解放了1号组长，减轻了他们的负担，而且使小组的各项工作都落到了实处，同时又在最大限度上迅速培养了一批2号学生，为小组的规则和规范建设打下了坚实基础。"自主学习""质疑释疑"的方式因内容和要求的不同而不同。

学习型组织有一套规则，就是必须先把机会让给D层学生，然后是C层学生，实现同组合作、同层竞争的局面。学校班级里一切形式的评比都以小组为单位进行。我们还给每个小组配备了一名老师做导师，这样，全体教师人人承担育人责任，对所负责的学生进行思想引导、学业辅导、心理疏导、生活指导等全方位的教育服务，帮助学生实现真正的自主管理。

这样就为学生提供了一个公平竞争的平台，使每个人都有取得成功的可能，激发每一名学生追求进步的热情，让每一个人都得到同等的关注，有效去除一部分学生心中存有的"差生"的阴影；加强团结合作，避免不良竞争，让学生的学习达到"全员参与、积极参与、自主高效"，进而促进课堂效益的最大化，最终达到全面提高学校教育教学质量的目的。

学习型组织建立初始，就需要建立相应的评价系统，我们是这样做的：我们对学生的评价都是以小组为单位进行整体评价，这种划小管理单位的评价方法很有效，它不容易忽略任何一个学生，同时我们分层次评价学生，使得不同层次的学生都有成功的可能。这种评价还与教师评价相结合，因为我们为每个学习型组织配备了一名教师做导师，发奖时教师与学生捆在一起。教师每堂课都有评价分数记录，每天各个学科累计，每周进行一次汇总并展示，每月举办一次隆重的表彰仪式。我校实行教师全员管理机制，就是每天每个年级都有一名教师全天候值班，这样就有机会让值班教师同自己负责的学习型组织的同学进行交流沟通，真正起到导师的作用。

山东省教科所张斌研究员在现场考察北宋一中的教学改革后，写文章这样解读我们改革的思路。

教学改革有多个切入点。山东省北宋一中是一所普通的农村初级中学，近几年来，他们为了提高教师"教"和学生"学"的有效性，以作业改革为切入点，大胆开展了"零"作业改革的尝试，并已收到了良好的效果，产生了较大的社会影响。北宋一中的改革有着怎样的背景？在作业为"零"的情况下，教学做了怎样的调整？学校是如何促进教与学的要素实现调整的？教师的"教"和学生的"学"究竟发生了什么样的变化？……本文拟在讲述北宋一中改革的故事中，对其改革现象进行解读，并对其改革行为进行分析。

1. "零"作业成为课堂教学改革的突破口

把作业确定为教学改革的突破口容易，但怎样处置作业并不容易：是完全否定作业还是保留部分作业？毕竟，只要运用得当，作业无论是对于教师的教还是对于学生的学，都有着积极的作用。但是，在中国现实的学校管理背景下，如果允许部分教师布置课外作业，而不允许其他教师布置作业，这就意味着全面否定改革的设想。只有斩断以"作业量"为标志的"题海战术"，才能斩断靠拼时间为标志的"应试教育"的命脉，才能把教师们的精力引导到提高课堂教学效益上来，才能实现全面建设有效课堂的改革目标。经过深思熟虑，李校长最终还是痛下决心：暂且实施"一刀切"的策略，禁止任何教师布置课外作业。于是，蔑视和挑战传统教学的"零"作业口号喊出来了，各项配套的管理措施陆续出台，一场新的课堂教学改革拉开了序幕。

2. "零"作业课堂教学的定位

如果不在课外布置任何作业，那么就必然要求课堂教学是高效的。纵观国内的教学改革实践，高效课堂无疑是一个美丽而动听的词汇，如果不能对其准确定位并开发出相应的技术路线，很容易把它口号化、形式化，到那时，学校的改革不仅不会有什么进展，而且耗费了很大精力才杜绝的"作业"一定会恶性反弹。基于上述考虑，李志欣校长认为，高效课堂建设应符合新课程改革的要求，并满足以下条件。

首先，高效课堂教学应有效发挥教师的主导作用。新课程高扬学生主体性的大旗，主张转变学生的学习方式，运用对话、讨论、问题探究等教学方法，把更多的时间和空间还给学生。一些地方在改革中甚至让学生扮演教师的角色。注重学生主体性的发挥，似乎无论怎样强调都不过分。但是，一个不容忽视的问题则是：学生主体性的发挥是不是意味着教师主导作用的无关紧要抑或消解？答案是否定的。新课程在重视学生主体性的同时，并没有否定教师的主导作用。恰恰相反，新课程更注重教师的主导作用。因为，教师主导作用决定着学生主体性发挥的程度和性质。也就是说，学生主体性的发挥是以合理而充分地发挥教师的主导作用为前提的，如果没有教师主导作用合理而充分的发挥，就不可能有理想地发挥学生主体性的教学目的的实现。新课程追求高效教学，主张学生的主体性，实际上是对教师的专业发展提出了前所未有的新要求。

其次，高效教学应把教学目标作为教学的起点和归宿。新课程注重教学的生成性、过程性，这对于改变传统课堂教学中教师单方面灌输知识、机械讲授、照本宣科的行为有着极为重要的意义。但是，这并不意味着新课程反对教学预设，忽视最终的教学结果。"凡事预则立，不预则废。"教学本身就是一项有着强烈目的性的活动，没有良好的预设，怎会有合理的生成；没有最终的学生学习结果，所谓的过程无论如何热闹也不会有什么意义。因此，预设与生成、过程与结果有着相互依存的关系，关系中的双方是相互联系的，不是彼此割裂的。教学目标是学生的学习结果，它更多地具有预设性（它当然也可以是生成的。在实际的教学中，相比较而言，预设的成分往往会更大一些），其清晰化程度，往往决定着课堂教学生成的精彩性和合理性，并决定着教学结果是否具有可检测性。

第三，高效教学应建立在"证据"的基础上。课堂教学是否高效，教师应该是"心中有数"的。传统教学之所以高效性不凸显，一个重要的原因就在于教师自己不能有效判断教学结果的实现程度。而要实现这一点，具有"专家"素养是必不可少的条件。具有专家素养的教师不同于"新手"教师，专家教师能够一体化地设计并处理教学目标、教学内容、教学方法、教学评价，而新手教师往往只能针对教学的某一环节进行处理，缺乏对教学要素的系统思考、设计能力和灵活的实施能力。新课程把教学置于"课程论"的话语下，其实质就是要求教师的教学要具有"专家"的水准，能够设计清晰的教学目标，并能使教学内容、教学方法、教学评价与之匹配起来。当教师的教学能够达成上述水平的时候，就意味着，教师对于完成什么样的教学目标，实现什么样的教学任务，运用什么样的教学策略，开展什么样的评价等都是"心中有数"的，如此，教师上课的过程就是有效地搜集证据、使用证据并最终达成教学目标的过程。当学生能够达成教学目标,并能够运用"证据"来判断时,课外作业为"零"也就是一件很自然的事情了。

基于上述分析,一个高效的教学过程应该能够回答以下三个问题:(1)我们要到哪里去?(教学的目标是什么);(2)我们如何到达那里?(采用什么样的教学行为);(3)我们怎样知道已到达那里?(如何测验和评价)上述三个问题在教学中可以转化为以下三个教学活动:确定教学目标(我们要到哪里去)——选择教学行为(我们如何到达那里)——实施教学评价(我们怎样知道已到达那里)。而正是这三个方面,构成了北宋一中课堂教学改革的主要内容。

3."零"作业课堂教学目标的确定

对于教师和学生来说,教学目标有着不同的含义。如果说教学是教师和学生双边的互动过程的话,那么,教师"教"的目标与学生"学"的目标并不完全相同。教师"教"的目标指的是教师能够发挥主导作用、学生难以完成的那部分任务,而那些不需要教师有所作为而学生自己就能完成的任务目标,并不在此范围之内。对于学生"学"的目标来讲,一般分为两部分,一部分是学生通过自身努力就可以完成的任务,另一部分则是需要在教师指导下才能完成的目标或任务。对于教师来讲,高效课堂教学目标的确定就是排除那些学生无师自通进而准确定位需要自己有所作为的教学任务的过程,其实质在于追求"学生先学,以学定教"的教学理念。为此,北宋一中开发了"自主学习模板"。

"自主学习模板"是由学科教研组的教师们联合开发,旨在引导学生自主学习、使教师能够诊断学情进而能够以此为依据构建教师"教"的目标、确定教学任务的学习材料。它在内容上一般由两部分组成:第一部分为学习目标;第二部分为任务活动。学习目标给学生指明某一阶段或某一节课要实现的学习结果;任务活动则主要是设置一些探究性、动手做的题目,让学生搭建一个亲历亲为的平台,引发学生认知冲突,打开其思维空间。如语文教研组针对"茅屋为秋风所破歌"一节设置了如下学习目标:

知识目标:朗读诗歌,把握诗句的重音和感情节奏,理解诗歌内容。

能力目标:搜集并阅读作者有关安史之乱的诗歌。

情感目标：品味诗歌中富有表现力的语言，体会杜甫诗沉郁苍凉的艺术风格，把握作者在本诗中的思想境界。

该模板设置了如下探究活动：

（1）朗读全诗。能读准字音；把握节奏、重音和感情基调。听名家诵读，边听边作标注，重点注意节奏、重音和语速的处理。

（2）读准下列加点字的读音：怒号；挂罥；长林梢；庇护；突兀；布衾；昏黑；沉塘坳；飘转；俄顷；丧乱；广厦；见此屋。

（3）请将搜集到的作者撰写有关安史之乱的诗歌进行整理，建议从题目、内容、作者的感情、喜欢的诗句等方面分别整理。

（4）根据你对本诗内容的理解，请给每一文段加一个小标题。

（5）本文表达了作者怎样的思想感情或思想境界，你能从一些句子或者字词中看出来吗？

从上述案例可以看出，本部分内容的学习目标是清晰的，行为动词不仅明确表达了要学习的内容，而且基本上明确规定了学习的程度。这样的学习目标设计就使得学生的学习有了方向感，并具有可检测性。后续的任务活动设计则渗透了学习方法的指导。一些学科的自主学习模板还设置了检测题，让学生自我判断一下自主学习的情况。自主学习模板为学生学习什么、怎样学习、学习到什么程度做了明晰的规定，这同时为教师准确定位自己哪些该有所作为，哪些不该有所作为奠定了基础。

就教师诊断学情，做出教学目标的取舍来讲，其途径是多样的：（1）有的自主学习模板设有专门的问题征集处——通过自主学习，你的困难是什么？你希望教师帮助你什么？看一下学生们写下的问题，教师该做什么便心中有数了。（2）在课堂上，通过小组汇报的方式，教师可以发现，有些知识点学生学习得很顺利，也很到位，如此可以定位那些不需要"有所作为"的教学目标。（3）有的自主学习模板设有"自我检测"板块，可以通过学生做题情况进行判断。（4）教师根据自己的教学经验，通过与学生的问答活动，也可以掌握学情。如此，等等。

总之，通过某一合适的途径，教师就能"有证据"地诊断出学情、找到自己应该有所作为的教学目标。以上述案例为例。某一语文教师原以为学生的朗读不会有太大的问题，但通过自主学习模板上学生所反映的"学

35

习困难"以及学生在课堂上的朗读表现来看，学生们缺乏重读知识，把握不好朗读的节奏。而朗读又是初中生必备的一项技能，《语文课程标准》对此也做了相应的规定。因此，该教师决定让学生掌握一点有关诗歌朗读的基本知识和技能，在其教学目标体系中，此处便是教师重点有所作为的地方。同样，教师通过某种途径也可以找出不需要"作为"的目标。比如，在最初的目标设计中，某语文教师原本将读准部分字词的发音等作为教学的一个重点，但从学生自主学习的情况看，学生们已经掌握了该部分的内容，教师无需在此方面有所作为了。还有，对于搜集整理杜甫的其他诗歌的任务，教师通过检查后发现，学生们已经做得不错了，教师也没有必要按照原计划进行讲授或训练。

4. "零"作业课堂教学行为的选择

在正确诊断学情、构建出需要教师有所作为的教学目标之后，接下来就是选择合适的教学行为了。教学行为是针对教师而言的，它是教师在课堂上针对具体的教学目标和内容而采取的专业行为。根据教师在课堂中扮演的不同角色及其与学生的关系，针对教学目标和内容的教学行为一般可分为呈示、对话和指导三类。呈示行为以呈现知识与演示技能为主，体现了教师控制的特点，一般分为语言呈示、文字呈示、声像呈示和动作示范。对话行为体现了师生之间的互动性特点，是师生之间分享信息、观念与观点或者共同解决某个问题的过程，其常见的形式有问答和讨论。指导行为体现了学生自主控制的课堂学习特点，教师的教学任务没有改变，只不过教师的角色要发生变化——成为指导者。学生的学习方式主要有自主学习、合作学习、探究学习，相应地，教师的指导行为一般分为自主学习指导、合作学习指导、探究学习指导三类。可见，作为处理教学目标和内容的教学行为，其种类具有多样性，而每类教学行为都有着各自的适用范围和条件，也有着各自的优势与不足，教师必须做出合理的选择。

主张对教学行为的"选择"，这与时下一些学校的极端做法极为不同。新课程推行以来，一些学校为了从根本上改变学生的学习方式，最大限度地实现学生的主体性，要求教师只能采纳指导行为或者对话行为，坚决反对教师的呈示行为特别是讲授行为。北宋一中在高效课堂建设中敏锐地发现了这一点。从尊重科学、遵循规律出发，他们从课堂教学改革推行的那天起，就没有给教师们规定统一的教学行为。李志欣校长一直主张，真正的教学改革应发生在教师的课堂上，而绝不会发生在习惯于发号施令的校长办公室里。学校管理者的使命在于尊重每一位教师，让教师有理性地做出自己的选择。只要教师能够有根据地做出选择，能够系统地思考教学的要素，使教学行为的选择与教学目标、教学任务等具有匹配性，学校就应该支持教师的这种选择，并鼓励教师培养这种思维能力。

基于上述理念，北宋一中的课堂教学呈现出"解放"教师的特点，且获得了"解放"之后的教师，其课堂教学的思路是明晰的。比如，讲授《茅屋为秋风所破歌》的崔老师把"掌握基本的诗歌朗读知识与技能"确定为教学目标之一后，她认为完成此教学任务的最好方式首先是讲授——给学生讲清楚基本的朗诵规则。因为学生在初中阶段亟须理性的指导，如果没有朗读规则的传授，那么学生的朗读水平很难获得实质性的提高。她认为：词语的重读与否，主要是由诗歌的情感所决定。一般来说，能鲜明地表达出诗人情感的词语，包括中心语、修饰语，都应该重读。

诗歌语言的节奏同样也是诗人情感的表现。如果诗人的情感是伤痛凄凉的，那朗读的音调就应低沉，音量稍低，语速放慢；如果诗人的情感是喜悦、积极乐观的，朗读时音调就自然高昂一些，音量加大，语速加快。需要同学们注意的是，朗读时还可以根据个人的理解和现场的需要重新整合，有的节奏可快，快到几个节奏合并起来，有的节奏可慢，慢到一字一顿，字字千金。

教师清晰的讲解使学生懂得了诗歌朗读的基本规律，拨开了长期盘绕在他们心中的迷雾，也改变了他们"想当然"式的朗读行为。再加上教师精心设计的实地训练，本节课在完成此教学目标时收到了良好的效果。同样，在后续的"理解作者的思想境界"教学中，教师通过运用探究的方式，让学生查找重点句子并对重点字词进行分析，指导学生获得了正确的结论，这种探究的方式与教学任务是匹配的，同样收到了良好的教学效果。

5. "零"作业课堂教学评价的实施

当教师明晰了课堂的教学目标，选定了合适的教学行为之后，课堂教学的整个进程以及最终获得的结果就都是清晰可见的了，这就是说，课堂教学的过程同时也是教师开展教学评价的过程。所谓课堂教学评价，指的是教师以教学目标为依据，通过系统地收集学生学习的信息，获取证据并合理地运用证据促进学生学习的过程。高效课堂下的教学评价显然不同于传统的教学评价。首先，传统的教学评价一般发生在教学之后，而旨在促进学生学习的教学评价不仅发生在教学之后，还发生在教学之前和教学之中。北宋一中所开发并实施的"自主学习模板"本身就含有评价的成分，此处的评价作为指导学生自主学习的方法、诊断学情的一部分，实际上是教学之前的评价（我们把教师确定了需要其有所作为的教学目标看做教学的开始）。在课堂教学开展的过程中，教师根据学生学习的情况，"有证据"地灵活调整教学目标，构建与之相匹配的教学内容，指导学生的学习等，乃是发生在课堂教学之中的评价。

其次，传统的评价主要是给学生一个考试分数或者等级，其结果的运用主要在于告诉学生对不对、好不好，或是用于激励学生。而旨在促进学生学习的高效课堂之下的教学评价，其目的不仅在于对照目标的实现情况，更为重要的是，在于给学生提供"证据"，促进学生认知的发展。它不提供任何价值判断，进行诸如"你真棒"之类的表扬等，而是给学生提供对与错的事实判断，以及为什么对与错的原因分析。

最后，传统的评价发生的次数很少，往往不可持续，而旨在促进学习的高效课堂评价则是频繁发生的，可持续的。因此，北宋一中所开展的课堂教学评价是对传统评价方式的一种超越。尽管开展这种高层次的评价对于大多数教师来讲，还具有相当大的挑战性，但是，从他们旨在追求高远目标的行动来看，他们的探索弥足珍贵。

从北宋一中的教学改革历程来看，舍弃作业，建设高效课堂，这种改革的策略无疑是正确的。一个显而易见的道理在于，当课堂学习高效起来了，每节课都能够达成教学目标，课外作业就没有存在的必要了。但是，作业只是一个"病人"，而不是一个"罪犯"。尽管在改革的初期，北宋一中的课堂教学改革不得不把作业作为"罪犯"来对待，但在走过了一段艰辛的教学改革路程之后，他们更清楚地看到，作业其实并没有那么"坏"，也没有那么"可怕"。作业实际上可以成为课堂教学中的一个必要组成部分，因为它可以对教师的教学产生重要的反馈作用，从而能够让教师的教学决策建立在"证据"的基础上。同样，有效的作业反馈还对学生的学习有着至关重要的影响，它不仅能够反馈课堂学习的效果，还能对学生进一步的学习产生"导航"的作用。教学改革的逻辑看起来也许就是如此奇怪，起初反对的，在一段时间之后，人们会重新认识到它的作用。而当这样一个过程来临的时候，北宋一中的教学改革绝不会简单地"重复过去的故事"。事实上，否定之否定的结果，将迎来又一个崭新的教学改革阶段。

下面就是张斌博士文中提到的崔老师的一堂语文课的情景。

一走进课堂，只见所有的学生都在写啊，背啊，讨论啊，检查啊！黑板上写不下，就在地上写。写完了，首先是自我检查，再请别人检查，然后再去检查别人。学生虽然忙碌，但却非常有秩序，好像被一支无形的手指挥着。原来学生按小组已划分好的区域自觉地在复习学过的文言文知识，这种形式的复习据说已成为该班学生上课前的自觉行为，组织者当然不是老师，是六个学生，也就是常说的组长。但是，崔老师课上的这些组长可不同寻常，由于他们的参与，使教室里从原来的一个老师变成了现在的七个"老师"，整个课堂从时间上和空间上顿然开阔，单位时间内效率上去了，等于拉长了课堂时间，学生的诸多能力得以展现，如组织能力、表达能力、勇敢果断、机智冷静、尊重合作等，课堂上俨然成了能力的训练场。课堂容量上去了，老师几乎不讲了，成了幕后的主持。

全班学生共分六个小组，以学习态度、成绩和性别等为分组依据，组长一般是成绩中游或上游的学生，且大都属于外向型性格，有一定的组织能力。课堂第一个环节是自主学习阶段。老师分别把学习任务分给各个小组，各个小组长再把每个任务的子任务分给每个组员，然后在组长的组织、监督和指导下分组自学，教师巡回观察、监督并适时点拨。第二个环节是展示自学成果阶段。老师说题目，负责该题目的小组代表起立解答，回答不充分时由该组其他成员补充，如果再不理想或需要拓展知识链接相关内容时，由其他组自由补充。在此精彩的互动展示中，无机会展示的同学都在高度自觉地认真倾听着同学的回答，并把自己没做完整的地方随时用红笔记录在笔记本上。第三个环节是当堂达标阶段。

整堂课老师没点一个学生的名字，学生分工合作，该谁干，干什么，一切在自然中和谐地运行，没有闲着的学生，没有空闲的时间，课堂里的一切，都在高效地运转。在崔老师的课堂里，组织系统的建设起着很大的作用，看来组织建设不仅仅只能应用于一个学校的管理。

到此，我可以把北宋一中的课堂划分为五个环节：一是课前目标定向；二是学生先学；三是合作探究；四是点拨拓展；五是反馈评价。我认为，理想的课堂必须是建立在这五个环节的基础之上。同时，学校在建设好这些基础型课程的基础上，还要做好拓展型课程和研究型课程的开发和建设，使国家、地方和校本课程相得益彰、互相联系。这样，学生从拓展型课程和研究型课程中习得的自主、探究、合作的学习方式，必然会迁移到基础型课程的学习中来，从而改变单一的接受性学习方式。

这样学生就得到了实实在在的减负，玩的时候尽情地玩，学的时候认真地学，不必整天抱着教科书背诵啊，做题啊。学生可以读经典，练书法，可以画画，可以练琴，进行小制作，可以打篮球，可以做一切健康的游戏。孩子们在欢快的笑声中，尽情地参与着自己喜爱的项目，体验着课堂内外的无限快乐。

但是，我不得不说，在这个阶段的改革道路上，真的是喜忧参半，忧的是学校的办学条件很差，满足不了改革发展的需求；学校的常规管理和一些管理机制还不够完善，跟不上改革的步伐；学校部分领导和教师仍不认可这套改革的思路，改革的措施、改革的内容、具体的操作流程和方法都在形成阶段仍不够完善，老师们的行动和模板设计都不够成熟；甚至学校外部也有不少非议的声音等，这些因素一度动摇过我的信心，让我坐卧不宁，痛苦难堪。喜的是我们坚持下来了，各个年级的成绩稳步提升，学生得到了全面的发展。

三、"零"作业教学改革范式的创新阶段

在前两个阶段的改革实践过程中，我们确实走过了不少弯路。但是，很多被否定后重新修订而得到认可的制度、策略和内容也在开始向有效和规律迈进。可以说，以前的各项措施是为推动"零"作业改革服务的，但

是现在却出现了一种现象，"零"作业的实施催生出学校发展的一系列新思想和新做法，它成了我们学校实施素质教育和课程改革的切入点，甚至可以说是引爆了学校的内涵发展。2012 年，我们又探索出了一些新的举措，比如，通过设计"双休日（节假日）生活指导纲要"，成功解决了农村学生双休日和节假日无事可做、生活乏味的问题，学生借助生活指导，读书、做实验，进行多种多样的综合实践活动；重新设计了"前置性学习模板"，并将其改为"单元自主学习指导纲要"（为什么在前面加上"单元"二字，原因是原先的模板是以课时为单位，这样操作起来发现学生仅仅依靠自习时间根本无法完成各个学科的任务，并且很容易陷入各学科老师之间的不正当竞争现象之中，重新演变为过重的课业负担。以"单元"为单位，较好地解决了这个问题，且容易帮助学生进行整体思维构建，打通学生前后知识的联结），把"课堂学习模板"改为"课堂学习指导纲要"（两个纲要的案例与解读将在后面详细呈现）。运用"单元自主学习指导纲要"能够提高学生自主学习效果，使用"课堂自主学习指导纲要"能够促进教学环节的优化。创意"双休日（节假日）生活指导纲要"使学生过一个既充实又轻松的双休日或节假日［"双休日（节假日）生活指导纲要"将在第四章里详细解读］。"单元自主学习指导纲要"是任课教师将一周预习内容以"单元"为板块整合制成的一份前置性学习模板，内容具体分为"教材分析、知识构建、背景知识、问题展台、学习评价"五个板块，引领学生课下自主学习，对课堂教学起着重要的辅助作用。"课堂学习指导纲要"则遵循"先学后教、以学定教、善学促教"这三个教学法则，整体优化，包括"目标定向、学生先学、合作探究、点拨拓展和反馈评价"五个环节，以保障学生学习内容的当堂达标。

在此阶段，我们完善了改革的组织机构，成立"零"作业教学改革常规管理督导室。每天对教师的备课情况、课堂教学、课程开发与开设、小组建设与评价、导师与学生交流等相关情况进行督导，每天写出督导报告并存档，第二天进行及时的反馈与改进。建立学校发展性指标体系，为学校教学改革和发展提供方向性引领，确保改革持续良好地发展。此指标体系包括以下六个方面：（1）办学理念与价值追求；（2）管理制度与运行机制；（3）课程建设与教学运行；（4）教师成长与队伍建设；（5）校本研究与学术成果；（6）学校特色与文化创建。

"零"作业改革提出以后，学校的文化氛围发生了巨大的变化，许多教师在改革中创生了许多意想不到的文化产品。比如聂伟伟老师，在熟练运用每组四层学生的同时，还把每组相同层次的学生再组建成四个小组，名称分别是实力组、潜力组、奋进组、勤奋组。这两种小组在课堂上横纵交替使用，巧妙地解决了在小组合作学习中人为地把学生分为四个等级的弊端，体现了学习共同体建设的科学性。

既有范式约束，又有个性张扬，这是学校教学改革必然的和合之路。脱离了范式的整体改革被证明是没有推进力度的，即便个别老师一时悟到了教学真谛，生成了自己的教学主张，但也难以影响全校，更不可能改变学校教学的全貌；推进完全刚性的教学模式，则忽视了教师作为教学改革主体能动性的发挥，千课一貌的现象是完全背离学校教学改革初衷的。北宋一中的教学改革因"零"作业而产生，又注入了基本规范的约束，因此，成为了意义深远的开放性教学范型，新的学校文化系统也就自然生成。

第二节　"零"作业下教学改革范式载体："两纲要"课程化教学

进行教学改革，不是开个会就能落实的，也不是用一些先进的理念口号所能推动的。我体会到，北宋一中改革的各项措施都是采取"倒逼"的方式推动的，并且注重一些具有实际操作性的东西。

过去要求教师备课的方式是用手写，按照教学目标、教学重难点、教学方法、教具准备、教学步骤、板书设计、布置作业这一流程备课。教学步骤要求教师必须写出每一个教学环节和师生双方的活动。过去的课堂流程大体是这样的：复习旧知、讲授新知、知识小结、机械训练和布置作业，课堂由教师独霸，学生只能被动地听，毫无主动思考、展示和自我创造的机会。课下和双休日便布置一些作业，霸占学生应该享受的休息娱乐时间。

这种备课形式的弊端显而易见，北宋一中的改革者们直面传统教育的弊端，将"矛头"直指影响教学科学发展的核心地带，取消了长久以来的备课方式。

现在老师们按照新课程标准的理念，自主开发了两种学习载体，代替了传统的备课方式、教学方式和学生常规的课外活动方式。这两种载体分别是"单元自主学习指导纲要"和"课堂学习指导纲要"。

回顾我与北宋一中的教师一起讨论并修订备课改革方案的情形，形式上从彻底取消备课本，到"学习提纲""学习模板"，再到"两个纲要"，体现的不仅是形式的变化，还是理念的变化，更是专业水平的提升和思想的解放。

山东省基础教育课程中心的李秀伟老师这样总结北宋一中的教学改革范式载体：

北宋一中的教学改革没有囿于课堂内部的效率挖掘，但课堂是减负的重要领域，所以，李志欣校长带领老师们从开发"两大学习指导纲要"入手提升课堂教学品质，从开发校本课程入手补充教学所缺，从而走上了教学改革课程化的理想道路。其实，"两大学习指导纲要"是国家、地方课程校本化、师本化、生本化的产物，即便笔者并不支持冠以师本化或生本化来阐述学校课程实施的创新之路，但是在北宋一中，这样的理想却在慢慢成为现实。

（一）中观学习的依托

这是北宋一中物理单元自主学习指导纲要（课题：人教版第十五单元动能、势能及其相互转化），在单元学习之前发给学生，具体结构是：

第一部分是教材分析。

从本章到第十六章，教材讲述能的初步知识。（详细内容略）教师阐述的设计意图是此环节能使学生了解本单元的主要内容，知道学完这一单元，会解决什么问题，平时那些倍感疑惑的现象也不再神秘；同时还为学生提供了学习这一单元的方法。

第二部分是知识构建。

先是温馨提示，让同学们根据预习的情况用喜欢的方式把单元知识展示出来，也可参照老师的知识网络图。然后出示知识框架体系图：

①动能

②重力势能

③弹性势能

④机械能及其转化：什么能减少了？什么能增加了？

此部分的设计意图是让学生通过梳理本单元的知识，进一步明确将要学习的主要内容，为以后的进一步探究奠定基础。

第三部分是背景知识。

提供的背景知识包括："大飞机'害怕'小飞鸟""火箭升空""人造卫星""过山车原理"。火箭升空、人造地球卫星、过山车这三段资料所包含的知识是教材中能量守恒的不同表现形式，也是近几年学生经常能从电视上看到的知识或在生活中能够体验到的经历。这三段资料，能帮助学生解答疑惑，使玩过过山车的同学明白为什么会有那样的感觉，体会到物理来自生活。

第四部分是问题展台。

具体操作是小组长对本组成员的问题进行汇总，交给课代表，然后课代表再将问题交给老师。

第五部分是学习评价。

包括自我评价、组长评价、教师评价的具体设计。

由此可见，北宋一中的"单元自主学习指导纲要"主要是引导学生课下自主学习，对课堂教学起着重要的辅助作用。内容具体分为"教材分析、知识建构、背景知识、问题展台、学习评价"五个板块。它解决了教师平时向学生发放大量资料，布置各种机械性、重复性书面作业的问题。同时，它不同于一般意义的课前预习，它是以单元为单位，以研究的方式展开对将学内容的探讨，更多的是展示自己的想法和疑问，老师仅仅提供学习的纲领性内容，并提供学习方法和学习目标，让学生自主地思维、寻找问题、自我评价。尤其是"背景知识"环节为学生提供了丰富的课程资源。这就真正地实现了课前学生的自主学习，课堂不再是知识学习的开始，而是学习的进一步延续与深化。课程意识在这里得到了充分的体现。

（二）具体学习的实现

赵艳霞老师的一份超过4000字的关于物理课堂学习指导纲要的设计的

主要内容为：

第一部分是目标定向。

包括完整的知识与技能、过程与方法、情感态度与价值观目标设计。这是老师课前对学生在预习中提出的问题的整理，上课时展示给学生。然后师生共同对这些问题进行分析、整合和升华，确定本节课的学习目标。

第二部分是学生先学。

①让学生读下面的故事（略），回答问题；②思考自然界中的能量有哪些；③把下面现象进行分类（略）；④归纳总结，得出动能、重力势能、弹性势能的初步定义。这4个问题都是先经过学生独立思考，然后分别由1名同学回答，其他同学补充，老师点拨，纠正学生描述中的错误或不足。

第三部分是合作探究。

分别探究"动能""重力势能""弹性势能"这三个问题。这是学习重点，"纲要"中设计了大量的学生活动，让学生的探究得以实现。

第四部分是点拨拓展。

都是开放性、发展性的问题或者供学生进行拓展性学习的题目。

第五部分是反馈评价。

学生利用所学的知识来解决实际问题，有利于及时巩固所学知识，增强学生灵活运用知识的能力和创新思维的能力。教师要做好欣赏者与学生一起分享成功的喜悦。

我们看到，"课堂学习指导纲要"通过"以学定教"来整体优化"目标定向、学生先学、合作探究、点拨拓展和反馈评价"（小学：课堂风向标、自主展示台、合作探究营、魔法炫秀场、七彩回音壁）五个环节，保障学生学习内容的当堂达标。其价值一是重视学生的课前自主学习，这不仅仅是知识的梳理，更重要的是认知的铺垫。价值二是实现学习赋权，创造条件让学生充分地展示，以便了解其学习的进展状况，暴露其学习中的问题。课堂上的问题呈现也是一种学习，并且尽量做到让学生主持学习。价值三是小组学习机制。学生之间能够合理分工及互助，小组间产生有积极意义的竞争，决不放弃每一个学生。价值四是精神激励与自我管理。学生精神品质的彰扬和自我管理能力的形成将课堂的教育作用进一步提升。

课堂因此呈现出五大因素：前置性学习任务；诊断性预习梳理；关键

性递进问题；针对性共同作业；生成性学习指导。其中，关键性递进问题
建构了学习台阶，引导有意义的思考；针对性共同作业，能够寓存具体学
习目标，及时反馈学习进展；生成性学习指导，则意味着教师在课堂上要
做到分析、点拨、引导与现场帮助。

其实，整个教学过程成为一个完整的课程体系呈现在学生面前，学生
要有知情权，要对课程有掌控力。北宋一中在不知不觉中践行了一种课程
改革的模式，即课程的调适模式，课程的调适模式主要是针对教材领域的
国家课程校本化实施而提出的概念。所谓课程调适，就是指国家颁布的课
程标准和审定的教材在课程实施时，被教师依据学校和学生的实际情况加
以校本化处理的过程。通过这种方式，达到国家课程对教师和学生来说更
具适应性的目标。

这两种创新型学习载体，是北宋一中实施"零"作业改革后生成的产
物，它是独一无二的，是属于北宋一中自己的产品；它也是一种创造，是
对当下备课方式的一种颠覆与创新。

李老师以物理学科为例，阐释了我们自主开发的教学改革范式载体的
本质与意义。下面我以数学和政治这两个学科为例，向大家完整地展示
"单元自主学习指导纲要"和"课堂学习指导纲要"，纲要的作者分别是数
学老师刘红芳和思想政治老师孙华凤，其中每一个板块都有这两位老师亲
自撰写的设计意图和具体操作法。

一、两个"纲要"具体内容范例（数学）

（一）数学单元自主学习指导纲要

**北宋一中数学单元自主学习指导纲要（课题：人教版初中数学八年级
下册第十八章"勾股定理"）**

第一板块：教材分析。

直角三角形是一种特殊的三角形，它有许多重要的性质，如我们七年

级学习的"直角三角形中两个锐角互余"，八年级上册学习的"直角三角形中30°角所对的直角边是斜边的一半"等。本章所研究的勾股定理揭示的是直角三角形三条边之间的数量关系，是直角三角形一条非常重要的性质，也是几何中最重要的定理之一，它将数与形密切联系起来，在数学的发展中起着重要的作用，在现实世界中也有着广泛的用途，有人称之为"千古第一定理"。勾股定理的逆定理是利用三角形三边的数量关系来判定其是否为直角三角形的方法，而在此之前，我们判定一个三角形是否是直角三角形，只能用定义，即证明三角形中有一个角是直角，或者一个三角形中有两条边互相垂直。勾股定理及其逆定理在几何证明中作用很大，在实际生活中用途也很广泛，所以大家一定要努力学好。

设计意图：这一部分为本单元所要学习的主要内容并与前后章节联系紧密。新课标指出：教学中应当有意识、有计划地设计教学活动，引导学生体会数学之间的联系，感受数学的整体性，不断丰富解决问题的策略，提高解决问题的能力。同时整个学段教材内容的设计有螺旋式上升的特点，因此让学生及时复习和总结相关联的知识点，可以让学生更好地感受数学的整体性，这符合学生的认知规律。

学完本单元后，你就能解决"已知直角三角形两边求第三边"的问题，也能"利用三角形的三条边的数量关系判定直角三角形"，进而可以解决很多生活中的实际问题；当然，还可以掌握利用"面积法"证明几何问题的数学方法；还有，中国对勾股定理的研究做出了巨大的贡献，其中最出名的人你知道是谁吗？学完本单元后，老师相信你就知道了。

设计意图：新课标要求通过义务教育阶段的数学学习，学生要在知识与技能、数学思考、解决问题和情感与态度四个方面达到目标，也就是大家平时所说的三维目标。而学生对以上这种比较通俗的目标设定更易接受，不至于感觉枯燥。让学生带着目标去预习教材，便可以做到有的放矢了。

"操作＋思考"的学习方式符合你们这个年龄段学生的认知水平，充分动手、动脑，主动探索获取新知，与同学们合作交流都是很好的学习数学的方法。还有，你知道吗，勾股定理的证明方法有近五百种之多呢！所以说，条条大路通罗马，解决问题之道不限于一种，我们也应该学习这种从多种角度入手解决问题的策略。

设计意图：有效地数学学习过程不能单纯地依赖模仿与记忆，教师应引导学生主动地从事观察、实验、猜想、验证、推理与交流等数学活动。因此，教给学生学习本单元所应该具有的数学方法和策略，可以达到事半功倍的效果，也可以使学生养成良好的学习习惯。

第二板块：知识构建。

仔细阅读教材内容，了解基础知识及探究的任务，完成下列表格。

	内容	证明方法	用途
勾股定理			
勾股定理的逆定理			

温馨提示：（1）教材将勾股定理的探索过程设计为梯度式，先从等腰直角三角形入手，发现规律后，再探究一般直角三角形是否满足规律，预习时要注意这种循序渐进的探索方式。

（2）为了在课堂上探索勾股定理的证明过程，我们需要两个边长分别为 a、b 的正方形，请你提前准备好，并用胶布把它们如图粘在一起。

设计意图：知识建构是单元预习的重点，也是学生思维火花绽放的体现。先让学生对本单元内容有大体的了解，再通过自己的探索与思考，抽取出每课时  的重点内容进行首次认定，从而把握本单元知识的设计脉络。然后提出自己的疑难问题放于展台之中，使老师对学生的预习程度做到心中有数，也使学生的学习更为主动和积极。

第三板块：知识背景。

（1）中国对勾股定理的研究所做出的贡献

①《周髀算经》：中国最早的一部数学著作——《周髀算经》的开头，记载着一段周公向商高请教数学知识的对话。周公问："我听说您对数学非常精通，我想请教一下，天没有梯子可以上去，地也没办法用尺子去一段

一段丈量，那么怎样才能得到关于天地的数据呢?"商高回答说:"数的产生来源于对方和圆这些形体的认识。其中有一条原理，当直角三角形的一条直角边'勾'等于3，另一条直角边'股'等于4的时候，那么它的斜边'弦'就必定是5。这个原理是大禹在治水的时候就总结出来的。"从上面所引的这段对话中，我们可以清楚地看到，我国古代的人民早在几千年以前就已经发现并应用勾股定理这一重要的数学原理了，以后人们就简单地把这个事实说成"勾三股四弦五"，我们中国把这个定理称之为"勾股定理"或"商高定理"。

②赵爽弦图:"赵爽弦图"表现了我国古代人民对数学的钻研精神和聪明才智，它是我国数学史上的骄傲。中国古代的数学家们不仅很早就发现并应用勾股定理，而且很早就开始尝试对勾股定理做理论上的证明。最早对勾股定理进行证明的是三国时期吴国的数学家赵爽。因此，这个图案(图在课堂学习指导纲要中出示)被选为2002年在北京召开的国际数学家大会(ICM－2002)的会徽。这会徽既标志着中国古代的数学成就，又像一只转动的风车，欢迎来自世界各地的数学家们!

设计意图:在教学中，应注意展现与勾股定理相关联的背景知识，使学生对勾股定理的发展历史有所了解，感受勾股定理丰富的文化内涵，激发学生的学习兴趣。特别是通过向学生介绍我国古代人民在勾股定理方面的研究成就，来激发学生热爱祖国悠久文化的思想感情，培养他们的民族自豪感，同时教育学生发愤图强，努力学习，为担负起振兴中华的重任打下基础。

(2) 西方对勾股定理所作的贡献

①《几何原本》:在西方，数学著作《几何原本》中记载，这个定理是由毕达哥拉斯最早发现的，所以西方把这个定理称为"毕达哥拉斯定理"，以后就流传开了。毕达哥拉斯是古希腊数学家，他是公元前五世纪的人，比商高晚出生五百多年。相传，毕达哥拉斯学派证明了勾股定理后，欣喜若狂，杀了一百头牛祭神，因此这个定理又有"百牛定理"之称。

②勾股定理与第一次数学危机:约公元前500年，毕达哥拉斯学派的弟子希帕索斯发现了一个惊人的事实，按照毕达哥拉斯定理(勾股定理)，若正方形边长是1，则对角线的长度不是一个有理数，它不能表示成两个整

数之比,这一事实不但与毕达哥拉斯学派的哲学信念"万物皆(有理)数"大相径庭,而且建立在任何两条线段都可以公度基础上的几何学面临被推翻的威胁,在当时直接导致了人们认识上的危机,历史上第一次数学危机由此爆发。据说,毕达哥拉斯学派对希帕索斯的发现十分惶恐和恼怒,为了保守秘密,最后将希帕索斯投入大海。如果没有希帕索斯的发现,"无理数"的概念也不会那么早就引入到数学研究中去。正因为希帕索斯发现了无理数,数的概念才得以扩充。从此,数学的研究范围扩展到了实数领域。

③一位总统与勾股定理的不解之缘:在1876年一个周末的傍晚,美国华盛顿的郊外,有一位中年人正在散步,欣赏黄昏的美景,他就是当时美国俄亥俄州共和党议员伽菲尔德。他走着走着,突然发现在附近的一个小石凳上,有两个小孩正在聚精会神地谈论着什么,时而大声争论,时而小声探讨。由于好奇心驱使,伽菲尔德向两个小孩走去,想搞清楚两个小孩到底在干什么,只见一个小男孩正俯着身子,用树枝在地上画一个直角三角形,于是伽菲尔德便问:"你们在干什么?"只见那个小男孩头也不抬地说:"请问先生,如果直角三角形的两条直角边分别是3和4,那么斜边长为多少呢?"伽菲尔德答到:"是5呀。"小男孩又问道:"如果两条直角边分别为5和7,那么这个直角三角形的斜边长又是多少呢?"伽菲尔德不假思索地回答到:"那斜边的平方,一定等于5的平方加上7的平方。"小男孩又说道:"先生,你能说出其中的道理吗?"伽菲尔德一时语塞,无法解释了,心里很不是滋味。于是伽菲尔德不再散步,立即回家,潜心探讨小男孩给他留下的难题。伽菲尔德经过反复的思考与演算,终于弄清楚了其中的道理,并给出了简洁的证明方法。1876年4月1日,伽菲尔德在《新英格兰教育日志》上发表了他对勾股定理的这一证法。1881年,伽菲尔德就任美国第二十任总统后,人们为了纪念他对勾股定理直观、简捷、易懂、明了的证明,就把这一证法称为"总统证法"。

设计意图:亚里士多德说过,热爱真理的人在没有危险时爱着真理,在危险时更爱真理。为了追求真理,数学家希帕索斯献出了宝贵的生命。通过这组背景知识,我要告诉学生,追求真理,不分国界,也不分贫富贵贱,真理永远掌握在勇于探索、不畏艰险的人手中。借此背景来培养学生勇于探索、不怕困难、坚持不懈的优秀品质。

（3）欣赏美丽的勾股树

右边这幅图片我们称它为勾股树。仔细观察勾股树，你能发现它是按照怎样的规律形成的吗？

美丽的勾股树

设计意图：经过人们的不懈努力，勾股树开出了无数朵奇葩。设计这个背景知识的目的是让学生体会数学的魅力与神奇，培养学生的观察力与想象力，开拓同学们的眼界，激发同学们的学习兴趣和求知欲。

第四板块：问题展台。

根据自己的预习情况，提出疑惑问题（至少两个），交予组长汇总。

	课时 1：勾股定理及证明（64～66 页）	课时 2：勾股定理的应用（66～68 页）	课时 3：勾股定理的应用（68～69 页）	课时 4：勾股定理的逆定理	复习课
疑惑问题					

设计意图：学生将预习中所遇到的疑惑问题摘录在此，再由组长汇总交予老师，教师在备课时进行分类归纳，确定目标。老师要特别关注提出有价值问题的小组，上课时要及时表扬，以此来激励同学们认真预习。

第五板块：学习评价。

自我评价

你可以根据自己的预习情况，写出你的收获、反思、感悟等。

_____

组长评价

根据组员对知识建构、背景知识、问题展台的圈点勾画、所提问题等情况给你的组员打出相应的等级：A　B　C　D。

教师评价

_____

设计意图：评价的目的是全面考察学生的学习状况，激励学生的学习热情，促进学生的全面发展。这里仅对学生的自主预习做出适当的评价。自我评价可帮助学生逐步学会认识自我，学会管理自己，养成主动学习的习惯。组长评价则是让学习组长对本小组的同学做出适当的评价，对落后的同学进行督促和帮助，使全组成员团结一致，互帮互助，形成良好的学习氛围。教师评价则是教师根据学生单元指导纲要的预习情况，对学生给予语言上的激励，保护学生的自尊心和自信心。教师要善于利用评价所提供的大量信息，适时调整和改善教学过程。

（二）数学课堂学习指导纲要

北宋一中数学课堂学习指导纲要

［课题：18.1勾股定理（1）　课型：新授课　年级：八年级］

第一板块：目标定向。

活动一：

学习两幅图片，第一幅图片为我国著名数学家华罗庚教授提议向宇宙发射的勾股定理的图形，用来与外星人联系；第二幅图片为 2002 年在我国北京召开的第 24 届国际数学家大会的会徽，为著名的"赵爽弦图"。

你见过这两幅图片吗？你以前听说过勾股定理吗？根据同学们的预习情况，本节课我们就来一起探讨这"千古第一定理"究竟为何物？它的证明到底蕴藏着怎样的玄机？为什么那么多人为它的证明所着迷？根据同学们所提的疑难问题，我们这节课重点来探究勾股定理的内容及证明过程。

设计意图：这样的导入富有科学特色和浓郁的数学气息，为学生能够积极主动地投入到探索活动中创设情境，能激起学生强烈的兴趣和求知欲，同时为探索勾股定理提供背景材料。

具体操作：教师出示图片，同学们观察图片发表见解，教师进行补充说明，关注学生对两幅图片的兴趣及了解程度。

第二板块：学生先学。

活动二：

毕达哥拉斯是古希腊著名的数学家，相传在 2500 年以前，他在朋友家做客时，发现朋友家用地砖铺成的地面反映了直角三角形三边的某种数量关系。你能独立完成下列问题吗？

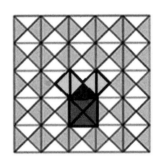

问题一：在图中你能发现哪些基本图形？

问题二：与等腰直角三角形相邻的正方形面积之间有怎样的关系？

问题三：由此你可以得出等腰直角三角形三边存在着一种怎样特殊的数量关系吗？

设计意图：对地砖中图形的探索培养学生用数学的眼光认识生活中具体现象的能力，将面积关系转化为等腰直角三角形三边长之间的数量关系，让学生体验"面积法"在几何证明中的作用，为探索一般直角三角形三边关系提供了方法和线索。

具体操作：教师出示图片并提出问题。学生观察图片进行思考。教师引导学生总结，等腰直角三角形两条直角边平方的和等于斜边的平方。

第三板块：合作探究。

活动三：

问题一：毕达哥拉斯发现的等腰直角三角形是特殊的直角三角形，一般的直角三角形是否也有这样的特点呢？请通过计算左图和右图中六个正方形的面积填写下表，说明你的结论（每个小正方形网格面积为一个面积单位）。

	A的面积（单位面积）	B的面积（单位面积）	C的面积（单位面积）
左图			
右图			

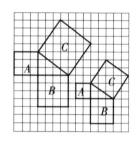

设计意图：小组学习，互相交流，共同分享，由特殊到一般地对直角三角形进行探索，学生再次利用"面积法"证明结论，体验"面积法"在几何证明中的作用。渗透"从特殊到一般"的数学思想，培养学生的类比、迁移能力及探索问题的能力，使学生在互相欣赏、辩论中得到提高。同时鼓励学生尝试从不同角度寻求解决问题的有效方法，并获得相关经验。

具体操作：教师参与小组活动，指导、倾听学生交流，针对不同认识水平的学生，引导其用不同的方法得出大正方形的面积。教师需注意学生可能会有不同的方法，对每种方法，要给予合适的评价。

求正方形C的面积是难点，预设同学们的两种解法：（1）转化为一个大正方形面积减去4个直角三角形面积；（2）转化为4个直角三角形的面积加上一个小正方形的面积。（如图所示）

活动四：

是不是所有的直角三角形都有这样的特点呢？下面我们对一个一般的直角三角形进行证明，这是我国古代数学家赵爽的证明方法，他是怎样证明这个命题的呢？

问题一：拿出我们提前做好的边长分别为a、b的两个正方形，你能通过剪、拼把它们拼成弦图吗？

问题二：原来两个正方形的面积之和是什么？设拼成的大正方形的边长为c，则拼成的大正方形的面积是什么？它们有什么关系呢？

设计意图：拼图活动，是以学生的动手操作代替枯燥讲解的有效手段，真正把学习的主动权交给学生，调动学生思维的积极性。教师为学生提供从事数学活动的机会，建立初步的空间观念，发展形象思维。

具体操作：教师提出问题，学生在独立思考的基础上以小组为单位，动手拼接。教师深入小组参与活动，倾听学生的交流，指导学生完成拼图活动，之后请小组代表展示拼接过程。拼接过程如图所示。

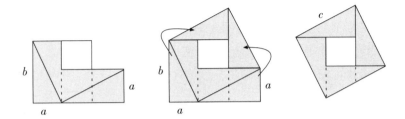

活动五：

你能独立地把我们探索的结论进行归纳总结吗？请用不同的语言进行描述。

文字语言描述：_____

符号语言描述：_____

符号语言描述变形：_____

设计意图：让学生从文字语言、符号语言两个方面对勾股定理进行描述，培养学生数学语言的表达能力，及应用数学符号的能力。

具体操作：教师鼓励学生归纳总结，特别是符号语言，教师要把好规范关，并指导学生总结出对于直角三角形，已知任意两边长，根据勾股定理便可求第三边的长度，教师要适时引导学生复习数的开方的知识。

第四板块：点拨拓展。

活动六：

（1）这节课你有哪些收获？大家来说一说吧。

（2）勾股定理是人类历史上伟大的发现，其证明过程更是精彩纷呈，也让很多数学爱好者为之着迷，下面我们来欣赏一下一位美国总统的精彩证明。

设计意图：进一步强化学生对勾股定理的认识，使学生的思维更加开阔，激发其学习热情。

具体操作：教师出示图片，在同学们思考之后，点名请同学口述证明方法。教师要关注不同层次的学生对知识的理解程度。

（3）证明勾股定理的方法目前已知的有近五百种之多，大部分是通过面积法进行证明，你可以通过书籍或上网查阅一些证明方法，准备好材料，下节课交流，比比谁知道的更多。

设计意图：新课标指出，我们应当重视学生的研究性学习和实践活动。因此，我经常指导学生通过多种渠道进行学习，从不局限于课本。有条件的同学，还可以在老师的指导下上网查阅资料。

第五板块：反馈评价。

请你独立完成下列练习：

（1）如图，64，400 分别为所在正方形的面积，则图中字母 A 所代表的正方形面积是_____。

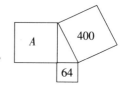

（2）"赵爽弦图"是由 4 个全等的直角三角形与中间的一个小正方形拼成的一个大正方形（如图），若直角三角形的两条直角边的长分别是 2 和 1，则小正方形（阴影区域）的面积与大正方形的面积比为（   ）。

A. $\frac{1}{3}$ B. $\frac{1}{4}$

C. $\frac{1}{5}$ D. $\frac{\sqrt{5}}{5}$

设计意图：因为利用面积法进行几何证明是学生首次接触，所以设计这两题意在考查学生对勾股定理的"面积法"证明的掌握程度，以便使学生对所学知识进一步地巩固和提高。

（3）某 4 层楼房（高 12 米）的 4 楼失火，消防队员取来长 13 米的云梯，放在距墙角 5 米处，请问消防队员能否进入 4 楼灭火？

（4）小明妈妈买了一部 29 英寸（74 厘米）的电视机，小明量了电视机的屏幕后，发现屏幕只有 58 厘米长和 46 厘米宽，他觉得一定是售货员搞错了。你同意他的想法吗？你能解释这是为什么吗？

设计意图：新课标指出：让学生亲身经历将实际问题抽象成数学模型并进行解释与应用的过程，使学生对数学知识理解的同时，在思维能力、情感态度与价值观等多方面得到进步和发展。此两题意在考查同学们对勾股定理的实际应用，培养同学们建立数学模型的能力，同时又为下一课时的学习进行铺垫。

具体操作：学生先独立完成，老师进行流动批阅，收集信息，对个别同学出现的问题做好记录并及时评价。

（三）数学学科务实操作解读

1. 数学"单元自主学习指导纲要"务实操作解读

"单元自主学习指导纲要"的雏形并不是这样的，随着教学改革的推进和我们的不断摸索，到了今年才确定了此纲要的环节。"单元自主学习指导纲要"与我们老师的单元备课有所不同，但也有相通之处。它意在指导同学们对单元内容进行有效地自主预习，在上课之前对教材进行简单的梳理，帮助学生对单元的知识框架进行整体的把握，并根据预习情况提出自己的疑惑，而老师则根据同学们的自主学习情况及时调整自己的备课计划，特别是通过收集学生提出的问题，设计课堂教学的重点，做到在课堂上有的放矢。所以"单元自主学习指导纲要"是学生课堂学习的前奏，起着铺垫性的作用。

"单元自主学习指导纲要"共分为五大环节，分别是："教材分析——知识构建——背景知识——问题展台——学习评价"。下面我以人教版初中数学八年级下册"勾股定理"单元自主学习指导纲要为例进行说明。

（1）教材分析

此环节我们一般设计成三个部分。

第一部分设计的是本单元所要学习的主要内容以及它与前后章节的联系。新课标指出：教学中应引导学生体会数学之间的联系，感受数学的整体性，不断丰富解决问题的策略，提高解决问题的能力。同时整个学段教材在内容设计上呈螺旋式上升的特点，比如说，三角形这一模块的知识就几乎贯穿于整个初中教材，"勾股定理"是其中之一。因此让学生及时复习和总结相关联的知识点，可以让学生更好地感受数学的整体性，这符合学生的认知规律，对于学生在课堂上更深入地探究问题有所帮助。例如本单元设计如下：

直角三角形是一种特殊的三角形，它有许多重要的性质，如我们七年级学习的"直角三角形中两个锐角互余"，八年级上册学习的"直角三角形中 $30°$ 角所对的直角边是斜边的一半"等。本章所研究的勾股定理揭示的是直角三角形三条边之间的数量关系，是直角三角形的一条非常重要的性质，也是几何中最重要的定理之一，它将数与形密切联系起来，在数学的发展中起着重要的作用，在现实世界中也有着广泛的用途，有人称之为"千古第一定理"。勾股定理的逆定理是利用计算三角形三边的数量关系来判定其是否为直角三角形的方法，而在此之前，我们判定一个三角形是否是直角三角形，只能用定义，即证明三角形中有一个角是直角，或者一个三角形中有两条边互相垂直。勾股定理及其逆定理在几何证明中作用很大，在实际生活中用途也很广泛，所以大家一定要努力学好。

这样设计就使学生对勾股定理单元的基本内容及它在直角三角形中的地位和作用一清二楚了，同时也对直角三角形的相关性质进行了复习。

第二部分是学生学完本单元后应该达到的目标。新课标要求通过义务教育阶段的数学学习，学生要在知识与技能、数学思考、解决问题和情感与态度四个方面达到目标，也就是大家平时所说的三维目标。以前我总是照着参考书设计的三维目标把它抄下来了事，可经过长时间的观察，发现学生对这种理论性较强的目标并不感兴趣，所以后来我一般用比较通俗、活泼的语言来设计，事实证明学生喜欢这种设计形式，不仅不会感觉枯燥，还能对本单元的学习目标有更清醒的认识。例如本单元学习目标制定如下：

学完本单元后，你就能解决"已知直角三角形两边求第三边"的问题，也能"利用三角形的三条边的数量关系判定直角三角形"，进而可以解决很多生活中的实际问题；当然，还可以掌握利用"面积法"证明几何问题的数学方法；还有，中国对勾股定理的研究做出了巨大的贡献，其中最出名的人你知道是谁吗？学完本单元后，老师相信你就知道了。

第三部分设计的是指导学生自主学习的具体方法。有效的数学学习过程不能单纯地依赖模仿与记忆，教师应引导学生主动地从事观察、实验、猜想、验证、推理与交流等数学活动。根据这个理念，在指导学生自主学习时，我总教给学生操作性较强的学习方法以便指导学生的自主学习。因此，教给学生学习所应该具有的数学方法和策略，可以达到事半功倍的效果，也可以使学生养成良好的学习习惯，这是每一个数学老师的责任。例如本单元设计的学习方法如下：

"操作＋思考"的学习方式符合你们这个年龄段学生的认知水平，充分动手、动脑，主动探索获取新知，与同学们合作交流都是很好的数学学习方法。还有，你知道吗，勾股定理的证明方法有近五百种之多呢！所以说，条条大路通罗马，解决问题之道不限于一种，我们也应该学习这种从多种角度入手解决问题的策略。

当然，科目不同或同一科目的不同章节内容也不同，因此所涉及的教材分析内容也当然不同。但就数学而言，思想方法是其精髓，教师在指导学生预习时，应有效地利用数学方法，令其透彻理解解决问题的数学思想，这样就抓住了数学学习的本质，可以达到事半功倍的效果。

（2）知识构建

知识构建是单元预习的重点，也是学生思维火花绽放的体现。先让学生对本单元知识有大体的了解，再通过自己的探索与思考，抽取出每节课的重点内容进行首次认定，从而把握该单元知识的设计脉络。然后提出自己的疑难问题以备与老师、同学在课堂上交流，这样也可使老师对学生的预习程度做到心中有数，也使学生的学习更为主动和积极，这便是我们设计这个环节的目的所在。

具体设计时，我有时设计一个表格，有时画一个树状图或画一个大括号，将每课时的主要内容列入其中，让同学们通过预习填上相应的知识点或关键点，有时加上温馨提示，以提醒同学们一些注意事项和方法策略，或者为上课应做的准备工作等。总体来说，这一环节就是指导同学们对本单元知识有一个整体的了解，对它们之间的联系有一个感知，并对将要上的新课做好充分的准备。当然，更多的时候，我也让学生自己去设计，他们的设计有时候很有创意。这也是教师评价学生学习的一个重要方面。关于数学知识构建的设定，我觉得它与其他学科不同，因为数学语言讲究简练，有条理，那种新颖花哨的设计不适合出现在数学学科上，只要学生的设计能体现该单元的知识框架即可。例如本单元知识建构设计如下：

仔细阅读教材内容，了解基础知识及探究的任务，完成下列表格。

	内容	证明方法	用途
勾股定理			
勾股定理的逆定理			

温馨提示：①教材将勾股定理的探索过程设计为梯度式，先从等腰直角三角形入手，发现规律后，再探究一般直角三角形是否满足规律，预习时要注意这种循序渐进的探索方式。

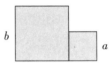

②为了课堂上探索勾股定理的证明过程，我们需要两个边长分别为 a、b 的正方形，请你提前准备好，并用胶布把它们如图粘在一起。

经过实践和摸索，我觉得同学们在这个方面一般都把握得较好，能够对教材进行较为详细的阅读，抽取相关知识点进行认定。如李云洁同学的知识构建图设计如下：

	内容	证明方法	用途
勾股定理	如果直角三角形的两直角边分别为 a、b，斜边为 c，那么 $a^2 + b^2 = c^2$。	先用特殊图形验证，再用动手操作法进行验证。	在知道直角三角形的任意两条直角边的情况下可求第三边。
勾股定理的逆定理	如果三角形的三边长 a、b、c，满足 $a^2 + b^2 = c^2$，那么这个三角形是直角三角形。	先动手画图形，再利用三角形全等进行证明。	证明一个三角形是直角三角形。

（3）知识背景

数学有着悠久的历史和丰富的文化内涵，结合具体的知识介绍一些相关数学史是十分必要的。这些材料一方面可以充实数学内容，激发学生学习数学的兴趣，另一方面也有助于学生了解数学的发展过程，使学生感受数学在社会生活中的价值。

在勾股定理单元自主学习纲要中，我加入了展现与勾股定理相关的背景知识，使学生对勾股定理的发展历史有所了解，感受勾股定理丰富的文化内涵，激发学生的学习兴趣。

第一组背景知识是通过向学生介绍我国古代人民在勾股定理研究方面的成就，来激发学生热爱祖国悠久文化的思想感情，培养他们的民族自豪感，同时教育学生发愤图强，努力学习，为担负起振兴中华的重任打下基础。例如我设计的第一组知识背景是这样的：

①中国对勾股定理的研究所做出的贡献

a.《周髀算经》：中国最早的一部数学著作——《周髀算经》的开头，记载着一段周公向商高请教数学知识的对话。周公问："我听说您对数学非常精通，我想请教一下：天没有梯子可以上去，地也没办法用尺子去一段一段丈量，那么怎样才能得到关于天地的数据呢？"商高回答说："数的产生来源于对方和圆这些形体的认识。其中有一条原理：当直角三角形的一条直角边'勾'等于3，另一条直角边'股'等于4的时候，那么它的斜边'弦'就必定是5。这个原理是大禹在治水的时候就总结出来的。"从上面所引的这段对话中，我们可以清楚地看到，我国古代的人民早在几千年以前就已经发现并应用勾股定理这一重要的数学原理了，以后人们就简单地把这个事实说成"勾三股四弦五"，我们中国把这个定理称之为"勾股定理"或"商高定理"。

b. 赵爽弦图："赵爽弦图"表现了我国古代人民对数学的钻研精神和聪明才智，它是我国数学的骄傲。中国古代的数学家们不仅很早就发现并应用勾股定理，而且很早就开始尝试对勾股定理做理论上的证明。最早对勾股定理进行证明的是三国时期吴国的数学家赵爽。因此，这个图案被选为2002年在北京召开的国际数学家大会（ICM－2002）的会徽。这会徽既标志

2002 年国际数学家大会会徽

着中国古代的数学成就，又像一只转动的风车，欢迎来自世界各地的数学家们！

我设计的第二组背景知识，是要告诉学生：追求真理，不分国界，也不分贫富贵贱，真理永远掌握在勇于探索、不畏艰险的人手中，借此来培养学生勇于探索、不怕困难、持之以恒的优秀品质。例如：

②西方对勾股定理所作的贡献

a. 《几何原本》：在西方，数学著作《几何原本》中记载，这个定理是由毕达哥拉斯最早发现的，所以西方把这个定理称为"毕达哥拉斯定理"，以后就流传开了。毕达哥拉斯是古希腊数学家，他是公元前五世纪的人，比商高晚出生五百多年。相传，毕达哥拉斯学派找到了勾股定理的证明后，欣喜若狂，杀了一百头牛祭神，因此这个定理又有"百牛定理"之称。

b. 勾股定理与第一次数学危机：约公元前 500 年，毕达哥拉斯学派的弟子希帕索斯发现了一个惊人的事实，按照毕达哥拉斯定理（勾股定理），若正方形边长是 1，则对角线的长度不是一个有理数，它不能表示成两个整数之比，这一事实不但与毕达哥拉斯学派的哲学信念"万物皆（有理）数"大相径庭，而且建立在任何两条线段都可以公度基础上的几何学面临被推翻的威胁，在当时直接导致了人们认识上的危机，历史上第一次数学危机由此爆发。据说，毕达哥拉斯学派对希帕索斯的发现十分惶恐和恼怒，为了保守秘密，最后将希帕索斯投入大海。如果没有希帕索斯的发现，"无理数"的概念也不会那么早就引入到数学研究中去。正因为希帕索斯发现了无理数，数的概念才得以扩充。从此，数学的研究范围扩展到了实数领域。

c. 一位总统与勾股定理的不解之缘：在 1876 年一个周末的傍晚，美国华盛顿的郊外，有一位中年人正在散步，欣赏黄昏的美景，他就是当时美国俄亥俄州共和党议员伽菲尔德。他走着走着，突然发现在附近的一个小石凳上，有两个小孩正在聚精会神地谈论着什么，时而大声争论，时而小声探讨。由于好奇心驱使，伽菲尔德向两个小孩走去，想搞清楚两个小孩到底在干什么，只见一个小男孩正俯着身子，用树枝在地上画一个直角三角形，于是伽菲尔德便问："你们在干什么？"只见那个小男孩头也不抬地说："请问先生，如果直角三角形的两条直角边分别是 3 和 4，那么斜边长为多少呢？"伽菲尔德答到："是 5 呀。"小男孩又问道："如果两条直角边分别为 5 和 7，那么这个直角三角形的斜边长又是多少呢?"伽菲尔德不假思索地回答到:"那斜边的平方，一定等于 5 的平方加上 7 的平方。"小男孩又说道:"先生，你能说出其中的道理吗?"伽菲尔德一时语塞，无法解释了，心里很不是滋味。于是伽菲尔德不再散步，立即回家，潜心探讨小男孩给他留下的难题。伽菲尔德经过反复的思考与演算，终于弄清楚了其中的道理，并给出了简洁的证明方法。1876 年 4 月 1 日，伽菲尔德在《新英格兰教育日志》上发表了他对勾股定理的这一证法。1881 年，伽菲尔德就任美国第二十任总统后，人们为了纪念他对勾股定理直观、简捷、易懂、明了的证明，就把这一证法称为"总统证法"。

第三组背景知识我则要告诉学生:经过人们的不懈努力，勾股树开出了无数朵奇葩。设计这个背景知识的目的是让学生体会数学的魅力与神奇，培养学生的观察力与想象力，开拓同学们的眼界，激发同学们的学习兴趣和求知欲。设计如下:

美丽的勾股树

欣赏美丽的勾股树:右边这幅图片我们称它为勾股树。仔细观察勾股树，你能发现它是按照怎样的规律形成的吗?

在具体操作时，我发现同学们对这些背景知识比较感兴趣，很多同学有意犹未尽的感觉。在课堂上，我时常会加入类似的知识，以活跃课堂气氛。但是，由于农村的条件较差，我没有能力给同学们提供更为丰富的学习资源。在我上中学时，所了解的东西仅仅是通过课本，老师无法拓展知识，现在学生的学习条件虽然有所提升，但对于像数学、理化等自然学科的书籍在农村学校仍旧很少。学生可以毫不费劲地说出中国或外国大文学家的名字，但说不出多少数学家的名字。所以我尽量在每一单元的课程中，设计较为丰富的拓展知识，以供同学们学习。

（4）问题展台

学生在预习中势必会遇到不明白的问题，这些疑惑正好是课堂上重点探究的问题。所以教师必须及时地搜集学生的疑惑点。我们把这个环节设计成问题展台，学生可将预习中所遇到的疑惑点记录在此，组长汇总后，以纸条的形式交予老师，老师在备课时进行归纳整理，从而进行目标定向。教师要特别关注提出有价值问题的小组或同学，上课时要及时表扬，也可为小组评价提供依据，以此来激励同学们预习的自觉性。例如我这样设计的问题展台：

根据自己的预习情况，提出疑惑问题（至少两个），交予组长汇总。

	课时1：勾股定理及证明（64～66页）	课时2：勾股定理的应用（66～68页）	课时3：勾股定理的应用（68～69页）	课时4：勾股定理的逆定理	复习课
疑惑问题					

我以前很少听取同学们的意见和建议，一般都是按照自己的设计上课，因为觉得我不会的问题学生肯定也不会，教科书上说的重点肯定是重点，教学完全以教科书和自己的经验为主，不给同学自由探索的机会。自从学校教学改革之后，我的观念有所改变，我开始收集同学们的问题，看他们对某些问题的看法，听他们对某些问题的建议。使我吃惊的是，同学们所提的问题五花八门，有些问题真的很有价值，后来我习惯了这种让学生提问题的办法，感觉很好用。例如在本单元中学生就提出了一些很好的问题：

王亚杰同学提出：在方格中，横平竖直的正方形的面积很好求，但那种斜的正方形的面积怎么求才更简便？

李云洁同学提出：计算时，大数的开方很容易出错，老师又不让用计算器，那有没有简便方法？

刘睿同学提出：勾股定理到底是中国发现的早还是西方发现的早？

崔文雪同学提出：勾股定理的内容很好记也很好用，可证明很麻烦，反正前人已经都证明是正确的了，我们为什么还要学习它的证明，不学不行吗？

郭迎眉同学提出：这一章需要用到开方运算，我们组同学们忘得较多，老师帮我们复习复习，好吗？

……

这些问题给我提供了大量备课的素材，我把这些问题进行归纳、分类，在课堂上与同学们进行探究。对于提出有价值问题的同学，我不但要进行表扬，而且这也是小组评价的一个重要加分项，提的问题价值越大，加分也就越多，不论学习好坏。

这里我想插一个有趣的例子说明鼓励同学们提出自己的想法是多么重要。记得在学习相似三角形的影子问题时，遇到这样一种情况，影子一部分落在地上，一部分落在墙上怎么办？同学们都陷入了思考。有一个平时学习很不好的同学贾世伟也在认真听课，他站起来说："老师，把墙推倒不行吗？"同学们马上发出了哄笑和质疑声："条件就是有一部分影子在墙上，怎么可以把墙推倒？"另一个同学却兴奋地站起来说："贾世伟的说法给了我启发，墙不能推倒，但我们可以假设墙不存在，而是顺着光线做延长线与地面相交不就可以了嘛。"难点得以解决，我肯定了这个同学的做法，给他们小组加了相应的分数，也给那个提出"把墙推倒"的贾世伟同学加了较高的分数，因为没有他的"把墙推倒"想法的提出，也就没有另外这位同学的精彩做法。我还当着全班同学的面表扬他敢于积极猜想、敢于发表自己看法的精神。这个同学后来经常提出一些自己的想法和异议，学习渐渐有了进步，在我们学校，很少有同学在课堂上睡觉或捣乱，因为他们在课堂上有事可做并受到老师和同学的尊重。大科学家爱因斯坦曾说过："提出（发现）一个问题往往比解决一个问题更为重要，因为解决一个问题也许只是一个数学上或实验上的技巧问题，而提出新的问题、新的可能性，从新的角度看旧问题，却需要创造性的想象力，而且标志着科学的真正进步。"

（5）学习评价

评价的目的是全面考察学生的学习状况，激励学生的学习热情，促进学生的全面发展。这里仅对学生的自主学习做出适当的评价。自我评价可帮助学生逐步学会认识自我，学会管理自我，养成主动学习的习惯。组长评价则是让学习组长对本小组的同学做出适当的评价，对落后同学进行督促和帮助，使全组成员团结一致，互帮互助，形成良好的学习氛围。教师评价则是教师根据学生的单元学习纲要，给予学生语言上的激励，保护学生的自尊心和自信心。教师要善于利用评价所提供的大量信息，适时地调整和改善教学过程。例如：

①自我评价

你可以根据自己的预习情况，写出你的收获、反思、感悟等。

_____

②组长评价

根据组员对知识建构、背景知识、问题展台的圈点勾画、所提问题等情况给你的组员打出相应的等级：A　B　C　D。

③教师评价

_____

请大家看我们对学生刘睿的评价：

①自我评价

你可以根据自己的预习情况，写出你的收获、反思、感悟等。

这一单元所学的内容看起来不多，应用起来也很简单，但如果学后不复习，就很快又不会应用，在运用勾股定理及其逆定理时，有些数据比较难算。

②组长评价

根据组员对知识建构、背景知识、问题展台的圈点勾画、所提问题等情况给你的组员打出相应的等级：<u>A</u>　B　C　D。

③教师评价

这一单元你预习得不错，在课堂上能很流利地回答老师的问题，书写也有了进步，在自己进步的同时，也要多协调组员管理好小组，使你们小组成为最棒的小组。

请大家看我们对学生崔文雪的评价：

①自我评价

你可以根据自己的预习情况，写出你的收获、反思、感悟等。

勾股定理在直角三角形中有很大用途，我会用了。

②组长评价

根据组员对知识建构、背景知识、问题展台的圈点勾画、所提问题等情况给你的组员打出相应的等级：A　<u>B</u>　C　D。

③教师评价

这一单元你预习的还可以，课堂上也能较好地回答老师的问题，在与组员交流或辩论的时候，再自信一些好不好，其实你的很多观点很不错，还有，在发言时声音再大一些，我很喜欢听你发言。

当然，学习评价的具体操作是很麻烦的，比如，有的小组长给自己的组员都打A档。所以我也经常找组长开会，指导他们的工作，也向其他老师学习先进的经验，这里不过多叙述。

"单元自主学习指导纲要"的具体操作是这样的，在周末发放到学生手中，纲要在学生手中经历一周，周五上完课后，收起本周的单元自主学习指导纲要，再发放下一周的单元自主学习纲要，如此循环。每天放学前组长把组员在问题展台中提出的问题汇总后交予教师，教师分析后记录并带到第二天的课堂上，与同学们共同交流。学生在自习课上认真自主学习，组长起督促作用。每到周五学生对自己做出预习评价，组长对组员做出适当评价，教师再对每位学生单元自主学习情况进行检查，并写出鼓励性的评语。

2. 数学"课堂学习指导纲要"务实操作解读

我们的"课堂学习指导纲要"，是指导学生课堂活动和呈现学生学习效果的有效载体，它与其他学校的教学案、导学案等的作用类似。经过近四年的努力与实践，我们决定把课堂指向育人的目标，把课堂核心定位在"问题"这一主体上，在此基础上的以学生为主的课堂才会真正体现它的价值和意蕴。

也就是说，课堂既不应以教师为中心，也不应以学生为中心，在课堂上，教师和学生应该同时专注"问题"这一主体。基于此，我校在课堂教学实践中，依据新课程标准理念，确定了自己的三大教学原则：先学后教、以学定教和善学促教。这就直接体现了教是追随学的课堂行为。同时，打破传统课堂教学流程，重新建构为"目标定向——学生先学——合作探究——点拨拓展——反馈评价"五大环节，根据课堂"问题"设计，合理、恰当地将自主、合作、探究学习理念分布于课堂上。在备课时，将"学习点"拆成思考的问题，按课堂环节螺旋式递进呈现，实行学习赋权，通过学生自主、合作、探究、展示，不断暴露新问题。

其实在课堂上具体操作时，教师要根据具体情况进行环节的自然衔接，有时两个环节也可整合，这需要老师灵活处理。下面我以人教版初中数学八年级下册"勾股定理"第一课时为例进行说明。

（1）目标定向

我们所说的目标定向，不是简单的课时三维目标的累加，而是在学生的预习基础上，师生共同确定出本节课所要研究的"问题"，即"目标"。刚开始时，我对这一环节的设计就是找到教师教学用书，抄写下这一课时的目标。但是我很快发现，这样设计形同虚设，学生们根本就不去看，因为他们习惯于找空填或是找选项，像这种纯文字的描述形式，他们认为没有可看的必要，所以也就失去了目标定向原有的意义。通过老师们长时间的探索与实践，我们一般把目标定向分成以下几种设计方式：

①情境导入式：这种情境导入式的目标定向，特别适合于每单元的开篇课。本节课的情况就是这样。例如：

活动一：

（师）请同学们欣赏两幅图片，第一幅图片为我国著名数学家华罗庚教授提议向宇宙发射的勾股定理的图形，用来与外星人联系；第二幅图片为2002年在我国北京召开的第24届国际数学家大会的会徽，为著名的"赵爽弦图"。

（师）你见过这两幅图片吗？

（生）第一幅没见过，第二幅在单元自主学习指导纲要上见过，它的名字叫"赵爽弦图"，是我们中国人发明的。

（师）你以前听说过勾股定理吗？

（生）听说过（或没听说过）。

（师）根据同学们的预习情况，本节课我们就来一起探讨这"千古第一定理"究竟为何物？它的证明到底藏着怎样的玄机？为什么那么多人为它的证明所着迷？根据同学们所提的疑难问题，我们这节课重点来探究勾股定理的内容及证明过程。

（生）老师，其实这个勾股定理的结论我已经知道了，通过预习，我觉得我也会用，那为什么还得必须会证明它呢？

（师）该同学所提问题很好，人们在生产生活中经常会发现一些结论和规律，它对于哪些情况是成立的，与我们的猜想是否一致，我们只有通过严格的证明来说明它的正确性和应用范围，才会让它指导我们的生产生活。另外，勾股定理的证明方法本身就体现了数学上的很多思想，对我们后续的学习很有帮助，所以是很有必要学习的。

本节课的导入富有科学特色和浓郁的数学气息，为学生能够积极主动地投入到探索活动创设情境，能激起学生强烈的兴趣和求知欲，同时为探索勾股定理提供了背景材料。教师追加的问题便是目标定向的问题。

②检测题形式：教师首先研读教材，把本课时的基本知识点设计成填空的形式放在最前面，后面跟上几个相应的小问题（通常也以填空的形式），或者是老师预设的重点问题，这些问题学生不一定能直接解决，会出现些问题，这些问题正好是我们将要重点探究的，问题有了，目标也就确定下来了，探究的方向也就更为明确，后面的环节便是围绕这些问题进行了。比如勾股定理的第二课时主要是探究勾股定理的应用，目标定向部分我是这样设计的：

活动一：

回想直角三角形的有关性质，求出下列直角三角形的未知边长，并说明所运用的定理。

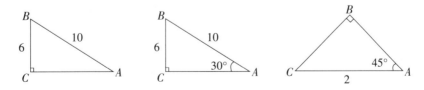

具体操作时，我请几位同学在黑板上演算，剩下的同学在纲要上完成。几分钟后，问题出来了：

第一个题目所有的同学基本上都会做；第二题有部分同学把定理"直

角三角形中 30°角所对的直角边是斜边的一半"忘记了，还有部分同学把勾股定理的变形式子的加减号写错了，即忽略了 AB 是斜边，是最长边；第三题则有部分同学觉得条件少，无法求得另外的两条边长，不知道用方程的思想解决。

通过以上检测，我与学生共同制定了这节课的目标：一是练习带有 30°角的直角三角形的应用，二是需要利用方程思想的直角三角形的应用，所以在后面的合作探究中，我选择了课本上 71 页练习 9、10 题，并对 9 题进行变式，使三角形变为等边三角形，已知一边求高的问题。这种检测形式的目标定向我们还是经常用的。

③教师根据学生所提问题进行归纳式：在自主学习过程中，学生记录下遇到的疑惑和问题，然后由组长反馈给老师，师生在课堂上共同归纳。学生虽然提出了问题，但这些问题往往比较肤浅、零散，有些问题虽然表面上看不一样，但它们的实质是一样的，像这样的问题需要老师引导学生进行分析、归类和升华。这就完成了由学生自己的问题慢慢引到当节课的重点上来。这样既鼓励了发现问题的学生，又让学生的问题得到了解决，使目标更明确、精炼，知道这节课要干什么，更为下一步合作探究做了铺垫。

比如在反比例函数一章中，学生对反比例函数与一次函数图像的比较总是不清楚，所以在上课时，我把同学们所提的问题在黑板上进行了罗列：

活动一：分析下面问题所体现的知识点是什么？

a. 在比较两函数图像时写自变量的取值范围，总是出错。（如图写出一次函数的 y 值大于反比例函数的 y 值的自变量的取值范围）

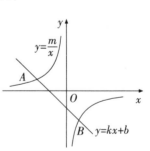

b. 反比例函数的增减性为什么加上"在每个象限内"？

c. 老师写的"当 x＞0 时"是什么意思？是指具体象限吗？

d. 一次函数的增减性和反比例函数的增减性到底有什么区别？

e. 反比例函数与正比例函数的性质正好相反吗？

……

我与同学们经过分析、归纳、概括，发现这些问题实际上就是一次函数与反比例函数的增减性没弄明白，所以这节课我们的目标就设计成"从多个方面来比较一次函数与反比例函数的增减性"，整节课所设计的问题就围绕这个目标展开，老师和同学们的探究就以这个问题为中心。

不管是哪种方法的目标定向，老师都要提前预设几个问题，以备课堂上的突发情况，如同学们没有认真预习，提不出有价值的问题，或因为有活动，耽误了预习等。总之，这个环节要求老师和学生在较短时间内确定好当节课所要探究的问题，这些问题如果是学生自己提出来的，那就说明他们这个时候有较强的求知欲和探究欲望，进入后面的环节就会比较顺利。

（2）学生先学

这一部分我一般是设计一些通过对目标定向中知识点的理解，就能够进行简单的变式训练的习题，通常也是填空或是选择的形式，有时也可以是比较简单的推理，为后面的合作探究做出铺垫，一般情况下，学生可以独立完成。学生先学之前教师要指导学生先学的方法、要求，让学生很快地通过"引桥"，上到先学的"高速公路"。在"先学"过程中，教师要鼓励学生高效地完成任务，可及时表扬学习速度快、效果好的学生；可给"走错"或"迷路"的学生说几句悄悄话，给他们"指南针"，但不能分散学生的注意力。例如：

活动二：

教师出示以下问题：毕达哥拉斯是古希腊著名的数学家，相传在 2500 年以前，他在朋友家做客时，发现朋友家用地砖铺成的地面反映了直角三角形三边的某种数量关系。你能独立完成下列问题吗？

问题一：在图中你能发现哪些基本图形？

问题二：与中间等腰直角三角形相邻的正方形面积之间有怎样的关系？

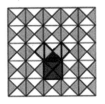

问题三：由此你可以得出等腰直角三角形三边存在着一种怎样特殊的数量关系吗？

学生通过仔细观察图形，可以比较容易地解决第一个问题：基本的图形有等腰直角三角形、正方形，但也有很多学生找到的是平行四边形、梯形或矩形，老师提醒这些同学看清楚涂了相同颜色的部分。

教师继续追问第二个问题，学生通过思考得出，以中间直角三角形的两直角边为边长的正方形面积之和等于以斜边为边长的大正方形的面积。

教师再追问第三个问题，学生可以很自然地说出：中间等腰直角三角形的两条直角边的平方和等于斜边的平方。

这个结论出现之后，老师再追问：这个三角形是等腰直角三角形，一般的直角三角形的三边也满足这个关系吗？随之课堂进入下一个环节。

（3）合作探究

这是一节课的重点。有效的数学学习活动不能单纯地依赖模仿与记忆，动手实践、自主探索与合作交流是学生学习数学的重要方式。学生的数学学习活动应该是一个生动活泼的、主动的和富有个性的过程。教师应激发学生的学习积极性，给学生提供充分的从事数学活动的机会，帮助他们在自主探索和合作交流的过程中真正理解和掌握基本的数学知识与技能、数学思想和方法，获得广泛的数学活动经验。

我经常鼓励学生就某一问题展开辩论，有时这种辩论会时断时续地进行多次。这样做的目的，是为了培养学生对数学探究活动的兴趣，培养他们的思维、判断和论证的独立性。无论是师生之间的辩论，还是学生之间的辩论，教师始终应该注意的问题是：使学生的认识需求不因满足而消失，要使他们表现出愈加强烈的求知欲。也就是说，教师必须及时提出富有挑战性的问题供学生探究或辩论，使学生的求知欲望始终处于高昂的状态。

例如勾股定理这节课的合作探究问题是：怎样对猜想的结论"直角三角形两条直角边的平方和等于斜边的平方"进行证明。我仍然是从"问题"入手。

例如：

活动三：

问题一：毕达哥拉斯发现的等腰直角三角形是特殊的直角三角形，一般的直角三角形是否也有这样的特点呢？请通过计算左图和右图中 6 个正方形的面积填写下表，并说明你的结论（每个小正方网格的面积为一个面积单位）。

	A的面积 （单位面积）	B的面积 （单位面积）	C的面积 （单位面积）
左图			
右图			

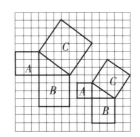

教师指导学生以小组的形式进行交流，分析每个正方形的面积，并进行填表。教师参与小组活动，指导、倾听学生交流，针对不同认知水平的学生，引导其用不同的方法得出大正方形的面积。因为

在自主预习时反映给我的问题就有：正方形 C 的面积怎样求。所以我预设了两种方法：①转化为 1 个大正方形的面积减去 4 个直角三角形的面积；②转化为 4 个直角三角形的面积加上 1 个小正方形的面积。如图所示。

几分钟后，我发现大部分同学可以找到求正方形 C 的方法，个别同学在组长的帮助下也可以找到。我请两个小组来说明他们的做法，其他小组可以补充，对表现较好的小组进行表扬。学生们通过计算，得出正方形 A 的面积加上 B 的面积，正好等于正方形 C 的面积，进而得出直角边分别为 2、3 和 3、4 的直角三角形满足以上所猜想结论。最后我们对这种网格图形面积的求法进行总结：在正方形网格中，求斜的正方形的面积可转化成 1 个大正方形减去 4 个小正方形或转化成 4 个小三角形加上 1 个小正方形的面积，其他的图形类似。

然后我又抛给学生一个新问题：以上两个图形中直角三角形虽然不是等腰直角三角形，但它们的两直角边长分别是 2、3 和 3、4，仍然是比较特殊的，那更一般的图形满足这个结论吗？于是进入下一个活动。

活动四：

是不是所有的直角三角形都有这样的特点呢？下面我们对一个一般的直角三角形进行证明，这是我国古代数学家赵爽的证明方法，他是怎样证明这个命题的呢？

问题一：拿出我们提前做好的边长分别为 a、b 的两个正方形，你能通

过剪、拼把它们拼成弦图吗？

问题二：原来两个正方形的面积之和是什么？设拼成的大正方形的边长为 c，则拼成的大正方形的面积是什么？它们有什么关系呢？

拼图活动，是以学生的动手操作代替枯燥讲解的有效手段，真正把学习的主动权交给学生，调动学生思维的积极性。学生拿出课前准备好的图形，在独立思考的基础上以小组为单位，动手拼接。教师深入小组参与活动，倾听学生的交流，指导学生完成拼图活动。因为同学们在预习的时候已经接触过"赵爽弦图"，所以有的同学拼图的速度比较快，而有的同学则需要在组员或老师的帮助之下才可完成。

之后我请小组代表到讲台上展示拼接过程，其他同学补充。拼接过程如图所示。教师引导学生思考：边长为 a，b 的小正方形的面积之和为 $a^2 + b^2$，剪拼之后的大正方形的边长为 c，它的面积为 c^2，根据面积不变，则有 $a^2 + b^2 = c^2$。所以一般的直角三角形也符合上述猜想的结论。

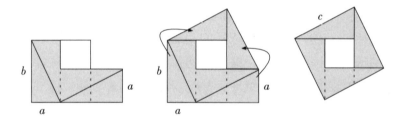

有同学提出，这种证法合理吗？学生以前没有见过这种方法，感到陌生是必然的。我向同学们解释，图形割补拼接后，只要没有重叠，没有空隙，那么面积前后就没有变化，这是合理的。用这种方法进行证明比较简单，证据也很充分。到这里，我们这个猜想才得以证明，它才有了"定理"之称，因为古代人把直角三角形的两条直角边分别叫做"勾、股"，所以我们把这一定理称为"勾股定理"。

有了定理以后，我们开始对定理进行描述：

活动五：

你能独立地把我们探索的结论进行归纳总结吗？请用不同的语言进行描述。

文字描述：_____

符号描述：_____

符号描述变形：_____

请看郭迎眉同学的描述：

文字描述：<u>一个直角三角形的两条直角边的平方和等于斜边的平方。</u>

符号描述：<u>在 Rt$\triangle ABC$ 中，a、b 分别表示两条直角边，c 表示斜边，</u><u>那么 $a^2+b^2=c^2$。</u>

符号描述变形：<u>在 Rt$\triangle ABC$ 中，$a^2=c^2-b^2$，$b^2=c^2-a^2$，$a=$</u><u>$\sqrt{c^2-b^2}$，$b=\sqrt{c^2-a^2}$，$c=\sqrt{a^2+b^2}$。</u>

让学生从文字语言、符号语言两个方面对勾股定理进行描述，可以培养学生数学语言的表达能力，及应用数学符号的能力。对于文字描述，因为前面已经接触过，所以学生很容易说出。对于符号语言和符号变形我则采用板演的形式进行。结果发现，有个别同学漏掉"在 Rt$\triangle ABC$ 中"这个条件或写的不完整。根据符号语言变形我又指导学生总结出：对于直角三角形，已知任意两边长，根据勾股定理便可求得第三边的长度。

总体来说，我把勾股定理的探究过程设计成三步。第一步是对于等腰直角三角形这种最简单的情况，组织学生进行观察、思考，进行合理的猜想，合理的猜想是数学探究中最具创造性的环节，有利于培养学生的创造能力和发散性思维能力；第二步是对直角边长分别为 2、3 和 3、4 的直角三角形进行观察、计算和验证，这里也需要用到有关面积的一些计算方法，虽然这两步都不是严格的证明方式，但这个过程不可删去，因为学生对一个新事物的认识往往是需要一个过程，不能囫囵吞枣；第三步是组织学生利用"等面积法"，通过剪拼图形进行合理验证。在整个探究过程中，教师要关注不同层次同学的探究过程，必要时给予相应的指导。

（4）点拨拓展

本环节实际上包括点拨、拓展两部分。点拨即对本节课所需解决问题的方法和易错点进行讲解和强调，另外再对合作探究中的问题进行总结，既让学生解决了这一特定问题，又掌握了这一类问题的解法。所以说点拨既是对思想方法的总结，又是对基础知识的升华；拓展则是教材知识向课外的延伸，提高学生解决问题的能力。

例如本节课的点拨拓展是这样安排的：先对勾股定理的证明过程进行

总结，对具体的"等面积法"进行强调，然后再引进勾股定理的其他证明方法，借此拓宽同学们解决问题的思路。

当然，教师在课堂上要根据时间灵活处理，如果时间不充裕，则仅对内容及方法进行点拨，不加拓展知识；如果时间充裕，则加入准备好的拓展知识，以拓宽学生解决问题的思路，增加学生的学习兴趣。

点拨拓展环节要求老师精心备课，准备大量上课所需的材料，而且必须要怀有足够的耐心进行学习，以便使自己的业务水平适应越来越高的教学要求。例如：

活动六：

①这节课你有哪些收获？大家来说一说吧。

②勾股定理是人类历史上伟大的发现，其证明过程更是精彩纷呈，让很多数学爱好者为之着迷，下面我们来欣赏一下一位美国总统的精彩证明。

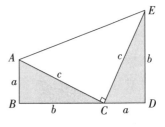

③证明勾股定理的方法有近五百种之多，大部分是通过面积方法进行证明，你可以通过书籍或上网查阅一些证明方法，准备好材料，下节课交流，比比谁知道的更多。

学生与老师共同总结本节课的收获。

对于第二个问题，是勾股定理证明方法的延伸。因为有了前面的铺垫，所以学生很容易能得出用"等面积法"来证明的思路。有些同学对此证法不以为然，觉得它太简单。我趁机对学生进行相关教育：第一个吃螃蟹的人最伟大。你也可以经过自己的努力，探索出属于你自己的证法，那你才是最了不起的。

大家请看学生李云洁的证明：

$$S_{梯形ABDE}=S_{\triangle ABC}+S_{\triangle ACE}+S_{\triangle CDE}$$

$$=\frac{1}{2}c^2+2\times\frac{1}{2}ab$$

$$=\frac{1}{2}c^2+ab$$

$$S_{梯形ABDE} = \frac{1}{2}(a+b)^2 = \frac{1}{2}a^2 + ab + \frac{1}{2}b^2$$

所以 $\frac{1}{2}c^2 + ab = \frac{1}{2}a^2 + ab + \frac{1}{2}b^2$

即 $a^2 + b^2 = c^2$

我指导学生通过多种渠道进行学习，不能仅仅局限于课本，有条件的同学，可以在老师的指导下上网查阅资料，了解相关的证明方法，开阔视野。

（5）反馈评价

此环节一般是设计与本节课学习目标有关的检测题，使其紧扣目标定向，设计与目标定向中的问题非常接近的几个问题，另外结合探究的内容和拓展的题目进行适当的延伸，以便准确检测目标的达成度。要求学生独立完成，老师进行流动批阅，收集信息，对个别同学出现的问题做好记录并及时评价。这样设计的目的有两个：一是检测目标的达成度，让学生对自己的学习状况做有效评价；二是教师根据学生的反馈情况搜集信息，为下节课的目标定向做好准备。同时，学习检测的结果与小组的考评直接挂钩，进一步调动了学生学习的积极性，有效地提高了学生的学习兴趣，进而提高教学效率。例如：

请你独立完成下列练习：

①如图，64，400 分别为所在正方形的面积，则图中字母 A 所代表的正方形面积是_____。

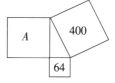

②"赵爽弦图"是由 4 个全等的直角三角形与中间的 1 个小正方形拼成的 1 个大正方形（如图），若直角三角形的两条直角边的长分别是 2 和 1，则小正方形（阴影区域）的面积与大正方形的面积比为（　　）。

A. $\frac{1}{3}$　　B. $\frac{1}{4}$　　C. $\frac{1}{5}$　　D. $\frac{\sqrt{5}}{5}$

③某 4 层楼房（高 12 米）的 4 楼失火，消防队员取来长 13 米的云梯，放在距墙角 5 米处，请问消防队员能否进入 4 楼灭火？

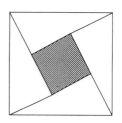

④小明妈妈买了一部 29 英寸（74 厘米）的电视

机。小明量了电视机的屏幕后，发现屏幕只有 58 厘米长和 46 厘米宽，他觉得一定是售货员搞错了。你同意他的想法吗？你能解释这是为什么吗？

因为利用面积法进行几何证明的方式学生首次接触，所以设计前两题意在考查学生对勾股定理"面积法"证明的掌握程度，以便学生对所学知识进一步巩固和提高。后两题意在考查同学们对勾股定理的实际应用，培养同学们建立数学模型的能力，同时又为下一课时的备课进行铺垫。具体操作是学生先独立完成，老师进行流动批阅，收集信息，对个别同学出现的问题做好记录并及时评价。

二、两个"纲要"具体内容范例（思想品德）

（一）思想品德单元自主学习指导纲要

（课题：山东人民出版社八年级第七单元第十六课——撑起法律保护伞）

第一板块：教材分析

未成年人的健康成长关系着国家的前途和民族的命运，国家为未成年人的健康成长创造了良好的条件和环境。但是在未成年人的成长过程中，仍有可能会受到来自各方面的侵害。这就需要撑起法律的保护伞，保护未成年人的健康成长。

第十六课，从个人和国家的角度说明了未成年人受到法律特殊保护的必要性和重要性。未成年人的健康成长，不仅需要家庭保护、学校保护、社会保护和司法保护，还需要未成年人增强自我保护意识，提高自我保护能力。

学习这一课应通过观察和搜集生活中存在的侵犯未成年人合法权益甚至生命安全的种种实例，认识各种侵害行为对未成年人健康成长的影响，来不断增强自身辨别是非的能力和自我保护的能力。

通过学习我们需要知道法律给予了未成年人特殊的保护，了解家庭、学校、社会、司法保护的基本内容；学习在日常生活中自我保护的方法和技能，知道未成年人获得法律帮助的方式和途径，增强自我保护意识，提高自我保护能力，学会运用法律武器维护自己的合法权益。

设计意图：了解本课设置的目的、主要内容、学习方法以及应达到的学习目标，对一周的学习内容有一个整体认识，为自主学习做好准备。

第二板块：知识构建

温馨提示：请同学们以自己喜欢的形式构建第十六课的知识网络图，形成清晰、系统的知识体系。

示例：

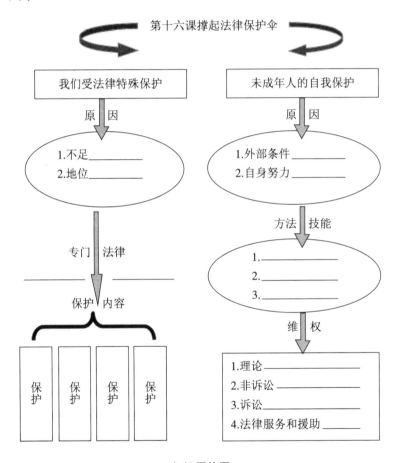

知识网络图

设计意图：学生用自己喜欢的形式将本单元的基础知识呈现出来，形成清晰、系统的知识网络图，将前后知识联系起来，从而达到学以致用的目的。

第三板块：知识背景

1. 青少年违法犯罪案件不容忽视

青少年违法犯罪案件不断增多，已成为一个日益突出的社会问题，应引起重视。

（1）青少年违法犯罪特点

①文化水平普遍较低。由于文化水平不高，法制意识淡薄，很多人甚至不知道自己的行为已构成犯罪。

②未成年人犯罪现象严重。已满 14 周岁未满 18 周岁的未成年人犯罪现象日益增多。

③辍学青少年、在校生违法犯罪现象不断上升。

④团伙犯罪现象严重。近几年来，青少年采取团伙形式作案的越来越多，且有向专业化方向发展的趋势，有的已形成专业化的盗窃团伙、抢劫团伙，给社会治安带来了极坏的影响。

⑤犯罪手段日趋成人化、智能化。青少年犯罪手段有向成人化、智能化方向发展的趋势，较过去隐蔽、狡猾，反侦察、逃避打击的能力明显增强。他们作案特别是作大案，如盗窃、抢劫机动车，往往事先有预谋、有计划，作案后尽可能地销毁痕迹，给公安机关破案制造障碍，以逃避打击。

（2）青少年违法犯罪的原因

①社会污染毒害了学生的心灵

在商品经济发展中出现的拜金主义、享乐主义、极端个人主义等，在学生心灵中产生了很大的负效应，成为引发学生索取不义之财、满足物质享乐而不惜铤而走险的催化剂。一些影视、书刊、出版物等宣扬色情和暴力的文化毒品，也严重污染着社会风气，侵害学生的身心健康，诱使他们跌入犯罪的深渊。

②家庭教育面临着新的误区

随着时代的发展、改革开放的深入及商品经济大潮的冲击，家庭对子女的教育面临着危机。从违法犯罪学生的家庭来看，教育不当和有不良影响的家庭主要有五类：a. 对孩子娇生惯养，过分溺爱，甚至放纵，特别是有些孩子花钱无度，追求高消费，一旦家庭不能满足，便会走上歧途。b. 家长望子成龙心切，只知道关心孩子的分数，对学习成绩差或有某种缺点的子女，不是进行正确的疏导教育，而是嘲讽、打骂，因此孩子与父母感情对立，甚至离家"潇洒走一回"而浪迹于社会。c. 有些家长不负责任，忙于工作或只顾赚大钱；有些家长文化素质低，管教无方或无力管教。d. 父母本身品行不端、行为不检，他们赌博、酗酒、偷盗、生活腐化等对子女的思想、道德、行为都会起到毒害的作用。e. 家庭破裂，父母离异，孩子成了"多余"的人，谁也不愿管，这使孩子失去了家庭的温暖，心灵受到了创伤，导致性格孤僻、乖张，有的甚至冷酷、无情。曾有一个教学班，班上56个学生，其中父母离异的就有16个，还有几个学生的父母正在闹离婚。凡此种种，久而久之，家庭失去了应有的教育功能，致使孩子慢慢地走上了违法犯罪的道路。

③学校教育不当造成的消极影响

学校教育远未完成从应试教育到素质教育的转变，学生上学不是为了提高思想道德素质和科学文化素质，而是为了得高分、升重点、考大学。升学率成了人们对学校的唯一要求，因此许多学校普遍存在重智轻德、片面追求升学率的现象。为了达到此目的，不惜加班加点，补课泛滥成灾，课余时间补，假期补，利用一切能利用的时间补，学生的童真就耗在这浩如烟海的作业、没完没了的补课和考试中。学校本该是孩子的乐园，但现在却成了他们望而生厌的地方。人是需要精神生活的，学生的内心世界本来就丰富多彩，当学生厌倦了校园生活之后，就必然到四面八方搜集新奇的信息。于是，各种腐败下流的书刊、录像厅和电子游戏室便成了部分学生的精神寄托，致使他们的心灵受到严重的腐蚀和扭曲。

一些学校未将思想政治教育工作摆在应有的重要位置，法制教育不力，心理品质教育不够，工作落实不到位，表面文章多，真抓实干少，缺乏严格的管理和细致的思想工作。一些教师往往满足于学生不捣乱、好好听课、成绩好就行了，而对他们的心理变化很少下功夫去了解、研究，更谈不上去教育引导，以至于有的学生违法犯罪后，老师还茫然不知、不信。

④中学生心理发育尚未成熟，自控力、约束力差

中学生多为未成年人，其世界观、人生观远未形成。他们对是非、善恶、美丑缺乏鉴别力；好奇心、好胜心强，遇事不冷静，易冲动，哥们义气重，易被坏人所利用；社会阅历浅，认识、分析事物总是简单片面；文

化素质较低，法制观念淡薄，自控力、约束力差……这些是学生走上违法犯罪道路的主观原因。

（3）预防青少年违法犯罪的对策

①对青少年进行健康教育。应对青少年进行法制教育，增强他们的法制观念，提高他们明辨是非和抵制不良诱惑的能力，养成遵纪守法的良好习惯。要对青少年进行道德、理想教育，使他们建立正确的世界观和人生观。只有使他们从小学法懂法，才能知道什么行为是合法的，什么行为是违法的，从而自觉遵纪守法。

②加强家长教育。家庭是预防青少年犯罪的基石。有关部门应通过多种形式，注重引导家长采取正确的教子方法，让他们懂得尊重孩子、鼓励孩子。在重视孩子学习成绩的同时，更要关心孩子的思想品德修养。

③充分发挥学校的育人作用。学校要重视教育青少年遵守国家法纪和社会公德规范，树立自尊、自律、自强意识，进一步增强辨别是非和自我保护的能力；经常组织学生参加社区服务和社会实践活动，增长他们的社会知识和经验；对已有不良行为的青少年，不能动辄开除，而应积极引导、教育。

④加强文明社区、文明村镇建设。生活环境对青少年的成长起着重要作用。村镇、社区应经常性地开展健康、高雅的文娱活动，经常邀请有关部门对辖区群众进行普法教育，提高社区的整体素质，为青少年创造一个良好的成长环境。

⑤政法部门应严厉打击危害青少年成长的各种犯罪行为，同时做好对已犯罪青少年的改造工作。政法部门要与文化、教育、卫生等部门联合，通过开展青少年心理健康教育、青春期健康教育等活动，做好预防青少年犯罪的工作；要加大打击非法经营色情、暴力文化制品的力度，清理整顿学校周边的各种娱乐场所，让青少年远离色情暴力，为他们营造一个舒心、健康的学习环境。

2. 课前准备

（1）做"你曾经受到过哪些侵害"的问卷调查，观察和搜集生活中侵犯未成年人合法权益甚至生命安全的种种行为的实例。

（2）查阅《中华人民共和国未成年人保护法》和《中华人民共和国预

防未成年人犯罪法》的相关内容，搜集家庭保护、学校保护、社会保护和司法保护的相关案例。

设计意图：通过教师对知识进行拓展，帮助学生深入了解未成年人违法犯罪的特点、原因以及如何预防。学生课前搜集材料，能够提高学生自主学习的能力，开阔他们的视野，丰富他们的知识。课内与课外知识的结合，能更好地教育学生自觉抵制不良诱惑，预防违法犯罪行为，加强自我保护意识。

第四板块：问题展台

温馨提示：人们常说"真理诞生于一百个问号之后"。请将你学习中遇到的疑难问题写在展台里。

项目 ＼ 问题	问题 1	问题 2	问题 3
课时 1：我们受法律特殊保护			
课时 2：未成年人的自我保护			

设计意图：鼓励学生独立思考，积极去发现问题，提出质疑，激发他们强烈的求知欲望，培养学生的问题意识和创新精神。

第五板块：学习评价

1. 自我评价

每个人心中都有一把尺，请你用这把尺衡量一下自己的学习情况。

项目 ＼ 等级	A 档	B 档	C 档
	知识构建完整；课前认真搜集资料；提出两三个疑难问题。	知识构建基本完整；课前能搜集资料；提出一个疑难问题。	知识构建不完整；课前未搜集资料；没有提出疑难问题。
课时 1			
课时 2			

2. 组长评价

请组长采取灵活多样的形式对小组成员的学习情况进行等级评价，并提出相应建议。

等级：A B C D。

建议：

3. 教师点评

设计意图：通过自我评价、组长评价、教师评价，使学生对自己的学习情况有一个正确的认识，激发学生的进取心，进而达到自觉认真学习，提高自主学习能力的目的。

(二) 思想品德课堂学习指导纲要

(课题：我们受法律特殊保护 课型：新授课 年级：八年级)

第一板块：目标定向

1. 导入新课

播放动漫视频《少年，少年，祖国的春天》，欣赏后，谈一谈自己的感受。

设计意图：通过欣赏精彩的动漫，让学生感受到生活的美好、幸福，感受到自己肩负的责任和受到的特殊关爱，激发学生探究的兴趣，同时导入新课。

具体操作：多媒体播放，师生跟随音乐齐唱，欣赏后，由两名学生畅言自己的感受。

2. 学习目标

同学们，你在单元自主学习中有什么收获？比一比，看谁的收获多，自主学习能力强。

投影出示目标：

(1) 情感、态度、价值观：进一步明确未成年人需要特殊保护的意义，加深对家庭、学校、社会和司法保护的理解，体会今天的我们是如何受到法律特殊保护的。

(2) 能力目标：能够认识和判断哪些是违反未成年人保护法的现象和行为，提高是非美丑的辨别能力。

（3）知识目标：知道法律给予未成年人的特殊保护，了解家庭保护、学校保护、社会保护和司法保护的基本内容。

设计意图："诊断"学生在单元自主学习中的学情，根据学情，师生共同确定本节课应达到的学习目标，从而带着目标进入下面环节的学习中。

具体操作：由几个小组的代表根据自己单元自主学习的情况，谈一下收获。然后教师根据学生的回答进行引导，师生共同制订学习目标。

第二板块：学生先学

1. 请同学们根据本节课的学习目标，结合单元自主学习情况，完成以下内容：

（1）什么是未成年人？

（2）未成年人为什么受到法律的特殊保护？（从个人、国家角度分析）

（3）保护未成年人的专门法律有哪些？从哪几个方面具体规定了在保护未成年人方面的责任？

（4）阅读家庭、学校、社会、司法保护的内容，分析下列图片中的行为分别违反或符合哪种保护？

2. 再认、深化教材知识，把自己不能解决的疑难问题呈现出来，在小组内交流解决，如果组内交流仍有不能解决的，由组长写在纸条上交给老师。

设计意图：检测学生对基础知识的理解与掌握程度，考查学生单元自主学习情况，在此基础上鼓励学生善于发现问题、分析问题、解决问题。因为基础知识是否理解与掌握，直接关系着下面的教学环节能否顺利进行。

具体操作：由学生先自主完成第一部分，后小组内交流解决遇到的问题，并把课前发现的疑难问题也在小组内呈现出来。如果小组内能解决好，则没有必要讲解；如果本小组内不能解决，则由其他小组的同学帮助解决；

学生不能解决的，由教师根据学情灵活处理。

第三板块：合作探究

以小组为单位，组长负责，合作讨论本节课的重难点以及各小组提出的疑难问题。

1. 情境表演

父母不在家，有陌生人敲你家的门，你会怎样做？

结局告诉了我们什么？

设计意图：通过学生比较熟悉的场景，让他们在活动中自由展示自己的潜能和个性，并通过亲身体验，引导他们反思自身的弱点，从而把抽象的教学内容具体化、生活化。

具体操作：小组内自由寻找同伴，用一分钟的时间策划如何表演。两名学生自告奋勇上台表演，一名学生扮演陌生人，一名学生扮演未成年人，陌生人想方设法诱惑未成年人开门。表演结束后，同学们为两位同学的精彩表演鼓掌，并争抢回答结局告诉我们的道理。

2. 火眼金睛

找一找你身边有哪些侵犯未成年人合法权益的现象？

设计意图：通过学生自己收集、分类、展现有关青少年受到侵害的种种事例，帮助学生较全面地了解现实生活中青少年受到侵害的状况。在增长经验的同时，能有一定的警示作用。

具体操作：由各组的学生进行抢答，其他学生补充，后教师点拨，"来自家庭和学校方面的侵害，要辩证地看待问题：一方面家长、老师教育我们的目的是爱护我们，帮助我们健康成长；另一方面我们要主动地与父母、老师交流思想，避免因不理解而造成的伤害"。

3. 感受爱

作为未成年人，你的健康成长得到了方方面面的关爱，请你讲出你所受到的关爱，与他人共同分享！

毛泽东、胡锦涛的名言：

世界是你们的，也是我们的，但归根结底是你们的。你们青年人朝气蓬勃，正在兴旺时期，好像早晨八、九点钟的太阳。希望寄托在你们身上。——毛泽东关心未成年人的成长，为他们身心健康发展创造良好的条件和社会环境，是党和国家义不容辞的职责，是开创国家和民族更加美好的未来的战略工程，也是实现亿万家庭的最大希望和切身利益的民心工程。——胡锦涛

设计意图：通过学生讲述自己所受到的关爱，真切感受家庭、学校、社会对未成年人的重视；齐读毛泽东、胡锦涛的名言，体会青少年在国家中的地位以及党和国家给予的关怀。

具体操作：由各组的学生讲述自己所受到的关爱，后全体同学齐读毛泽东、胡锦涛的名言。教师点拨，从个人的角度讲，未成年人是社会上的弱势群体，要给予特殊的保护和关爱。从国家的角度讲，未成年人的健康成长关系着民族的振兴和国家的富强，需要法律给予特殊的保护。

4. 法律展台

法律	条款	内容
宪法	第 46 条	国家培养青年、少年、儿童在品德、智力、体质等方面全面发展。
刑法	第 17 条	已满十六周岁的人犯罪，应当负刑事责任。已满十四周岁不满十八周岁的人犯罪，应当从轻或者减轻处罚。
婚姻法	第 15 条 第 29 条	父母对子女有抚养教育的义务；子女对父母有赡养扶助的义务。父母不履行抚养义务时，未成年的或不能独立生活的子女，有要求父母付给抚养费的权利。离婚后，父母对子女仍有抚养和教育的权利和义务。
义务教育法	第 4 条 第 16 条	国家、社会、学校和家庭依法保障适龄儿童、少年接受义务教育的权利。禁止体罚学生。
劳动法	第 15 条	禁止用人单位招用未满 16 周岁的未成年人。

1991 年 9 月，全国人民代表大会通过了《中华人民共和国未成年人保护法》。自 1992 年 1 月 1 日起施行。

1999 年 6 月 28 日，全国人民代表大会通过《中华人民共和国预防未成

年人犯罪法》。自1999年11月1日起施行。

设计意图：具体的法律条文，更有说服力，更能使学生感受到法律对未成年人的特殊保护。

具体操作：学生浏览法律条文，一名学生展示课前查阅的《中华人民共和国未成年人保护法》和《中华人民共和国预防未成年人犯罪法》相关内容。教师要求学生牢牢记住保护未成年人的两部专门法律，以便日后维权。

5. 同龄人小珂的一系列故事

故事1：

小珂上七年级时，父母离异，与没有经济来源的奶奶一起生活。父亲再婚后，对小珂不管不问，小珂的学习成绩直线下降。为了交学费，小珂第一次从亲戚家偷了500元钱。父亲知道后，和继母一起对他大打出手。

（1）小珂父母的做法对吗？为什么？

（2）设想长此下去，小珂会出现哪些情况？

（3）小珂的父母应该怎样履行好家庭保护的职责呢？

故事2：

老师对学习成绩直线下降的小珂很不满意。有一次，他因为陪奶奶去看病而没有写作业，老师没有问原因就把他和其他没做作业的同学一起反锁在教室里。

（1）老师的做法对吗？为什么？

（2）学校应该怎样履行好学校保护的职责呢？

故事3：

郁闷的小珂开始放纵自己，经常旷课、逃学，而且迷上了网络游戏，夜不归宿。一次早晨起床晚了，就私自决定不上学，去网吧玩。

（1）网吧老板的做法合法吗？为什么？

（2）照此发展下去，小珂会怎么样？

（3）自己学校周围是否存在危害未成年人健康的现象？能否就治理学校周边环境提出一些合理化的建议？

故事4：

为了弄钱到网吧玩游戏，小珂和另外几个"朋友"手持匕首对同学进行威胁、敲诈，共作案 19 起，抢得现金 380 元及一部手机。在小珂又一次作案时，被警方当场抓获。

由于小珂是未成年人，公安机关没有对外透露其姓名，法院也进行了不公开审理。

(1) 小珂违法了，国家是怎样对待他的？

(2) 这体现了对未成年人的哪种保护？

设计意图：用一个发生在同龄人身上的系列故事，将家庭、学校、社会、司法保护四个方面联系在一起，让学生在熟悉的情境中体会到家庭、学校、社会、司法保护的必要性，更有教育意义。

具体操作：先小组内部讨论、交流，后课堂展示。故事1、故事2、故事3中的问题由各组选出学生回答，如果回答的不对或不全面，则由其他同学帮助解决；故事4中的问题由各组抢答。

第四板块：点拨拓展

1. 司法保护的内容

对违法犯罪的未成年人实行教育、感化、挽救的方针，坚持以教育为主、惩罚为辅的原则。尊重违法犯罪未成年人的人格尊严，保护他们的合法权益。在办理未成年人犯罪案件时，实行不同于成年人犯罪案件的特殊制度。对人民法院免除刑事处罚，或者宣告缓刑以及被解除收容教养，或者服刑期满释放的未成年人，应当做好安置工作，复学、升学、就业不受歧视。人民法院审理继承案件、离婚案件，要依法保护未成年人的继承权、受抚养权。

设计意图：司法保护的内容，课本上虽没有具体说明，但它与家庭、学校、社会保护一样，都是学生要掌握的重点内容，也是学生提出的具有共性的问题。补充这部分内容是为了帮助学生理解司法保护。

具体操作：出示少年法庭图，根据对少年法庭的介绍，使学生了解司法保护的基本内容，加深对其的理解。

2. 通过小珂的故事，你们能发现他走上违法犯罪的道路是谁之过吗？我们从中明白了什么道理？

设计意图：引导学生运用发散思维，分析未成年人走上违法犯罪道路的原因，从而明白未成年人不仅需要法律的特殊保护，还需要加强自我的保护意识。这样就与下一课时内容联系起来，起承上启下的作用。

具体操作：学生根据自己的理解回答，其他同学补充。

3. 收获平台

通过学习，我知道了……

在今后的生活中，我会……

设计意图：通过学生自由畅谈收获，进一步引导学生巩固本节课内容，实现知识、能力目标，形成正确的情感、态度、价值观。

具体操作：学生自由畅谈，教师引导学生对本节课内容进行总结，使知识体系更加系统、完整。

第五板块：反馈评价（我最棒！）

1. 单项选择

（1）据统计，每年我国有近两万 14 岁以下儿童非正常死亡，40～50 万儿童受到车祸、中毒、他杀、自杀等意外伤害。这说明（　　）

A. 未成年人未受到法律的特殊保护

B. 未成年人自我保护能力较强

C. 未成年人的健康成长需要受法律特殊保护

D. 未成年人未受到社会的保护

（2）"对未成年人犯罪案件，在判决前不得披露其姓名、住所、照片等资料"。这是对未成年人的（　　）

A. 学校保护　　B. 家庭保护　　C. 社会保护　　D. 司法保护

（3）针对全国校园暴力事件频发状况，我市教育工委、教育局发出紧急通知，要求教育行政部门要切实加强学校的安全教育管理工作，同时要求所有中小学、幼儿园全部配备专职保安员。市教育工委、教育局的举措体现了对未成年人的（　　）

A. 家庭保护　　B. 学校保护　　C. 社会保护　　D. 司法保护

（4）年仅 13 岁的小刚的父亲因车祸致残，母亲到县城开了一家服装店，对其父子生活不闻不问。小刚多次去找母亲讨要生活费和学费均被拒绝。她母亲的做法违反了保护未成年人的（　　）

A.《中华人民共和国宪法》

B.《中华人民共和国义务教育法》

C.《中华人民共和国未成年人保护法》

D.《治安管理处罚法》

（5）观察漫画，对漫画中人物行为的评价正确的是（　　）

a. 青少年涉世不深，可塑性强，很容易受到外界环境的影响

b. 父母应以正确的言行、思想教育子女

c. 父母的一切言行都是正确的，孩子应多向父母学习

d. 未成年人应增强自我保护意识，提高自我保护能力

A. abcd　　　　　　B. bcd

C. abd　　　　　　D. abc

2. 情景分析

2009 年 1 月 5 日，国务院新闻办、工业和信息化部、公安部等七部委联合部署在全国开展整治互联网低俗之风专项活动，坚决遏制网上低俗之风蔓延，进一步净化网络环境，保护未成年人健康成长。

请回答：

（1）国家为什么要对未成年人健康成长进行特殊保护？

（2）未成年人怎样才能健康成长？

设计意图：反馈学情，考查学生对这节课知识的理解、运用情况，提高他们分析问题、解决问题的能力。

具体操作：学生先自主做题，后由组长批阅，小组内交流，将具有共性的问题呈现出来，师生共同解决。

（三）思想品德学科务实操作解读

1. 思想品德"单元自主学习指导纲要"务实操作解读

以山东人民出版社八年级第七单元第十六课——撑起法律保护伞为例，我来介绍一下"单元自主学习指导纲要"的设计与具体操作。

我校实行的"单元自主学习指导纲要"是以周教学内容为单元，而不是根据教材划分的单元来设计的。大家知道，从教材上看，思想品德

学科一学期的内容只有四个单元，每个单元包括两课内容，如果按照教材划分的单元来设计，我们不可能让学生4个星期预习完成，那剩下的十几周时间干什么呢？思想品德课一周只有两节，大约能学完一课内容，所以，以周教学内容为单元设计"单元自主学习指导纲要"是符合学生实际情况的。

"单元自主学习指导纲要"主要引导学生对将要学习的教材进行提前预习，初步解决教材中的基本知识、发现和探究学习中存在的疑惑，为课堂学习打下基础。在传统的教学思维中，学生的知识应该是教师传授的，学生要经过新授环节才会完成初步的学习。现在，实行"单元自主学习指导纲要"，学生在课下就已经展开主动学习了，这种学习方式减少了师生的重复性劳动，培养了学生的自学能力，拓展了学习的空间和时间，提高了教学效率，也提升了学生的综合素养。

"思想品德单元自主学习指导纲要"由五大环节构成：教材分析——知识构建——背景知识——问题展台——学习评价。

（1）教材分析

一周的学习内容，如果让学生无目的去阅读，A层学生可能阅读认真，理解得比较好；B层、C层学生有可能"吃夹生饭"，一知半解；D层学生由于认知能力、学习态度等原因，可能不认真阅读，则会对教材内容一无所知。

为了让各层学生都能对教材内容有所了解，在这一环节中，我用简单明了的语言告诉学生为什么要学习这一单元，这一单元的主要内容是什么，学习时应该采用什么方法，学习后应达到什么目标。要求学生在课下进行阅读，对教材内容有所了解，形成一个简单的整体认识。在此基础上再听老师讲课，就不会感到迷茫，无从下手了。

这一单元的教材分析，我是这样设计的：

未成年人的健康成长关系着国家的前途和民族的命运，国家为未成年人的健康成长创造了良好的条件和环境。但是在未成年人的成长过程中，仍有可能会受到来自各方面的侵害。这就需要撑起法律的保护伞，保护未成年人的健康成长。

第十六课，从个人和国家的角度说明了未成年人受到法律特殊保护的必要性和重要性；未成年人的健康成长，不仅需要家庭保护、学校保护、社会保护和司法保护，还需要未成年人增强自我保护意识，提高自我保护能力。

以上内容简单介绍了这一单元的主要内容，让学生在阅读教材前就已经知道教材讲的是什么，也就不会理不出头绪来了。以前让学生自主学习，很多学生抱怨读不懂，这使预习的积极性越来越差，甚至干脆不预习了。我们学科组及时发现了学生中存在的这些问题，在教材分析里加上了这一内容。

学习这一课应通过观察和搜集生活中存在的侵犯未成年人合法权益甚至生命安全的种种实例，认识各种侵害行为对未成年人健康成长的影响，来不断增强自身辨别是非的能力和自我保护的能力。

这一部分是指导学生应该采用什么方法学习，思想品德学科强调联系生活实际，通过观察和搜集身边相关的事件和案例，帮助学生形成良好的思想品德，以达到教育学生的目的。这种学习方法是最有说服力的。

通过学习我们需要知道法律给予了未成年人特殊的保护，了解家庭、学校、社会、司法保护的基本内容；学习在日常生活中自我保护的方法和技能，知道未成年人获得法律帮助的方式和途径，增强自我保护意识，提高自我保护能力，学会运用法律武器维护自己的合法权益。

以上内容是告诉学生学习这一单元应该达到什么样的目标，可以根据目标来衡量一下自己的自主学习情况，而不是仅仅读完课本，肤浅地了解课本的内容就认为已达到学习目的了。

（2）知识构建

这一环节是建立在第一个环节的基础之上，学生对所学内容已经有了初步的了解，然后再仔细地阅读教材，用自己喜欢的形式将本单元的知识结构呈现出来，形成清晰、系统的知识网络图。具体设计如下：

温馨提示：请同学们以自己喜欢的形式构建第十六课的知识网络图，形成清晰、系统的知识体系。

示例：

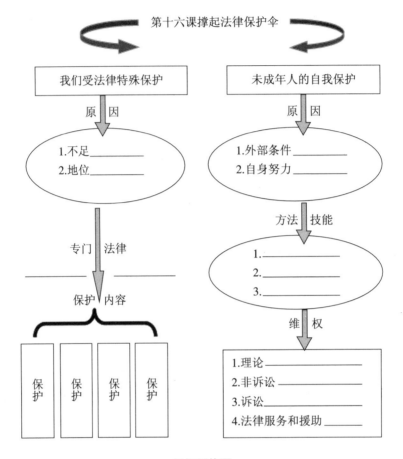

知识网络图

刚开始设计这一环节的时候，为了引导学生构建知识体系，于是我给学生设计了各种形式的网络图，让他们能边阅读教材边填写。当他们掌握了设计的技巧以后，就可以自己设计了。学生们的设计各有特色：宋昊宇同学用图形、箭头的形式设计，写得很清晰、很完整、很详细，可见他是很用心去做的；杜瑞杰同学用大括号的形式，把这一课的主要内容清晰地呈现出来，层次感比较强；张月梦同学画了一棵知识树，把本课内容都放在了这棵树上。学生们第一次的作品虽然不尽完美，但只要是认真地去做了，都应该得到鼓励和表扬。每周我都会选出构建得比较好的网络图，在班内展览，公开表扬，鼓励他们今后更加认真地去做这件事，并且还会给小组加分，作为小组评价的一个依据。一般情况下组内一个同学加5分，两个同学则加 10 分。刚开始有很多学生不认真去做，知识网络图写得很简单，甚至有的学生只写上几个字来敷衍我，当我实行了以上措施，并且对做得不好的同学做了细致认真的教育工作之后，学生们的学习态度发生了转变，做得好的同学越来越多。

（3）背景知识

农村的生活环境决定了大多数孩子知识面比较窄，获得的知识基本上来源于课本，对于课外知识的涉猎则很少。农村孩子，他们为了得高分，上名牌大学，光宗耀祖，整天埋头苦读，把大量的时间用在了学习课本、做练习题上。很少会拿出时间读其他的书，更不用说参加社会实践活动了，但是，社会的用人机制、就业的压力和竞争又告诉我们：光考高分上名牌大学不行，还要培养他们适应社会发展的能力。在这种形势下，"背景知识"这一环节的设置就很有必要了。

这一环节由两部分构成，第一部分是教师呈现，我给学生呈现的是青少年违法犯罪案件的分析资料。

青少年违法犯罪案件迅速增多，已成为一个日益突出的社会问题，应引起重视。

①青少年违法犯罪特点

a. 文化水平普遍较低。由于文化水平不高，法制意识淡薄，很多人甚至不知道自己的行为已构成犯罪。

b. 未成年人犯罪现象严重。已满 14 周岁未满 18 周岁的未成年人犯罪现象日益增多。

c. 辍学青少年、在校生违法犯罪现象不断上升。

d. 团伙犯罪现象严重。近几年来，青少年采取团伙形式作案的越来越多，且有向专业化方向发展的趋势，有的已形成专业化的盗窃团伙、抢劫团伙，给社会治安带来极坏的影响。

e. 犯罪手段日趋成人化、智能化。青少年犯罪手段有向成人化、智能化方向发展的趋势，较过去隐蔽、狡猾，反侦察、逃避打击的能力明显增强。他们作案特别是作大案，如盗窃、抢劫机动车，往往事先有预谋、有计划，作案后尽可能地销毁痕迹，给公安机关破案制造障碍，以逃避打击。

②青少年违法犯罪的原因

a. 社会污染毒害了学生的心灵

在商品经济发展中出现的拜金主义、享乐主义、极端个人主义等，在学生心灵中产生了极大的负效应，成为引发学生索取不义之财、满足物质享乐而不惜铤而走险的催化剂。

一些影视、书刊、出版物等宣扬色情和暴力的文化毒品，严重污染着社会风气，侵害学生的身心健康，诱使他们跌入犯罪的深渊。

b. 家庭教育面临着新的误区

随着时代的发展、改革开放的深入及商品经济大潮的冲击，家庭对子女的教育面临着危机。从违法犯罪学生的家庭来看，教育不当和有不良影响的家庭主要有五类，第一类：对孩子娇生惯养，过分溺爱，甚至放纵，特别是有些孩子花钱无度，追求高消费，一旦家庭不能满足，便会走上歧途。第二类：家长望子成龙心切，只知道关心孩子的分数，对学习成绩差或有某种缺点的子女，不是进行正确的疏导教育，而是嘲讽、打骂，因此孩子与父母感情对立，甚至离家"潇洒走一回"而浪迹于社会。第三类：有些家长不负责任，忙于工作或只顾赚大钱；有些家长文化素质低，管教无方或无力管教。第四类：父母本身品行不端、行为不检，他们赌博、酗酒、偷盗、生活腐化等对子女的思想、道德、行为都会起到毒害的作用。第五类：家庭破裂，父母离异，孩子成了"多余"的人，谁也不愿管，这使孩子失去了家庭的温暖，心灵受到创伤，导致性格孤僻、乖张，有的甚至冷酷、无情。曾有一个教学班，班上56个学生，其中父母离异的就有16个，还有几个学生的父母正在闹离婚。凡此种种，久而久之，家庭失去了应有的教育功能，致使孩子慢慢地走上了违法犯罪的道路。

c. 学校教育不当造成的消极影响

学校教育远未完成从应试教育到素质教育的转变，学生上学不是为了提高思想道德素质和科学文化素质，而是为了得高分、升重点、考大学。升学率成了人们对学校的唯一要求，因此许多学校普遍存在重智轻德、片面追求升学率的现象。为了达到此目的，不惜加班加点，补课泛滥成灾，课余时间补，假期补，利用一切能利用的时间补，学生的童真就耗在这浩如烟海的作业、没完没了的补课和考试中。学校本该是孩子的乐园，但现在却成了他们望而生厌的地方。人是需要精神生活的，学生的内心世界本来就丰富多彩，当学生厌倦了校园生活之后，就必然到四面八方搜集新奇的信息。于是，各种腐败下流的书刊、录像厅和电子游戏室便成了部分学生的精神寄托，致使他们的心灵受到严重的腐蚀和扭曲。

一些学校未将思想政治教育工作摆在应有的重要位置，法制教育不力，心理品质教育不够，工作落实不到位，表面文章多，真抓实干少，缺乏严格的管理和细致的思想工作。一些教师往往满足于学生不捣乱、好好听课、成绩好就行了，而对他们的心理变化，很少下功夫去了解、研究，更谈不上去教育引导，以至于有的学生违法犯罪后，老师还茫然不知、不信。

d. 中学生心理发育尚未成熟，自控力、约束力差

中学生多为未成年人，其世界观、人生观远未形成。他们对是非、善恶、美丑缺乏鉴别力；好奇心、好胜心强，遇事不冷静，易冲动，哥们义气重，易被坏人所利用；社会阅历浅，认识、分析事物总是简单片面；文化素质较低，法制观念淡薄，自控力、约束力差。这些是学生走上违法犯罪道路的主观原因。

③预防青少年违法犯罪的对策

a. 对青少年进行健康教育。应对青少年进行法制教育，增强他们的法制观念，提高他们明辨是非和抵制不良诱惑的能力，养成遵纪守法的良好习惯。要对青少年进行道德、理想教育，使他们建立正确的世界观和人生观。只有使他们从小学法懂法，才能知道什么行为是合法的，什么行为是违法的，从而自觉遵纪守法。

b. 加强家长教育。家庭是预防青少年犯罪的基石。有关部门应通过多种形式，注重引导家长采取正确的教子方法，让他们懂得尊重孩子、鼓励孩子。在重视孩子学习成绩的同时，更要关心孩子的思想品德修养。

c. 充分发挥学校的育人作用。学校要重视教育青少年遵守国家法纪和社会公德规范，树立自尊、自律、自强意识，进一步增强辨别是非和自我保护的能力；经常组织学生参加社区服务和社会实践活动，增长他们的社会知识和经验；对已有不良行为的青少年，不能动辄开除，而应积极引导、教育。

d. 加强文明社区、文明村镇建设。生活环境对青少年的成长起着重要

作用。村镇、社区应经常性地开展健康、高雅的文娱活动，经常邀请有关部门对辖区群众进行普法教育，提高社区的整体素质，为青少年创造一个良好的成长环境。

e. 政法部门应严厉打击危害青少年成长的各种犯罪行为，同时做好对已犯罪青少年的改造工作。政法部门要与文化、教育、卫生等部门联合，通过开展青少年心理健康教育、青春期健康教育等活动，做好预防青少年犯罪工作；要加大打击非法经营色情、暴力文化制品的力度，清理整顿学校周边的各种娱乐场所，让青少年远离色情暴力，为他们营造一个舒心、健康的学习环境。

我通过对青少年违法犯罪案件的分析，将教材知识进行拓展延伸，使学习内容更加丰富，学生更易理解。这样就能帮助学生比较全面地、深入地了解有关未成年人违法犯罪方面的相关知识，达到预防违法犯罪的目的。

第二部分是要求学生自己课前搜集材料。

这是我在这一单元要求学生课前搜集的资料：1. 做"你曾经受到过哪些侵害"的问卷调查，观察和搜集生活中存在的侵犯未成年人合法权益甚至生命安全的种种实例。2. 查阅《中华人民共和国未成年人保护法》和《中华人民共和国预防未成年人犯罪法》的相关内容，搜集家庭保护、学校保护、社会保护和司法保护的相关案例。

课前搜集的材料是为课堂教学服务的，学生将会在课堂上展示出来。农村相对城市来说比较落后，有电脑的家庭甚少，这需要学生通过各种可能的途径去完成；不能做到的，则由教师课上补充。以前没有实行单元自主学习纲要的时候，有一次，为了上好学校公开课，我课前要求学生搜集了一些课堂上需要展示的资料，结果出乎我的意料，学生们回答问题的积极性特别高，都抢着回答，这在当时是很少见的。原先一节课讲的内容比较少，而且是照本宣科，知识拓展不出去，但那节课的课堂容量相当大，这让我感受到学生集体的力量是巨大的。那节课还赢得了全校教师的好评："你的课太精彩了，学生们表现的这样出色，你是怎么做到的?"学生们说："以前上课对学习内容不了解，光等着老师讲，也不愿意回答问题。这次搜集了很多资料，我们的知识丰富了，都愿意抢着回答问题了。没有机会回答的同学还感到很遗憾。"通过那次的校公开课，使我认识到课前搜集资料的重要性。课内与课外知识的结合，让学生见多识广，知识能力双丰收，更能起到良好的教育作用，适应社会发展的要求。

（4）问题展台

这是我为学生设计的问题展台：

温馨提示：人们常说"真理诞生于一百个问号之后"。请将你学习中遇到的疑难问题写在展台里。

项目＼问题	问题1	问题2	问题3
课时1：我们受法律特殊保护			
课时2：未成年人的自我保护			

以前的课堂，教师就是权威，教师讲什么就是什么。教师创设情境设疑，学生解答，教师讲，学生听，学生就像一个木偶、像一台机器一样没有自己的思想，不想质疑、不愿质疑、不敢质疑。我上思想品德课多年，很少有学生能主动去发现问题，向老师请教，一个年级也就有两三个学生能够做得到。在农村，孩子小时候爷爷奶奶经常给他们嚼饭吃，孩子们还吃得津津有味，有时候学生上课不积极主动地发表自己的见解，而是等着老师讲，我一生气，就拿这件事讽刺、挖苦他们，说你们上课的表现就像吃爷爷奶奶嚼的饭一样，有滋味吗？

设置问题展台这一环节的目的，是为了鼓励学生独立思考，积极发现问题，质疑问难，甚至异想天开，勇于向课本、教师以及其他权威挑战，激发他们强烈的求知欲望，培养学生的问题意识和创新精神。

学生如果不认真预习，不深入思考，是很难提出有一定价值含量的问题的。刚开始使用问题展台时，大多数同学为了应付老师检查，都写得满满的，老师设计几个空就填几个，有的在课本上抄几个问题，有的提的问题还偏离了方向，与学习内容毫不相关。当然，也有的同学经过认真思考，提出了一些有研究价值的问题，但只是很少数。

这是宋昊宇同学提出的问题：

项目＼问题	问题1	问题2
课时1：我们受法律特殊保护	什么是未成年人？	有公检法参与的就是司法保护吗？
课时2：未成年人的自我保护	为什么现在提倡把"见义勇为"改为"见义智为"？	怎样区分刑事诉讼、民事诉讼、行政诉讼？

从这个同学提出的问题来看，他确实能按照老师的要求去学习，学得比较认真，做得也比较好。

学生能否提出问题是我进行小组评价的一个依据。如果学生提出的问题不能在课本上直接找到答案，而是经过一定的思考才能解答的，那么就会为这个学生所在的小组加分，一般加5分。当然，不同层次的学生要不同对待，D层学生即使提的问题比较浅显，根据他的实际学习情况，我也会给他加相应的分数，以示鼓励。为了方便教师提前掌握学生课下的学习情况，小组长提前两天将本组内的疑难问题汇总，写在纸条上，由课代表负责交给老师。比如星期四要学习课时2的内容，那么学生必须在星期二之前将这一课时的疑难问题上交。教师将收集上来的问题进行归纳，掌握学生的学习情况，然后根据学情来设计课堂学习指导纲要，提高课堂效率。

（5）学习评价

从学生自身的特点来说，自制力比较差，贪玩，设置这一环节是为了督促学生课下能够自觉学习、认真学习。

这一环节由三部分组成：自我评价、组长评价和教师点评。

①自我评价

自我评价，主要引导学生根据老师制定的评价标准对自己的学习效果进行正确的评价，进而调整自己的学习行为，养成自主学习的良好习惯。我是这样设计自我评价标准的：

每个人心中都有一把尺，请你用这把尺衡量一下自己的学习情况。

等级　　項目	A 档	B 档	C 档
	知识构建完整；课前认真搜集资料；提出两三个疑难问题。	知识构建基本完整；课前能搜集资料；提出一个疑难问题。	知识构建不完整；课前未搜集资料；没有提出疑难问题。
课时 1			
课时 2			

②组长评价

请组长采取灵活多样的形式对小组成员的学习情况进行等级评价，并提出相应建议。

等级：A　B　C　D。

建议：

组长评价，主要根据"知识网络图"的填写、构建、组员的书写、资料的搜集情况、能否提出疑难问题等，客观地作出评价；对于组员存在的不足和问题，还应提出合理化建议。

③教师点评

教师在尊重学生个性差异的基础上，多采用激励性的语言，对学生的学习情况作出合理的评价，肯定学生的预习效果，有策略性地指出缺点和不足以及努力方向。

大家看，这是学生宋昊宇的学习评价，他的自我评价和组长评价都在A档，课堂表现也很积极，但是这个学生在学习时做不到持之以恒，因此我是这样点评的：你的进步令我感到欣喜，学习认真，有一定的钻研精神，自主学习能力有较大提高，你一定要坚持下去。

这是学生杜瑞杰的学习评价，他的自我评价和组长评价都在B档，课前准备做得不好，我是这样点评的：学习一定要勤奋，要严格要求自己，每一件事都要做好。老师希望你在下一单元的课前准备中会做好，老师相信你！加油！

这是学生张月梦的学习评价，她的自我评价和组长评价都在A档，但是她在书写中经常会出现错别字或笔误，我是这样点评的：你进步很快，自主学习完成得较好。如果今后能克服马虎的毛病，你一定会更加优秀！

这样通过自我评价、组长评价、教师点评，能使学生对自己的学习情况有一个正确的认识，再加上组长、老师的有效监督，从而激发学生的进取心，更加自觉地认真学习，提高自主学习能力。

课改之前的思想品德学科，因为占分少，被学生、家长和其他教师划分到副科的范围，学生很不重视，课下几乎没有学生学习，使得课堂上很被动，课堂容量少，教学任务经常完不成；课堂气氛死气沉沉，学生学习积极性、主动性很差，教师提问问题，大多数学生不会自觉回答，需要老师点名才回答，而且声音很低，需要重复好几遍才能听清，课堂时间白白地被浪费；教师讲得多，学生思考少，发表见解的机会更少，学生主体地位就无法体现。单元自主学习指导纲要为思想品德学科的学习提供了很好的平台，学生不再划分主副科，课下进行自主学习，视野开阔了，知识丰富了，在课堂上也活跃起来了，积极主动地展示学习成果。再加上学习型组织的评价措施到位，调动了每一个学生学习的积极性、主动性，提高了课堂容量和课堂效率。

2. 思想品德"课堂学习指导纲要"务实操作解读

以前教师备课，只是为了应付领导的检查，且多数情况下会抄袭别人的或以前的教案，基本没有什么实用价值。现在使用的"课堂学习指导纲要"，是给学生看的，也是课堂教学的过程，老师必须从学生实际出发，精心设计，才能更好地完成教学任务，提高课堂效率。"课堂学习指导纲要"省去了教师写教案的烦恼和无效的劳动，提高了有效性，实现了教案与学案的有效统一。

下面就第十六课第一课时"我们受法律特殊保护"为例来解读一下"课堂学习指导纲要"的设计与具体操作。

"课堂学习指导纲要"由目标定向——学生先学——合作探究——点拨拓展——反馈达标五环节构成。核心要素有3点：先学后教、以学定教、善学促教。

课堂充分发挥了小组的积极作用，教师通过小组评价来督促学生的学习，鼓励学生为本组的荣誉而积极表现自己。上课前我先对如何进行小组评价做出要求：由各组组长计分，回答一个问题A层学生得一颗星，B层学生得两颗星，C层学生得三颗星，D层学生得四颗星。目的是鼓励学习差、学习积极性不高的学生多回答问题，多展现自我，增强他们的自信心，以达到转化后进生的目的。

（1）目标定向

①导入新课

播放动漫《少年，少年，祖国的春天》，欣赏后，谈一谈自己的感受。

我用多媒体播放动漫《少年，少年，祖国的春天》，因为有些学生会唱这首歌，于是师生跟随音乐伴奏齐声歌唱，轻松愉快，既活跃了课堂气氛，又激发了学生探究的兴趣。欣赏之后，我让学生畅谈自己的感受，学生回答：我们感受到生活的美好，感受到自己肩负的责任和受到的特殊关爱，自己的健康成长关系着民族的振兴和国家的富强。教师引领：少年，少年，祖国的春天，在青少年成长的过程中，时常会受到一些侵害，只有撑起法律的保护伞才能使青少年健康成长。由此引导学生进入新课，从而明确这节课学习的课题，即大目标、总目标。

②同学们，你们在单元自主学习中有什么收获？比一比，看谁的收获多，自主学习能力强。

光有大目标、总目标不行，还应该明确具体目标，即新课标要求的三维目标：情感态度价值观、能力目标、知识目标。以前实行目标教学，我都是直接出示三维目标，领着学生阅读一遍，效果很不好，学生们读过后很快就忘了，目标教学只是一个摆设，一种形式。现在，我先让几个小组的代表谈自主学习的收获，根据学生的收获进行引导，引出三维目标。后投影出示目标：

a. 情感、态度、价值观：进一步明确未成年人需要特殊保护的意义，加深对家庭、学校、社会和司法保护的理解，体会今天的我们受到的特殊保护。

b. 能力目标：能够认识和判断哪些是违反未成年人保护法的现象和行为，提高是非美丑的辨别能力。

c. 知识目标：知道法律给予未成年人的特殊保护，了解家庭保护、学校保护、社会保护和司法保护的基本内容。

学生快速浏览一遍，做到心中有数，以便在下面环节的学习中朝着目标去努力。

（2）学生先学

虽然学生在单元自主学习中已经进行了自主学习，但是对每一课时的学习还不够全面和深入。因此我认为，这一环节非常重要，也很有必要。如果学生连基础知识都掌握不好，那么，后面的各个环节就无法顺利地完成，无法做到学以致用。在这一环节的学习过程中，每一名学生都承担着为本组同学和其他小组同学答疑解惑的任务，会为了比一比谁为小组做的贡献多，而积极投入到学习中去。

为了增强学习的实效性，我设计了两部分内容：

一是本节课的基础知识，我用了 4 个问题将本节课的基本内容呈现出来，并让学生独立自主地完成，从而进一步详细地检测学生课前的学习情况。

①请同学们根据本节课的学习目标，结合单元自主学习情况，完成以下内容：

a. 什么是未成年人？

有的学生对未成年人的概念理解得比较模糊，在问题展台中曾提出过。我觉得有必要让学生分清楚，但这个问题由其他同学帮助解决就行。

b. 未成年人为什么受到法律的特殊保护？（从个人、国家角度分析）

括号里的提示是为了学生能全面地分析出未成年人受到法律特殊保护的原因。这个问题学生回答得比较好，从两个方面详细地分析了原因。当我要求同学们用简练的语言概括时，他们就回答不出来了。我强调：第一个原因是未成年人自身的特点和弱点，第二个原因是未成年人在国家中的地位和作用。这样学生对未成年人受到法律特殊保护的原因，就更加清晰了，也便于他们的记忆和理解。

c. 保护未成年人的专门法律有哪些？从哪几个方面具体规定了在保护未成年人方面的责任？

这个问题学生回答得很好。

d. 阅读家庭、学校、社会、司法保护的内容，分析下列图片中的行为分别违反或符合哪种保护？

这个问题考查了学生对四大保护的理解。第一幅图片，老师让学生罚

抄 1000 遍，违反了学校保护的有关规定；第二幅图片，工厂招用童工，违反了社会保护的有关规定；第三幅图片，家法，违反了家庭保护的有关规定；第四幅图片，警察不允许记者采访，符合司法保护的有关规定。学生做得很好，没有遇到"拦路虎"。

②再认、深化教材知识，把自己不能解决的疑难问题呈现出来，在小组内交流解决；不能解决的，由组长写在纸条上交给老师。

首先，我让学生独立自主地做完第一部分，找出自己不能解决的问题，然后在小组内交流讨论，由本小组成员帮助解决；小组内部不能解决的，由组长写在纸条上交给老师。我把各小组提出的问题写在黑板上或用投影呈现出来，由其他小组的同学帮助解决；学生不能解决的，有的我会直接讲解，有的我将其放在合作探究环节里，共同讨论解决。这节课学生提出了一个具有共性的问题：对司法保护不理解，还存在着疑问。因为课前组长已经将疑难问题告诉了我，因此，在创设情境、预设问题时我已经做了安排，所以就告诉学生在下面的环节中解决。

完成这两个环节后，由小组长汇报各组的得分情况，教师在星级榜上做好统计。

（3）合作探究

在这一环节，我创设了一些具有启发性的情境，从学生的实际情况出发，设计了 5 个活动：情境表演、火眼金睛、感受爱、法律展台、同龄人小珂的一系列故事，引导学生在课堂上形成小组内部与小组之间、生生之间与师生之间的多层面对话，以交流"先学"的成果与疑问，实现教学重、难点的突破，满足不同层次学生的学习需求。在这个环节中，那些接受比较慢、学习积极性不高的学生，是我重点关注的对象，尽可能地创造条件给他们锻炼和展示才华的机会。课堂上的某一活动规定由哪部分学生回答就是出于这一目的。

活动一：情境表演

父母不在家，有陌生人敲你家的门，你会怎样做？

让学生在小组内自由寻找同伴，用一分钟的时间策划如何表演。两名学生自告奋勇上台表演，一名学生扮演陌生人，一名学生扮演未成年人，陌生人想方设法诱惑未成年人开门。当时，两名学生的表演相当精彩，扮演陌生人的那名学生出色的口才博得了全体师生的阵阵掌声，课堂气氛异常活跃，学生们非常兴奋。这时，我抓住有利时机来教育学生，讲了曾看过的一期电视专题节目"不要开门"，在节目中，工作人员乔装成送货员，带着礼物来到一些孩子的家门口，引诱孩子开门。结果显示，半数孩子表现良好，对送货员的百般诱惑要么不予理睬，要么隔门应答；另外一半孩子的表现则令人担心，他们不但引"狼"入室，还带着他逐个房间参观。讲完之后便提出让学生思考的问题：为什么会出现这样的结局，结局又告诉了我们什么？学生自然而然会明白未成年人自身的弱点：生活经验不足，各方面还不成熟，辨别是非的能力差，法律意识和自我保护能力不强。也知道了今后应该怎样做：要提高警惕，加强自我保护意识。通过这个令学生印象深刻感悟颇深的活动，增强了他们自我保护的意识和能力。

活动一完成以后，我要求在小组内先合作交流活动二、活动三、活动四，因为这 3 个活动是需要学生在课前搜集的资料的，所以在小组内先交流一下可以丰富学生的知识，展示时还能节约时间。交流以后，学生进行展示。

活动二：火眼金睛

找一找你身边有哪些侵犯未成年人合法权益的现象？

我采取了抢答的方式，规定由各组的学生 D 进行抢答。学生 D 属于学习差、学习积极性不高的学生，在组里很难发挥作用，现在老师给了他们这个机会，积极性立刻被调动了起来。学生收集、展现的有关青少年受到侵害的事例很多，也比较全面，如父母打骂孩子、老师体罚学生、父母偷看孩子的日记、雇佣童工、强行搜身、拐卖儿童、校园暴力、向未成年人出售不健康书籍、网吧接纳未成年人进入，等等。然后我就问学生这些侵害来自哪里？学生总结：来自家庭、学校、社会。学生回答完以后，我引导学生对父母打骂孩子、偷看孩子的日记、老师体罚学生等不当行为发表自己的看法。学生纷纷发表见解，各抒己见：有的说父母素质低，不会教育孩子，老师是为了提高教学成绩，他们越管得严，我越不听他们的，让我干这，我偏干那，有时还会与父母吵架，顶撞老师；有的学生说：父母老师这样做，是为了我们好，我们要体谅他们的良苦用心。我引导学生要辩证地看待来自家庭和学校方面的一些侵害，一方面家长和老师教育我们的目的是爱护我们，帮助我们健康成长；另一方面我们也要主动地与父母、老师交流思想，避免因不理解而造成的一些伤害。青少年正处在青春期，一方面以成人自居，另一方面又受自身能力的限制，对父母、老师的做法有时会产生逆反心理，不尊重父母和老师。通过对父母、老师的不当行为发表看法这一活动，使学生懂得应多与父母、老师沟通，理解、尊重父母和老师的良苦用心。

活动三：感受爱

作为未成年人，你的健康成长得到了方方面面的关爱，请你讲出你所受到的关爱，与他人共同分享！

这一活动在学生了解了身边一些侵犯未成年人合法权益的现象，体会到未成年人容易受到侵害以及自身的弱点以后设置，是为了告诉学生不要惧怕这些侵害，因为未成年人拥有家庭、学校、社会、党和国家的重视和保护。

我规定由各组的学生 C 进行抢答，具体操作与活动二一样。学生 C 属于默默无闻的一类，老师不点名从不主动回答问题。现在他们都想回答，为自己的小组挣分。学生讲述自己所受到的关爱，真切感受家庭、学校、社会对未成年人的重视，之后全体同学齐读毛泽东、胡锦涛的名言，感受青少年在国家中的地位以及党和国家的关怀。这就是我选取的两段名言：

世界是你们的，也是我们的，但归根结底是你们的。你们青年人朝气蓬勃，正在兴旺时期，好像早晨八、九点钟的太阳。希望寄托在你们身上。——毛泽东

关心未成年人的成长，为他们身心健康发展创造良好的条件和社会环境，是党和国家义不容辞的职责，是开创国家和民族更加美好的未来的战略工程，也是实现亿万家庭的最大希望和切身利益的民心工程。——胡锦涛

学生在回答中对社会、国家的保护说的比较少。可见，他们在这方面感受不深，于是我这样引导学生：今天的我们已经受到了党和国家的特殊关注，党和国家采取了一系列的措施来保护未成年人，你知道有哪些措施吗？学生回答，我适当地作了补充：实行"两免一补"；免除城乡义务教育阶段的学杂费；制定并修改《义务教育法》《未成年人保护法》；免费参观博物馆，等等。帮助学生扩展知识，深刻地体会党和国家对未成年人的特殊关注。

最后教师点拨：从个人的角度讲，未成年人是社会上的弱势群体，要给予他们特殊的保护和关爱；从国家的角度讲，未成年人的健康成长关系着民族的振兴和国家的富强，需要法律给予他们特殊的保护。这样，就把第一部分的内容联系起来了。

活动四：法律展台

法律	条款	内容
宪法	第 46 条	国家培养青年、少年、儿童在品德、智力、体质等方面全面发展。
刑法	第 17 条	已满十六周岁的人犯罪，应当负刑事责任。已满十四周岁不满十八周岁的人犯罪，应当从轻或者减轻处罚。
婚姻法	第 15 条 第 29 条	父母对子女有抚养教育的义务；子女对父母有赡养扶助的义务。父母不履行抚养义务时，未成年的或不能独立生活的子女，有要求父母付给抚养费的权利。离婚后，父母对子女仍有抚养和教育的权利和义务。
义务教育法	第 4 条 第 16 条	国家、社会、学校和家庭依法保障适龄儿童、少年接受义务教育的权利。禁止体罚学生。
劳动法	第 15 条	禁止用人单位招用未满 16 周岁的未成年人。

1991 年 9 月，全国人民代表大会通过了《中华人民共和国未成年人保护法》。自 1992 年 1 月 1 日起施行。

1999 年 6 月 28 日，全国人民代表大会通过《中华人民共和国预防未成年人犯罪法》。自 1999 年 11 月 1 日起施行。

我让学生浏览具体的法律条文，感受法律对未成年人的保护。然后由一个同学简单介绍课前查阅的《未成年人保护法》和《预防未成年人犯罪法》的基本内容，学生介绍完后，我特别要求学生一定要牢牢记住保护未成年人的这两部专门法律，以便日后维权。

活动五：同龄人小珂的一系列故事

故事1：

小珂上七年级时，父母离异，与没有经济来源的奶奶一起生活。父亲再婚后，对小珂不管不问，因此小珂的学习成绩直线下降。为了学费，小珂第一次从亲戚家偷了500元钱。父亲知道后，和继母一起对他大打出手。

a. 小珂父母的做法对吗？为什么？

b. 设想长此下去，小珂会出现哪些情况？

c. 小珂的父母应该怎样履行好家庭保护的职责呢？

故事1考查了学生对家庭保护的理解。故事中的问题由各组的学生D回答，如果回答得不对或不全面，则由其他同学帮助解决。

故事2：

老师对学习成绩直线下降的小珂很不满意。有一次，他因为陪奶奶去看病没有写作业，老师没有问原因就把他和其他没做作业的同学一起反锁在教室里。

a. 老师的做法对吗？为什么？

b. 学校应该怎样履行好学校保护的职责呢？

故事2考查了学生对学校保护的理解，故事中的问题由各组的学生C回答，如果回答得不对或不全面，则由其他同学帮助解决。

故事3：

郁闷的小珂开始放纵自己，经常旷课、逃学，而且迷上了网络游戏，夜不归宿。一次早晨起床晚了，就私自决定不上学，去网吧玩。

a. 网吧老板的做法合法吗？为什么？

b. 照此发展下去，小珂会怎么样？

c. 自己学校周围是否存在危害未成年人健康的现象？能否就治理学校周边环境提出一些合理化的建议？

故事3考查了学生对社会保护的理解，故事中的问题由各组的学生B回答，如果回答得不对或不全面，则由其他同学帮助解决。第3问中能否就治理学校周边环境提出一些合理化的建议？学生在提建议时比较乱，没有规律，于是我帮助学生找规律、找思路，并告诉他们以后遇到类似的问题可以从这几个角度来回答：①加大宣传力度，认识其危害性。②有关部门要加大执法力度，严厉打击危害青少年健康成长的行为。③加强道德教育，提高公民的道德修养。④公民要认真学法，提高法制观念。

故事4：

为了弄钱到网吧玩游戏，小珂和另外几个"朋友"手持匕首对同学进行威胁、敲诈，共作案19起，抢得现金380元及一部手机。在小珂又一次作案时，被警方当场抓获。

由于小珂是未成年人，公安机关没有对外透露其姓名，法院也进行了不公开审理。

（1）小珂违法了，国家是怎样对待他的？

（2）这体现了对未成年人的哪种保护？

故事4中的问题由各组抢答，如果回答得不对或不全面，则由其他同学帮助解决。故事4涉及了学生提出的具有共性的疑难问题：对司法保护的理解。我出示少年法庭图，根据对少年法庭的介绍，补充司法保护的含义和主要内容，帮助学生加深对司法保护的理解。

以上4个故事是发生在同龄人身上的，贴近学生的实际生活，容易被接受和理解。这一系列故事将家庭、学校、社会、司法保护4个方面联系在一起，让学生在熟悉的情境中体会到家庭、学校、社会、司法保护的必要性和重要性，有很好的教育意义。

第三环节完成后，再次统计各小组的得分情况。目的是鼓励落后的小组在下面的学习中踊跃回答问题，让每一个学生都有展现的机会。

（4）点拨拓展

教师对学习的重点、难点、疑点，给予恰当地点拨和讲解，引导学生形成完整的认知体系，并根据教学目标，将学习内容进行延伸，补充相关的内容。这一环节不是固定的，它与合作探究环节有时是融合在一起的。在这个环节我设计了3个内容：

①司法保护的内容。具体操作我刚才已经讲过了。

②通过小珂的故事，你们能发现他走上违法犯罪的道路是谁之过吗？我们从中明白了什么道理？

这是对同龄人小珂的一系列故事的理性思考，帮助学生发现未成年人走上违法犯罪道路的原因，有家庭原因、学校原因、社会原因和自身原因，从而明白未成年人不仅需要法律的特殊保护，还需要加强自我的保护。这样就与下一课时的内容联系了起来，有承上启下的作用。在回答这一问题时，有的学生将未成年人自身的原因漏掉了，分析不全面，教师稍一提示，即通。

③收获平台

通过学习，我知道了……

在今后的生活中，我会……

学生畅谈收获，教师引导学生对本节课内容进行总结，多媒体出示知识网络图，使知识体系更加清晰、系统。

（5）反馈评价

反馈达标题，我设计了 5 个单项选择、1 个情景分析题。这一环节是必要的，通过训练、测试、展示等方式对课堂教学效果进行检测。我是这样操作的：

学生首先独立思考，自主做题，做完后由各组组长批阅。批阅以后小组内部交流，能解决的在本组内解决，不能解决的则在课堂上呈现出来，由其他小组的同学帮助解决。学生都不能解决的，则由老师来引导、点拨。这样反馈了学情，考查了学生对这节课内容的理解和运用情况，提高了他们分析问题、解决问题的能力，以达到学以致用的目的。

在做题中，只有第 3 题和第 6 题存在着争议

第 3 题：针对全国校园暴力事件频发的状况，我市教育工委、教育局发出紧急通知，要求教育行政部门要切实加强学校的安全教育管理工作，同时要求所有中小学、幼儿园全部配备专职保安员。市教育工委、教育局的举措体现了对未成年人的（　　）

A. 家庭保护　　B. 学校保护　　C. 社会保护　　D. 司法保护

市教育工委、教育局的举措很多学生认为是学校保护，但市教育工委、教育局不是学校，属于社会机构，应为社会保护。

第 6 题：2009 年 1 月 5 日，国务院新闻办、工业和信息化部、公安部等七部委联合部署在全国开展整治互联网低俗之风专项活动，坚决遏制网

上低俗之风蔓延，进一步净化网络环境，保护未成年人健康成长。请回答：

(1) 国家为什么要对未成年人健康成长进行特殊保护？

(2) 未成年人怎样才能健康成长？

这是一个综合题，联系了整个第七单元的内容。第一问，国家为什么要对未成年人的健康成长进行特殊保护？答案涉及了 3 个方面的内容：①未成年人自身的弱点；②未成年人在国家中的地位；③互联网低俗之风对未成年人的危害。即不良诱惑的危害，这些属于上一课即十五课学习的内容，这样将十五课和十六课联系起来，考查了学生全面分析问题的能力。第二问，未成年人怎样才能健康成长？这个问题不仅涉及这节课学习的四大保护，还涉及自我保护，与下一节课的内容衔接起来。有名学生在这里提出一个问题：国务院新闻办、工业和信息化部、公安部等七部委联合部署的在全国开展整治互联网低俗之风专项活动，属于对未成年人的哪种保护？结果有两种答案，争执不下。一种认为，题目中有公安部参与，所以应为司法保护；一种认为这是七部委联合部署专项活动，七部委是政府部门，应为社会保护。最后我强调：政府部门，包括公安机关在内采取的有利于青少年健康成长的措施一般属于社会保护。

在教学任务完成后，统计各组的得分情况，鼓励表现好的小组再接再厉，争取更好。落后的小组争取在下一节课中赢回来。

下课铃响前的一分钟，我用这样一段话结束了本节课：虽然法律对我们进行了特殊的保护，但是一些青少年仍然不能抵制社会上的不良诱惑，走上了违法犯罪的道路。下面请倾听少年犯悔恨的心声，以此为戒。播放歌曲《心声》，课程在歌声中结束。

我从学生的主体地位出发来确定教学目标、设计教学过程、选择教学方法。努力营造宽松、融洽、和谐的教学气氛，在这种教学氛围中，学生积极主动地参与教学，于是师生之间、生生之间各抒己见，畅所欲言，自由讨论，坦诚相见，不畏权威，质疑问难，情感共鸣，思想碰撞，学生的学习积极性得到了充分地发挥，主体意识得以充分地展现，真正成为了课堂的主人，创新思维和创新能力得以充分发展，从而促进了学生情感、态度、价值观的形成和知识、能力的提升。

2010 年 12 月 14 日，东营市第二届构建"和谐高效"课堂成果展示活动在我校举行，来自全市近百所初中学校的校长、骨干教师莅临指导，我有幸执教思想品德课。我按照学校的要求设计了课堂学习指导纲要，并按照以上课堂设计的理念和操作，上了一节非常成功的课。参与听课的老师对我说："你们这里的学生表现太好了，积极性真高。我们那儿的学生，老师不点名就不回答问题，你平时是怎么训练的？"通过这次讲课，我感受到成功的喜悦，坚定了课改的信心。

三、学校管理务实操作问题反思

（一）严格管理自习课

自习课本该是留给学生自主学习的时间，却一直成为任课教师争抢的"阵地"。我校自提出"零"作业以后，要求各年级必须把上午第四节设置为自习课。寄宿生在晚上全部自主学习，一名教师值班，任何教师不允许进入教室补课。教师不允许布置任何形式的课下作业。自习课上，提倡学生进行"自助餐"式学习。

（二）强化两纲要教学载体的落实

以前，我们一直是延续着传统的教案式备课法。实施"零"作业后，结合我校实际，我们向县教育局申请取消了传统的"教案式"备课方式，老师不必再在备课本上写一些与课堂教学无关的东西。我们设计了帮助学生预习和课堂学习的教学载体，也就是我们现在说的"单元自主学习指导纲要"和"课堂学习指导纲要"。

我们的目的是给教师一种可操作的清晰明确的行动载体与方法，但因为几十年来老师们习惯了抄袭式备课的方法，突然改变多年的习惯，很多老师感到不知所措，从设计到运用出现了很多问题：

1. 部分教师没有认真学习学校下发的要求，导致所设计的材料与学校的要求大相径庭，仍然以练习题为主，成了变相作业。

2. 在运用过程中，部分教师不能合理安排设计时间。再加上同学和教师分工合作不够科学合理，导致了各种载体在运用过程中脱节，该前置的不前置，该课堂的拖到了课后，以至于起不到应有的效果，甚至还起了反作用。

3. 各种载体设计好以后，教师心里很清楚，但学生不清楚应该怎样运用。在操作的过程中没能与小组教学相结合，不能充分发挥小组长和课代表的作用，什么时候该发，什么时候该收，哪些是需要小组长做的，不明确，导致各项措施只是流于形式，不能落到实处。

有了问题就得想办法解决。首先，我们对三大教学载体的各个环节做了详细的说明，印成学习材料发给老师学习。然后召开课堂教学改革专题会议，共同研讨出现的问题。我们还选出对措施落实比较好的老师成立了"课堂教学改革共同体"，专门发掘课改中出现的问题，然后再把发现的问题作为一个小课题，分给每一名成员去研究。

对于教学载体的运用做出具体要求：教师在每周五之前把下周单元自主学习指导纲要设计完成。每周一由各小组长下发，小组长要对组员的使用情况做出评价。周五各小组长收齐交给课代表，课代表交给任课老师，任课老师点评后装订成册，并作为常规材料上交。

"课堂自主学习指导纲要"的数量与课时数相符，须当堂运用，决不准提前或拖后下发。另外，我们还对于纲要的印刷作了要求。由各年级主任把关，对于不合格的一律不予印刷。

要想落实好备课制度，检查评价机制必须跟得上，这是监督老师进行有效备课的"指挥棒"。在教师常规检查评比方案中，我们把三大教学载体作为检查的重要内容，所占比例提高到常规成绩的60％，并对三大教学载体从质量到数量上都提出了详细的要求，对于不符合设计要求的一票否决。

教导处采取周查、月查相结合的方式。周查时，教师每周五下午第二节课将常规材料交到相应的项目负责人处。无故不提供者在考核常规分中扣0.1分/次。检查人员按时检查，认真填写周查表，为任课教师指明优缺点。周查表一式两份，一份放在教师常规材料内，一份上交教导处。且要在各任课教师的常规材料上标明检查当天的日期。月查时，教师要将当月的常规材料交到教导处，教导处组织专人进行打分，并当天进行公布。通过一系列措施的实施，大部分老师能够按照学校的要求去设计和运用教学载体。

（三）改革推进中课堂凸显的问题

经过近三年的探索，我们摸索总结出了一点经验。教师们积极学习和实践先进的教育理念和教学方法，理念和授课方式确实发生了一定的转变，更有相当数量的教师开始注重提升自身专业素质，提高课堂教学效率，但我们也清楚地看到课堂改革推进中存在的严重问题。

1. 教师不注重加强学生能力的培养。教师激情盎然，而学生却声音很低，吐字不清，不敢主动回答问题。教师的反馈检查不能及时到位，不能深入到学生间，不能真正把握好学情。

2. 课堂效率还不高。一堂好课的标准是学生学到了多少知识，而不是场面有多热闹。现在各地都提倡实行小组教学，教师注重把机会留给学生，让学生去讲解。但一节课整堂让学生讲解就是发挥了学生的主体作用吗？教师应充分发挥教师的主导作用，学生必须是在教师指导下操练，而不是进行放羊式训练。

3. 教师的备课还有待细化，课堂教学设计要符合学生的思维规律。一节好课应该是一个整体，有开端、发展、高潮、结局，且需要首尾呼应。一节课"想让学生学什么，学生怎样学，学生学得怎么样"是关键，所以不能仅看学生的展示、活跃的场面，更重要的是要看是否有思维的生成，学生知识掌握得如何？教师是怎样让学生掌握的？教师是如何检测学生的达标程度的？教师对学生是如何评价的？

4. 高效的课堂要去掉虚伪的东西，多媒体的运用要精、要有用，可以研究无多媒体的原生态课堂。对学生的评价不用多但要及时到位。时刻关注课堂的变化，及时调整教学策略。教师应自然地控制课堂而不是教条化地上课。有的教师在上课过程中出现了突发情况，便手忙脚乱不知所措。

5. 在教学过程中，教师应真正起到主导作用，要设计贴近学生生活实际的教学活动，调动学生的积极性，让学生置身活动体验中学习知识、提高能力，而不是单纯地听课。在教学过程中要加强对教材的解读，注重授课内容与课内外知识的链接，源于教材而不拘泥于教材。

6. 教师要及时地对学生进行过程评价，关注每一个学生。三维目标应融入教学活动中，而不是独立地展现。教师应注重旧知识和课外知识与当堂课的链接来增大课容量，拓宽学生的视野，达到用教材教，而不是教教材的效果。

7.教师的基本素质要提高，课堂用语、评价语言要规范。教师平时要注重自身素质的提升。俗话说得好，"台上一分钟，台下十年功"。所以每一位老师都应把功夫下到平时，加强学生学习方法的指导，把自己的课堂当作实践的基地。日积月累，才能厚积薄发。

针对出现的问题，我们及时召开了课堂教学改革共同体会议，研究解决的办法，还专门邀请县教研室的各科教研员深入我校课堂，为我们"把脉诊断"。县教研员在我校一待就是三周，把所有老师的课都听了一遍，听完课后集体评课。通过"诊断"，大家一致认为课堂低效是教师对三大教学原则理解不透，五大环节运用不熟所致。

为了能够使每一名教师都能理解和运用我校的教学模式，我们开展了"三课活动"：一是各学科组推选两名课改实验教师讲"下水课"；二是由各学科组选出一名课改优秀教师上"示范课"，教导处组织教师进行观摩；三是组织全校教师上"达标课"。活动过程中，教导处制定了"零"作业课堂评价标准，从教学载体的设计运用到小组教学的运用评价都做了详细的要求，对于不按学校要求做的一票否决，要进行二次达标。

"零"作业下课堂教学评估标准

(2011年9月修订)

评课日期　　　　班级　　　　执教教师　　　　　　　　总得分

对象	内容	分值	评价要点及要求	计分办法及评价等级	得分
学生表现和教师表现	目标定向	10	学生通过预习交流，初步认定学习目标，并对自己找出的重点、难点问题进行探究，不断生成新的学习目标。教师创设问题情境，导入课题，引导学生认定目标。	根据听课观察的实际情况分为三个等级 A：8～10分；B：5～7分；C：0～5分。	
	学生先学	20	学生依据自主学习模板独立学习，形成本节课的知识结构、对重难点要有初步了解，将有疑问的问题做出标注，为合作讨论做准备。教师要求学生在限定的时间内根据学习目标进行自主学习。教师可采用多媒体，口述等形式进行指导。	根据听课观察的实际情况分为四个等级 A：16～20分；B：10～15分；C：6～9分；D：5分以下。	

续表

对象	内容	分值	评价要点及要求	计分办法及评价等级	得分
学生表现和教师表现	合作探究	20	学生在自主学习的基础上,进行小组交流,实现小组内的互助,解决自主学习中遇到的困难,并进一步找出疑难问题或有价值的问题,为在班内进行交流做准备。教师必须深入钻研课程标准、教材,研究学生,确定讨论话题,并有观察和调控课堂的能力。	根据听课观察的实际情况分为四个等级 A:16～20 分;B:10～15分;C:6～9 分;D:5分以下。	
	点拨拓展	30	此环节是全体学生"二次学习"的过程,不是单纯的展示。学生可到黑板前讲解,也可在各小组间分析、畅谈心得:思路、步骤、体会。学生参与的面要广,中差生都要有机会,学生可以点评也可以反问、追问、深层次探究问题。学生展现自我、享受快乐、体验成功。教师要有效地发挥支架作用,在学生活动过程中及时给予反馈矫正、启发、点拨、强化等。	根据听课观察的实际情况分为四个等级 A:24～30 分;B:18～23分;C:12～17 分;D:12分以下。	
	反馈评价	20	学生对出错的问题进行自我矫正或互助矫正,做到当堂达标。教师要及时地对各小组及其成员做好评价,营造浓厚的小组互助学习氛围,构建自主、合作、探究和有效的课堂。	根据听课观察的实际情况分为四个等级 A:16～20 分;B:10～15分;C:6～9 分;D:5分以下。	

　　通过活动的开展,全校任课教师基本能够按照要求进行操作。随着改革向"深水区"迈进,新的问题又出现了,那就是我们的学生表现比较差。通过进一步调研,我们发现:尽管我们各年级都不同程度地开展了小组建设活动,但我们在小组的建立、过程的调控方面,尤其是评价方面还有很多事情需要做。我们只是做到了把学生分成小组,课上利用小组讨论这些表面的东西,没有对小组长包括组员进行科学的培训和指导,更缺乏对各小组的系统管理和多元评价。另外,老师在小组的建设和指导上做的工作不够好。学习型组织建设的薄弱是导致我校学生课堂表现较差的最直接也是最关键的原因。

　　针对学习型组织建设薄弱的问题,教导处实施了"全员导师制"。教导处要求各年级为每个小组配备一名导师,对学生进行思想引导、学业辅导、

117

心理疏导、生活指导等全方位的教育服务，帮助学生实现真正的自主管理。学校的各种活动与评价，都以合作小组为基本单位实施。以下是对导师工作的要求：

1. 各年级组在导师确定以后，导师必须负责该生至本学年结束，中途除特殊情况外一般不得变更，若变更须经年级组批准。

2. 指导对象确定后，导师必须了解学生的学习目标、学习情况、兴趣爱好、特长、学习基础、家庭背景等情况，在德、智、体等各方面全面关心学生，促进学生全面发展，成为学生成才道路上的良师益友。

3. 建立学生成长档案，指导学生填写成长档案，记录学生成长轨迹。凡涉及学生教育的问题，班主任和导师共同参与，共同完成，导师应与班主任和其他科任教师及时交流信息、工作经验。

4. 建立家长联络制度，定期与家长联系，与班主任共同家访。每月至少一次电话联系。导师在与家长联系的过程中，要严守师德规范，维护教师和学校形象。

5. 建立谈心辅导制度。定期与学生交流，每两周至少与结对学生谈心一次，对有过错的学生要进行耐心细致的教育；对取得进步的学生，导师要提请班主任和学校进行表扬。

6. 指导、帮助学生制订并实施新学期适合于自身特点、能力、素质和成长目标的学习计划，推荐或指导学生的课外阅读。严禁导师仅就所任科目对学生进行辅导的片面做法。

7. 建立汇报制度。每学期教师就所指导学生的基本情况向学校写一份汇报材料，说明该生取得的主要成绩和存在的主要问题。

8. 建立个案分析档案。对特殊学生、特殊家庭进行重点分析（单亲、重组的更要作为重点）。

另外一个让人头痛的事就是师资问题。要想搞教学改革必须要有一支过硬的师资队伍，而我校的实际师资水平排在县后三名。老师们最多就能参加县级范围内的交流活动，连参加县里的比赛一般也只是得三等奖。为了帮助教师尽快实现专业成长，我们实施了"人才计划"。

1. 我们派教师外出学习。两年来，我校教师先后到东北、北京、济南、滨州、烟台、临沂、潍坊、聊城等地参观学习，学习人次是全县最多的。

2. 我们邀请专家进行引领。苏静老师、王立华老师、孙明霞老师等省内名师先后多次来我校作报告。东北师大王淑文老师、著名教育记者陶继新老师、山东省教科所张斌博士、北京师范大学肖川教授等专家学者也先后莅临我校。东营市教科院的领导、老师也专程到我校进行课堂教学的指导。

3. 我们在学校内创新教研方式，大力提倡读书学习，开展了评选"书香教师"、创新教师评选、博客评课、"百家讲坛"、举办课改排头兵教师教学思想研讨会等一系列活动，极大地调动了教师专业成长的积极性。

（四）及时了解改革效果，不断调整工作思路

为了及时了解改革的效果，调整思路，我们不断地召开教学改革研讨会，让老师们说出困惑和问题，然后集思广益，想出好的解决办法。利用问卷调查的方式了解学生和社会的意见，然后做出分析。例如：

我校于 2012 年 4 月 9 日中午进行了学生负担情况的问卷调查及学生座谈会。

此次调查活动对我校 6 至 9 年级学生共发放调查问卷 450 张，回收 450 张，回收率 100％。现对这 450 张问卷分析如下：

1. "老师通常是怎样让我们完成'课堂自主学习指导纲要'的？"有 85％的学生选择"在课堂上有足够的时间完成"，15％的学生选择"大部分作业课堂上完成"，选择"老师在课下还布置书面作业或者隐性作业"的为 0。说明我校"零"作业改革落到了实处，且已有一大部分老师的这种意识已经扎根于心，做得非常扎实。学生反映实行"零"作业改革以来，教师的教学方式发生了根本性转变，课堂气氛也比以前活跃了。

2. "你班老师对学生有无体罚或变相体罚现象？"10％的学生选择了"有时有训斥、罚抄现象"，88％的学生选择"从来没有"，选择"有体罚现象"的为 2％。"你对本班任课老师的工作态度是否满意？"75％的学生选择"满意"，20％的学生选择了"较为满意"，只有 5％的学生选择了"不满意"。说明我校任课老师绝大部分做到了爱岗、敬业，转变了教育观念，把学生的身心健康、人格尊严放在了第一位。根据之后的座谈，老师的课堂

作业多数都能在课堂上完成，并且做到不拖堂。

3．"'零'作业改革以来，你在学校的心情"，有86％的学生选择了"良好"，11％的学生选择了"较好"，3％的学生选择了"一般"。从这一问卷中似乎可以认为，"零"作业改革以来，学生心情得到了放松，对学习充满了信心。在"'零'作业改革以来，学校教育教学质量"一栏中，绝大多数学生选择了"良好"。可见，改革给学生带来的影响是积极的，或许学生对当前学校的教学质量不甚了解，但从他们的选择中看得出学生对学校的前景充满了信心。至于音、体、美等课程的开设上全体同学都选择了"每节课都上"。

4．"对于'课堂自主学习指导纲要'的批阅"，有100％的学生选择"全批全改"。从问卷中可以反映出我校老师在课堂作业批改上是真正做到了亲力亲为，只要是自己布置的课堂作业，都做到了检查落实到位。

最后，参与问卷调查的450位学生向老师们提出了以下意见：

1．我希望老师继续保持现有正常的教学心态，保持现有良好的育人环境，坚持不布置任何形式的课下作业，坚持让学生自主学习的原则。

2．学校文体、实践等活动要全面开展，使学生得到身心放松。后勤服务要有保障，改善伙食待遇，听取学生中肯的建议，今后学校要在办学条件上更进一步。

3．希望老师上课幽默点，那样课堂气氛就会活跃点。课外活动多布置些带有实践性探究性的课题，不要让学生随便抄抄写写。

4．希望老师在学校里也要给予学生看课外书的时间，不要老是说在家里要多看课外书，在学校里却没有看课外书的时间。应开放学校图书室、阅览室，给学生阅读的天地。

2012年5月10日我校向学生家长发出了调查问卷350份，收回289份，回收率为90％以上。本次的家长问卷调查覆盖面广，基本涵盖了学校各个层面的学生家长，采用无记名方式，调查结果具有全面性、真实性和权威性，是对我校教育教学工作的综合评价，能充分反映出我校师德师风、家校联系、课程改革、教育教学等工作的真实状况。现就收到的问卷情况分析如下：

1．"您对我校有关学生'零'作业改革的相关措施是否了解？主要通过何种渠道了解?"

在被问及的"我校有关学生'零'作业改革的相关措施是否了解?"时,有87.8%的学生家长表示"了解",他们主要是通过媒体报道、学生回家介绍、他人转述等渠道得知,并且有79.5%的家长表示"支持和配合"。有12%的家长表示"不知道或不甚了解",这些家长一般为深处农村,信息比较闭塞的农民。只有0.2%的家长表示"反对",因为他们还是抱有传统的教育观念,担心孩子在家没有家庭作业会造成学习成绩的下降。

2."您认为推行'零'作业改革是否会影响学生的学习成绩,您持何种态度?"

在被问及"推行'零'作业改革是否会影响学生的学习成绩"时,有84.1%的家长表示"不会影响太大",他们觉得不布置课下作业并不等于对学生放纵,通过一段时间的实践发现,学生课下负担减轻了,他们的学习成绩并没有下降,相反,有了自主学习、自由发挥的时间,他们的知识和能力反而提高了许多。12%的家长觉得"无所谓",这部分家长的子女都是一直以来学习自觉性比较高的。只有3.9%的家长表示"反对",其原因是这部分学生自我约束力太差,在没有作业压力的情况下,他们过于放纵,学习成绩严重下降。对于这部分学生,学校将专门拿出方案对他们进行学习指导。

3. 是否有体罚或变相体罚行为

在被问及"老师对您孩子是否有体罚或变相体罚的行为"时,有98%的家长表示"没有",2%的家长说"偶尔有",没有家长说"常有的"。可以看出绝大多数的教师有着良好的职业道德,没有对学生进行体罚或变相体罚,但还是可以看出少部分教师对待学生的方式方法仍存在问题。希望我们的每一位教师都能自觉地遵守规定,对部分后进生要多一些爱心、关心、耐心和细心,不应采取简单、粗暴的方法。根据学生问卷调查情况来看,部分教师对孩子的变相体罚主要是"罚站""罚抄""罚扫地"等,今后应加以改正。同时学校将加大师德师风教育的力度,对违反规定的教师实行公开批评,并在教师年度考核中扣分,坚决杜绝有违师德的现象的发生。

4. 对学校举办的各项活动的满意度

在被问及"您对学生的课外活动是否满意?"时,选择"非常满意"的家长占 44.1%;认为"满意"和"基本满"的占 54.3%;有 1.6% 的家长选择"不满意"。从调查数据来看,家长对我们学校开展的德育活动、大课间活动、社团活动以及社会实践活动等还是比较满意的,但 1.6% 的家长选择"不满意",看来今后我们举行的活动应该更贴近学生的实际,争取让他们更加喜欢。

5. 对学校在社会中的总体评价

在被问及"您认为学校在社会中的总体评价如何?"时,认为"好"的家长占 94.4%,认为"一般"的占 5.6%,没有家长选择"差"。因此可以看出绝大多数家长对学校的总体评价是好的,也说明学校在家长心目中是可信赖的。让孩子进好的学校,接受优良的教育是家长的愿望,这也是对我们提出的更高的要求。同时我们也可以看出学校最近的一系列改革得到了大多数家长的肯定。我们要不辜负家长对我们的期望,继续做好"为学生服务、为家长服务、为社会服务"的工作,要严格要求自己,为人师表,做一个孩子喜欢、家长满意、社会放心的人民教师。

6. 对于学生课业负担、双休日活动的调查

大多数学生家长认识到,自从"零"作业改革以来,学生的课下作业全部被取消了,学生不再做重复性、机械性的作业,同时,老师增加了具有指导性、实践性、探究性的训练,并且本着学生自愿选择的原则去做。家长认为,这样的训练方式贴近实际,可以增加能力,值得去做。至于双休日、节假日的活动,家长认为,还是以学生自主互助学习为主,在学习之余,要增加一些社会实践活动,帮助家庭做一些力所能及的事情,一来为家庭减轻了负担,二来也是对孩子进行感恩、体验的教育。同时,有条件的家长也可带领孩子到外边走走,放松心情,增进相互间的交流。总之,家长对学校的改革给予了很高的评价。

7. 对于在 2013 年,家长对孩子的期待方面

大多数家长都希望孩子不但在学习方面取得成绩,还要在身体素质和个人能力方面有所提高。比如,培养孩子的观察力、自制力、创造力等方面。他们还希望学校加强对孩子的情感、责任心、爱心等心理方面的教育

和培养。可见，现在的家长在对教育的认识方面有了很大的提高，他们明白单纯的知识灌输是有缺陷的。另外，部分学生家长对于孩子的未来表示担忧，一是目前孩子学习自制力比较差，学习成绩徘徊不前，二是担心孩子即使考上了高中甚至大学仍然没有前途。有少数家长还要求学校加大管理力度，增加作业量，仍抱有"严师出高徒"的传统教育思想。

　　总的来说，通过这次全校性的问卷调查，我们摸清了"家底"，让我们很客观地看到了自己工作上的成绩和不足，同时也为今后的工作指明了努力的方向。有惭愧的方面，惭愧有不少工作没做好；也有欣慰的方面，欣慰家长给予的认可和鼓励。随着社会的不断进步，人类的追求也越来越高，特别是对教育方面的要求更会不断提高。这对我们教师来说，无疑是越来越大的压力，越来越多的挑战。但只要我们牢记"一切为了学生发展"的宗旨，以人为本，兢兢业业，办孩子喜欢的学校，做孩子喜爱的老师，"满意"就会永远在我们身边。

"零"作业，解放教师职业生命兴趣

长期以来，中小学老师大多不在如何提高课堂质量上下功夫，而是在劳心劳力的作业布置上争抢不休；不在大有学问的教学研究上下功夫，却在如何利用作业控制学生的"小聪明"中大动脑筋；不在追求高远的专业发展上下功夫，却在无休无止的作业批改中空耗生命。我曾经反问我的同事，你们工作一辈子，到底忙了些什么，有什么可以值得留存的东西吗？其实，要想成为一名优秀的教师，最重要的就是确保自己永远在学习、成长。教师自己不成长的课堂是乏味的课堂，教师自己不成长的教育是可怕的教育，教师自己不成长的生活是不幸的生活！

我刚到北宋一中时，曾与教师进行过一次关于专业成长的对话。

"谁的成绩好，谁就是好老师。成绩好了，评先树优都优先，说真的，与其坐下来看看书，还不如多研究研究考试题好些。

"我也想整理自己的教育思想，可整理出来有什么用呢？想发表吧，处处要钱。我想好了，等晋级用论文的时候，就花钱买一篇。"

……

教师们的这些"真心话"让我陷入了沉思。我在一篇随笔中这样写道：

长期以来，一线教师通常认为自己处于知识生产和消费的流水线的末端，知识由专家来生产，教师的任务只是消费知识而已。很多教师只是期待专家的提炼精点、编辑的宣传美点、领导的包装细点……当前的基础教育，是一群不想读书学习、不追求个人成长、不讲究思想生成的教师群体，"忽悠"正在成长、渴求知识、向往未来的生命。这样的教育是没有灵魂的教育。现实中教师的专业发展多只注重利益（名与利）的驱动，忽略了生命的意义和心灵的引领，不能抓住教师发展的命脉。

我还发现一种现象，有不少学校每年都会花费大量财力和人力，去名校学习，请专家提炼，但是多年下来，学校教育的"底色"变化不大。长期以来，中小学老师大多不在如何提高课堂质量上下功夫，而是在劳心劳力的作业布置上争抢不休；不在大有学问的教学研究上下功夫，却在如何利用作业控制学生的"小聪明"中大动脑筋；不在追求高远的专业发展上下功夫，却在无休无止的作业批改中空耗生命。我曾经反问我的同事，你们工作一辈子，到底忙了些什么，有什么可以值得留存的东西吗？其实，要想成为一名优秀的教师，最重要的就是确保自己永远在学习、成长。教师自己不成长的课堂是乏味的课堂，教师自己不成长的教育是可怕的教育，教师自己不成长的生活是不幸的生活！

教学改革启动后，教师的专业发展便成为改革实践的必然呼唤和诉求。"零"作业下的教学改革截断了教学的传统路径。学校管理、课堂教学、师生生活等一系列学校文化元素都面临着一个全新的挑战。教师必须改变过去的心灵景象与行为方式以适应一个全新的教育环境。因此我把"唤醒教师自主成长之梦，走基于'解放教师职业生命兴趣'的发展之路"当成了自己的使命。校长价值＝教师发展＋学生成长，这是我作为一个校长的价值计算公式。

河南《教育时报》学校新文化研究室评价认为："实施五年的'零'作业教改不仅彻底埋葬了题海战术，斩断了主要以靠拼时间为标志的应试教育的命脉，而且让教师的劳动超越了异化走向了审美，破解了中小学教师劳动异化这一长期困扰基础教育科学发展的难题，从根本意义上解放了教师，重塑了学校教育生产关系，解放了教育生产力。李志欣推行的'零'作业教改，其目的是为了截断教学的传统路径，重建教师职业的常规生活，努力还原教师职业的专业自主性，做真正的教育——追求回归教育本真的全人教育。"

基于上述分析，可以得出这样的结论：教师的专业发展并不单纯是教师从事教学与研究等活动，而是具有"解放"的旨趣；教师发展的价值定位在关注教师的"教育自我"，迎接生命意义的解放。这不仅有利于解决学校和课堂中的实际问题和困惑，提高教师的专业水平，而且还使教师的工作具有生命力和职业尊严感。

"解放教师职业生命兴趣"的核心是自我反思。反思自我是对自我及所处环境有更充分的理性认识，其目的是要"解放"自我，是人的"解放"与自由，是人的高度自觉阶段。

我提出"解放"教师，当然更主要是考虑教育的终极目标和教师专业的长远发展，"解放"教师的关键是增强教师的专业自主权，有权做出自主的职业判断，而不是盲目顺从"外行"的行政领导，或者受社会舆论的左右。"解放"教师的最终目的是"解放"学生。教学中教师可以尽可能地发展学生的个性，使学生通过教育激发潜能，完善个性，具有独立的人格和独行的能力，实现教师和学生的共同成长与发展。

为此，"零"作业改革背景下的教师专业发展，应是以"解放兴趣"为根本宗旨，以"学校创设平台，专家引领指导，个人主动发展，团队共同提高"为原则的。

第一节 领导学习，做教师职业生命重建的引领者

一、学校领导就是对学习的领导

苏霍姆林斯基说："学校的领导，首先是教育思想的领导，而后才是行政领导。"对于学校的领导者，教育思想的影响力应该永远超过行政职务的影响力。在此我首先澄清一个观点，学校的领导者不仅是校长一人，学校所有教职员工都可能是学校的领导者，每个人都应该负责一个具体的研究项目，率领一个学习型团队。人人皆是领导者的校园，将会出现代替校长的领导现象，出现谁有思想谁就是某一方面领袖的理想局面。

思想从哪里来？思想者从哪里来？不可能空穴来风，无中生有。我曾经多次与老师们交流，过去的教师大学毕业后，所学的知识可能一生都不落后，因此，学生和社会上的人都很敬畏教师。但如今，在知识更新迅猛，信息获取快捷，文化变迁多元的时代，一旦离开大学校门，我们所学的知识就会马上落伍，不再适合学生、社会和自己专业发展的需要，如果我们的知识不能得到及时更新与丰富，我们僵化的思想就很难满足学生灵动丰富的思维，我们所表达的话语和推动的行为就不会令学生折服。

因此，我们必须彻底摈弃在学校学生是天经地义的学习者，教师的职责仅是帮助学生学习的陈旧观点。学生、教师，甚至家长都应该是天生的学习者，没有学习就没有思想，缺乏思想就不能创新，学校的一切管理都要围绕学习这个中心而进行，领导学生、教师和家长进入知识的殿堂。学生有兴趣学习了，教师因学习更会教学了，家长在不断地学习中提升教育孩子的艺术，这才是良性的教育生态环境，是一所学校的真正核心目标与价值追求。

沉寂教育界多年，我总是听到这样的老话，教师素质偏差是制约学校发展和教育变革的主要因素。从 2001 年开始的新课程改革，无论其成果如

何，很多人把问题都归因到一线教师的素质问题上，怀疑为什么专家的思想、理念和方法不容易化为一线教师有效的实际行动。其实大家都忽视了这样两件事情，一是在应试教育背景下，学校和教师的评价机制没有得到相应的转变，应试教育的思想与新课程理念产生冲突，教师在依、违之间进行教育。二是学校仍然遵循科层式管理框架，这种带有官本位印迹的管理机制不适应新课程改革的需要，理念一级级传达，但执行力却逐级减弱，真正研究和践行实际操作层面的改革容易被忽略。

也就是说，学校领导只从教师这一条线上做文章，忽略了制度、机制的改革与专业研究的学习，甚至校长自身的思想与行动也不适应领导学校学习的需要。在与一些校长和教师的交谈中，发现他们都普遍有读书学习、改革创新的需要和愿望，但总是苦于没有时间学习，没有钱买书，没有专家引领而难以实现。教师们普遍感觉到在变革和新理念面前，自己反而不知怎么做好了，甚至出现了生活失调现象，对新环境难以适应。由国家主导、专家引领的自上而下的课程改革却面对一些缺乏主动学习精神和学习能力较差的教师队伍，面对学校僵化的管理机制和没有学习领导意识的学校环境，这才是制约课程改革发展最为关键的问题。

可见，在教育变革特别是新课程改革中，构建学习型学校的重要性日益突出。伴随最新修订的课程标准的发行与实施，要确立新的学校观和管理观，变学校科层式行政化管理为学习领导式扁平化管理。在新课程和学校发展之间建立积极有效的联系，改革创新学校的管理制度和运行机制，通过领导学习引领教师专业发展，推动学校自下而上地自觉变革势在必行。

北宋一中师资水平和学校物质环境相对落后，但是自从实施"零"作业改革以来，学校努力践行"学校的职责就是领导学习""让教师学习领导变革"的理念，而且不仅仅停留在新课程理念的学习上，还在探索学校制度机制变革、构建教师学习型组织和研究实践新课程理念下的实际操作行动中，走出了一片新天地。

自 2008 年开始，我校大胆探索以"零"作业为基础的多层面教学改革实践，改革切断了过去教师教学所依赖的"题海战术"的"法宝"，创新课堂模式，提高课堂效率，成为全校师生的共识，这使新课程理念得以在实际操作中得到落实。学校打破了过去长期遵循的教师培养模式，相继构建了多种学习型组织，为教师的专业成长提供了新鲜的土壤。这些学习型组织是学校领导学习的载体，共同体成员之间互为学习领导者，使教师的学习兴趣空前高涨。

为适应学校变革与学习领导文化的需要，学校本着"先把常规工作抓牢抓实，创新工作积淀成传统，在继承传统基础上再创新"的原则，遵循"扁平化管理与团队式引领、民主管理与制度化保障、人本管理与学术型引领相结合"的管理理念，加强教育教学管理与创新，努力探索与学校教育和课程变革相应的互动管理制度与运行机制。

学校领导学习的理念影响着教师的职业生活方式，使教师不再是依附于专家和校长等人的被动执行者，而是拥有学习兴趣、掌握自主知识的终身学习者和研究者。教师职业生命实现了重塑，摆脱了平庸生活的阴影，自然促进了自身的专业成长，享受到了从事教育事业的幸福。

北宋一中践行的教育理念与实际行动，创设了一种让普通学校、普通教师的教育教学思想自然流淌的场景，是适合普通农村学校构建学习型校园的经典案例，一种与社会变迁和教育变革交相呼应的新型学校文化建设行动悄然萌发。"学校领导就是对学习的领导"将是今后学校持续科学发展的必然趋势，它是新一轮课程改革必须要走的道路。

基于以上理念，我把"零"作业改革视为一种领导学习的改革，一种守望教育理想的追求，一种追寻改革创新的精神。

现在教育领域有一种流行的思潮，变革者往往欲求美好的结果或是成果，一开始变革就期待外人的高度赞扬与奖赏，因为过度关注最后结果而忽略了其艰难的过程，甚至出现等不到一项变革开始走向美好局面时，就开始新的变革；当变革遇到挫折或失败时就匆匆放弃，重新寻求变革之路的浮躁现象。这是对变革这一概念的误解，变革的本质是一种过程，是一种需要不断持续完善的过程，它需要坚守；它需要勇敢地面对失败，因为只有失败过，才知道应该往哪里走，应该怎么走；变革的结果就像一棵百年的大树一样，需用年轮来计算。有了这种思维，我们才会把精力放到变革本身的研究上，而不是等待变革结果的光环上。

说的严肃一些，如果把变革看成是一个事件或是一种结果，它是注定要失败的，变革的发生需要时间，并且随着时间而发展。例如我在推行

"零"作业改革以来，注意做了以下事情，实际上，也是一种领导学习促进改革的策略。

一是通过多种多样的激励措施，努力让更多受到变革影响的人参与进来。刚开始推行变革时，我们邀请了市县学科专家走进每一名教师的课堂，进行观课、议课，目的是鼓励参与变革的教师能够认同这项变革，自觉尝试这项变革，如果没有教师愿意参与，变革便会自行消亡。我深知，一刀切式的推行办法最终也会埋葬变革的进程。所以我就鼓励志同道合者组建了一些学习型共同体，例如：课堂改革研究者共同体、自主成长志愿者共同体、网络学习型共同体等。这样，在一个共同体当中大家一起研究和尝试变革，分享经验与教训，实际上互相都在给予对方勇气，在轻松的氛围中推动改革的进程。还与其他兄弟学校建立了发展共同体，老师们可以采用互访的方式，展示自己的变革成果，这些教师在展示学习中获得了信心，不断优化了自己的变革策略与资源。

二是倾听相关人士对变革的理解，并解释变革的影响。积极主动地与上级教育行政领导以及各级教育业务专家介绍变革的本质与实际操作效果，赢得大家的理解与支持。邀请领导和专家深入学校和课堂，与老师互动、交流，在赢得指导的同时，也扩大了变革的影响力。积极参加各级培训部门和教育行政部门组织的教育研讨会、论坛沙龙等活动，寻找宣传变革成果的机会。主动与各教育媒体、记者和编辑联系，邀请他们走进学校采访，以便宣传和报道变革的进展；积极鼓励教师就变革故事、经验进行梳理总结，撰写文章与案例，大胆往相关报纸杂志投稿，教师自己的成果得以推介的同时，也宣传了学校的变革。

三是投入时间和财力进行专业培训，确保教师掌握执行变革所需要的正确知识和技能。学校紧紧围绕变革内容，创新校本教研方式，大力提倡教师读书，开展变革论坛、课例研究、论文比赛、专家名师报告会等活动。让老师走出学校到外地"取经"，参加各种培训和研讨会，甚至派遣变革积极分子到一些名校挂职学习。为老师寻找教育专家和名师作为导师，寻找兄弟学校的变革先进教师作为合作发展伙伴。

四是构建有利于变革的认同性文化，设定切实可行的执行目标。每年寒暑假，都举行大型会议，发表有关变革的讲话，梳理一段时间内变革的成果与经验，设定新一学期变革的执行目标，不断把变革推向新的高潮。在变革的关键性事件发生时，也会及时组织一些专题性会议，及时总结经验教训，调整思路，修正策略，努力把变革引向正确的方向。组织一些比较庄严的仪式和活动，让优秀教师上台展示自己的经验，为小有成就的老师召开教学思想探讨会，梳理这些老师在改革中的成长故事，宣传变革创新人才。不断为教师设计成功路线，在变革的道路上相互扶持，让参与变革的老师不断产生动力，尽量舒缓因变革困难和风险所带来的恐惧感。

五是运用评估程序，跟准关键性的变革事件。学校根据变革中的关键性事件（包括成功与失误的事件）和内容，制订切实可行的评估方案和运行制度，对相关的文本材料和现场活动都会进行细致严格的检查与评价，并将评估结果与教师日常考核挂钩。学校还注重组织相关人员，通过各种方式，如访谈、问卷调查、对话等，收集变革数据与信息，及时进行反馈，促进关键性事件的及时调整和高效运转。

美国凯萨尔等著的《学校有效领导 124 个行动策略》（中国轻工业出版社）一书中，描述了正在变革中的领导者的行为表现，令我身同体受。作为一名领导学习变革者，在学习变革的过程中，需要去积极吸引相关者参与变革，用系统化的思想去推动变革，设置整个组织的共同的、令人信服的愿景；需要想办法不断调节变革的紧张感，经常抽时间组织反思，收集数据，进行思维重组；需要加强自身的学习，有意识地管理自己的能力，逐步建立最少等级的组织管理结构，善于给每个级别的人授权，设定最基本的运行规则；需要定期扫描内外环境，确定内外环境的变化，不断确认保持不变的事物和改善发生变化的事物，逐步指向变革的关键事件与要素；需要为变革者提供适当的资源，重视持续的进步，设定成功的标准，认可他人的成就，提升教师工作的灵活性；需要建立工作程序，制定运行机制，不断强化落实的有效性，评估反馈变革的结果，及时做出相应的计划。

其实，上述是一所学校学习变革的发起、实施、完善与制度化的过程。这说明领导者正在关注学习变革的过程，且学校正在发生学习变革，这才是真正意义上的学习变革。因此，作为学习变革学校中的一员，应该积极理解并支持自己的领导者，自觉努力成为学习变革过程中的排头兵，因为在这种关注变革过程的学校环境里，学习变革者容易获取成功的机会，从而赢得快速的发展。

从以上的文字中，大家可以感觉到，我不欣赏通过行政手段来推动学校的学习和变革，因为我清楚，校长的学习能力不可能跟上所有老师的步伐，校长自身的学科素养与知识储备也不可能会指导所有学科教师的深度变革。

我一直觉得，改革不应是在外力控制下的行动，甚至可以说不应是校长一人思想下的改革。因为每一位教师都有其特别的地方。学校统一模式下的课堂教学改革，其效果肯定是因人而异的，也许某些教师能够把握好这一模式，并让学生在这种模式下更好地学习，但其他教师呢？

有的课堂，学生被请上了讲台，而教师走下讲台后则基本不说话，完全由学生主持，甚至有的课堂，教师连教室都不进了，学生变成了老师。这样，课堂是"还给"了学生，但教师的作用该怎么发挥，又成了一个新问题。教师的"不讲"是大有学问的，它需要教师"暗中"去影响学生，需要教师人格的熏染、智慧的启迪、情感的触动和方法的点拨。同时，课堂不能只有学生的"动"，还要有学生"静悄悄的思考"。

学生在课堂上展示、表现，虽然可以培养合作、交流、表达等能力，但也可能带来这样的问题：为了一时的展示，学生会把精力过多地投入到展示内容的准备上；出于"展示"的需要，学生往往追求正确的答案和精彩的表现，这样难免有意无意地回避了问题的出现，影响思维的深化。

我们的课堂改革，由过去的依赖教师，变成现在的迷信学生。转变学生的学习方式，大方向是没有错的，但要避免走极端。统一的课堂教学模式，肯定是有问题的。我们所应该做的，是努力探索适合每个人的教育，在发现每个人的潜力、促进每个人发展的前提下，来改革教学方式。因材施教、因类指导的传统，千万不要丢掉。在这种思想指引下的"自主、合作、探究"，才是最适合的教学方式。

我认为，学校内部的改革，尤其是课堂教学的改革，应该从管理驱动走向研究驱动。教师有兴趣去研究和思考课堂了，就会主动地去改变自己的课堂。作为校长，应该做的，就是构建一个引导、促进教师自主研究、参与研究的平台，通过领导学习，迅速捕捉教师的创造性经验，并进行整合、提炼和推广，在可能的情况下，把它变成学校的改革项目，支持一部分适合这一项目的教师一起尝试。这样，学校有多少类似的项目，就会有多少的成效和创造。教师推动的改革，才是最有效的改革；教师学习中的改革，才是最有生命力的改革。

二、破解教师职业生命的密码

上文我提到过，每个教师都是独立的个体，他们每个人的存在都有其特殊的价值，有自己的智慧和鲜活的灵魂，但是，在现实的教育环境中，教师缺乏自由发言的机会，他们的话语得不到应有的尊敬。也就是说，他们的知识和智慧很难顺畅地进入学术领域，更难被挖掘、被表达、被系统化、被传承和发展。我们所传承和发展的只是一些所谓的专家的话语和知识。我认为，这是教育的失误与发展的空白，这样的教育不是成熟的教育，是没有思想的教育。这样的学校不会去领导学习，锐意改革创新，只会复制他人的思想和被动地接受上级各类的文件命令。

不少学校、不少教育者热衷于四处"朝拜"，让创新的理念"撩拨"得欲火焚身。过去的优良传统被放弃，新的传统不能被积淀。浮躁的行动打破了教育本来应该淡泊、宁静的心态，人们把教育的指针指向了分数、升学，致使教育变得简单、功利。学校来不及反思研究，来不及培养有素养、有思想的教师，只要能让学生考出高分即可。

学生接受了九年义务教育，再加上三年的高中生活，十二年的时间做了十二年的题，何其悲也？在许多学校，学生在一年的时间里只是与课本、教参为伴，没有任何机会再读其他书籍；学生每天坐在教室里，没有机会接触社会与生活，课外兴趣全被剥夺……这是多么严重的生命浪费啊！今天的教育可以说是拉动人差异的教育，今后的国际竞争说到底是质量的竞争，是创造力、文化的竞争。

教育到底向何处走？我们的教育到底要为孩子做什么？教育为什么出问题？学校、教师和家长准备陪孩子走多远？这一系列的追问意味着责任，意味着担当。教育需要加大投入，需要全社会来支持，需要专家型领导的引领，需要学习型教师的探索与实践。

在此，我只想对教师说一句话："今天应该怎样做一名合格的教师？"我认为，学校一定要创造机会让老师的智慧能够生成思想，并在思想的关照下形成自己的教育理念；追求人文修养，掌握学科思想，唤醒学习兴趣；有清晰的职业规划，有科学的教学流程与策略，有个性化的教学智慧；热爱生活，心灵自由。可以说，这样的教师不仅是敬业、勤奋、奉献的人，而且是守住灵魂的人，是自我解放的人。这样的人，思想有多远，他的行动就会有多远。

唯有这样的教师，才能真正地做到言传身教；才能把整套教材打通，一节课顶三节课的价值；才能为了讲一篇课文，阅读大量的相关文章，为学生提供大量的背景知识，让学生走进并研究那些具有智慧的大师，写下研究性的文章；才能设计很多方法，融会各学科的思想，训练学生质疑、批判的思维与精神；才能让知识与生活密切联系，帮助学生跳出课本，跳出权威，走进社会，走向大自然，进行体验、探索、创新、研究；才能以育人为本，尊重所有的生命，让他们都能有尊严地成长、成功；才能使学生在离开他和家长的"看管"后仍然保持浓郁的学习欲望，并养成终身学习的习惯；才能痴迷于教育，坚守教育阵地，为了自己的兴趣、使命而奋斗一生……

智慧的本质在于正确的行动，正确的行动需要反复的实践，实践则需要正确的观念与思想。课堂上，教师的智慧在于把思维的障碍点变成思维的生长点，把生长点演化成学生的能力和方法。优秀的教师都有独特的个性，他们会从教育价值观看教学，而不从学科看教学。他们会让学生走在学习的前边，让学生永远保持学习的兴趣。一个教师要经常沉静下来思考，教师背后的修养、人文情怀和心灵感悟才是最本质的"矿藏"。教学的情境把思维推向极致，推向两难，让你不得不抉择，这才是真正的教学，是站立着的教师灵魂。

学习、工作自得其乐的人才会成功。团结更多的人，一起来研究问题，智慧就能得到生成，思想就能得到交换。只要智慧流动起来，思想就能稳定。教师的任务在于穿越时空，在于继承传统。教师的命运是与时代联系在一起的。

人不是输在起跑线上，而是输在终点线上。走得远的都是有大道德的，我们要尊重每个人的话语权，做到博爱与博学，防止权力主义和经验主义影响教师的思维与行动，让教师丧失自我。我们的教师一定要守住自己的灵魂，做灵魂的守望者。这样，教育会因此而美妙无比。

其实，上面所述就是中国教育学会副会长陶西平先生在其文章《研究特级教师成长规律的独特价值》中阐述的"教师的专业情意"的内涵。陶西平先生说："教师的专业情意是教师对教育事业的情感态度与价值观的融合，是教师职业道德的集中体现，也是教师专业持续发展的根本动力。"陶西平先生的这句话，破解了我心中长期封锁的职业生命密码。

多数教师对"教师的专业情意"不会有太多的注意和充分的理解。作为一名工作多年的教育者，他们只是积累了一些经验，但这些经验只是停留在片段式、缄默化、封闭性的层面上。作为教师，应该有自己独特的教育理念和教学思想，要善于发现和吸纳他人的教育智慧，这样，就会有许多奇妙的感受与收获。教师专业成长的真实情境应该是"静下心来教书，潜下心来育人""教师是一种追求、一种奉献、一种责任、一种坚守""精神关怀与民主尊重是教师课堂教学的核心内容"等这些教育价值观和道德情感。

我还认为，要想成为一名优秀的教师，不能只围绕教材转，也不能只是学习些教育理论，更重要的应该是提高自身的素养，养成教育家的气质。华东师范大学陈玉坤教授认为："教育家的成长途径有三条：敏于教育发展的盲点，善于把握社会需要与自身优势的结合点，勇于探索教育的难点。"当然，这些要求对一名普通的教师来说，是一辈子都应追求的理想，很难实现，但是，只要心中有目标，终有一日能梦圆。

教师必须要搞一些研究。苏霍姆林斯基说，一名教师若能热心于本门科学正在探讨的问题，并具备进行独立研究的能力，则可成为学校的骄傲。一个成功的试验既是教师自觉成长的前提，也是教师成长的具体体现。

也就是说，学校管理者要善于营造相应的环境，通过教师的专业自觉来提升其精神生活质量。教师专业自觉的过程就是自主发展的过程，也是改善教师生存状况的最佳途径。这样，教师才能够创造出令学生终生难忘的学习场景，让学生体验到思考的艰辛与愉悦，点燃学生探索大自然奥秘的冲动，领悟到人生的真谛。

我曾经不断与我们的老师交流，在教学中，是否考虑过自己的教学研究重点是什么？是否有自己的教学主张？我们的教学研究方向和专业发展目标是什么？

《学记》里把"独学而无友，则孤陋而寡闻"视为"教之所由废"，甚至将"论学取友"视为修业的"小成"。看来，与何人为友，谈论些什么，会决定人生的价值与精神取向。

德国教育家第斯多惠曾在《德国教师培养指南》中专门探讨了"教师和同事之间的关系"。他提出，教师要团结互助、互通有无、取长补短，经常交流教学经验，从而提高教学水平。他认为，青年教师应该每星期抽出一个晚上的时间约请几个知心朋友欢聚一堂：研究基础知识，按顺序探讨，最好根据一个教师的教学笔记进行研究，交流经验，尤其是一些细节……每月用一天的时间或半天的时间参加教师联合会活动，参加所有小组的活动。在团队学习的浸润与影响下，个人成长才会有丰厚的土壤与更适宜的气候。

这样的组织，这样的生活，我们参加了吗？我们感兴趣吗？

在一个教师的精神财富里，专业知识可能并不全面，但他对儿童一定要有强烈地发自内心的热爱和尊重，在某一教学领域要有自己独特的理论体系与创新精神，要有学习的习惯和研究的兴趣。我真诚希望一线教师要明确自己的教学方向，珍惜自己的教学价值与实践成果，并要学会积累和提炼，坚定地走自己的路，不再过多地依赖他人、听命于他人。如此，未来的教育家可能就是这些一线教师，诞生在课堂里、教室里、学校里。

三、校长引领教师学习的实践策略

中小学校长所担负的专业角色，可以由以下 3 个维度来构成：①价值领导范畴，发展远景的规划者和领导学习的营造者；②教学领导范畴，教师发展的促进者和创新人才的激励者；③组织领导范畴，内部组织管理者和外部环境协调者。

对于这 3 种专业角色，我认为，即使努力一生，也不一定能够达到令人完全满意的程度。但是，要想做好一名校长，必须时刻都要准备着，努力学习和践行这 3 个角色，力图走出自己独特的校长专业发展之路。

因此，我把校长的角色定在了担任"教师发展促进者"的职务上。其根本目的是"领导学习，做教师职业生命重建的引领者"。因为我"固执"地认为，唯有教师发展了，他们的思想和智慧得到了释放，其他的角色才能做好。

当然，引领教师专业发展也不是一件容易的事情，毕竟老师们有一种愿意过平淡无为生活的习惯，他们普遍认为，把学生教好就行了，自己还谈什么发展？到头来还不是一名普通老师？应试教育培养出的教师本身就不愿意再读书了，好不容易摆脱学习的环境，再让他们去读书学习，说实在话，的确是为难他们了。还有就是目前的各种评比和教育大背景，老师羞于谈学习，学习的结果不能马上解决自己眼前的问题。这些，都让教师专业发展之路变得崎岖泥泞。

诚然，官方的培训与活动是一种渠道，但毕竟远水解不了近渴，而且这种培训往往异化为是一种任务的完成，其学习效果的持续性和影响力保存时间很短。于是诞生了"校本研训"，来弥补官方培训的不足。"校本研训"的确对教师的专业成长有一定的作用，但是也有其弊端。例如因学校的管理组织水平、研究学习风气、专业引领力度、研训资金多少等问题，有时会使研训沦为形式，变成老师们又一种难言的负担。

当然，这两种培训里面也有很多有效的形式和方法，如"影子"培训、同课异构、思想讲坛等活动。但是这些有效的培训如果离开了教师自己的自觉与习惯，也难以转变成老师专业发展的兴趣和意志。实际上，只有教师本人把与自己发展所联系的各种培训学习当成自己的习惯和终生所爱，所有的活动才有意义。也只有如此，教师才会积极寻求专业发展的学习机会，创造条件而不是等待他人的"恩惠"。

专业发展是延续自己生命的血液，是自己幸福生活的源泉。有这样思想和行动的教师，就会自觉形成自己的发展通道。2001 年，在福建仙游县一个偏僻的山村小学里，教师林高明与几个对教育教学感兴趣的同事开始了教育名著阅读之路。2004年夏天，在一次朋友聚会聊天中，8个年轻人成立了"萤火虫读书会"。从那一年起，这一民间团队正式确立了教育阅读、教育写作、教育研究的共同生活方向。2005年9月，团队诞生了第一个研究课题——"心灵作文"研究，意味着团队生活的重心回归课堂实践。这是《人民教育》2009年第20期介绍的一个实例。我认为，这种教师专业发展的民间通道，才是教师专业发展的常态，是自然成长之态。

我想，对于在这个团队生活的教师，那些官方的培训在他们身上一定能起更大的作用，他们绝不会感到那是一种任务或负担，他们研究的课题也绝对不可能只有开题和结题，没有过程研究。因为他们喜欢教育、学习和研究。本质上，他们是真正在珍惜自己的生命，同时也在珍惜周围一切人的生命，他们的生活是充实、幸福的，是自由、自觉的。

在他们身上，我们发现了一种教师身上不寻常的力量，就是那些隐藏在教师心灵深处，不计功利，基于人性自然生长的发展愿望。其实，中国教育命脉里所有人都有这种基于人性自然生长的基因，但是现今多数的教师发展计划，由于考核比赛过多，需求滞后甚至无效等原因，制约了教师的心灵成长。我们对教师的控制多，引领少，过多地要求展现他们的价值，而没有尊重他们本身的价值和价值再增值。

我校也有一个民间组织，叫"教师成长志愿者共同体"，是有二十几个教师志愿组成学习型组织。共同体既有分散学习，也有集中活动。共有8个板块：读书工程、自编校刊、课题研究、课程与教学改革、撰写文章、相约星期四（博客交流）、每月沙龙、年会成果展示。

这个组织成立的目的是让大家在一个共同学习研究的氛围里克服自身的惰性，形成一种自觉向上的学习与工作风貌。因此，它不带任何功利性，也没有领导与基层之分。共同体成员谈论的只是理论、思想、观点、改革。在无拘无束的研讨中，大家的教育理念得以提升，教育技能得以提高。

共同体成员谭强老师说："我们教育生活中的生命'火种'，在共同体成员之间的活动中被点燃了，我们因此找到了教师教育教学生活的'光源'，唤起了我们心灵觉醒的力量。"

一般的校长，都知道教师读书的重要意义，但只停留在一个无法突破的层面上，就是只喊着鼓励老师们读书，而自己却因为这样那样的原因无暇去读书，结果导致老师们无法领会校长的良苦用意，仍然停留在每天重复性的工作中。

在改革初期，为了唤醒老师重新读书、反思和写作的习惯，我曾经写了一篇令人心酸的文章，题目是"老师，一辈子存下了什么？"。原文是这样的：

老师，一辈子存下了什么

常听同事说，人家医生越老越值钱，到老能留下一份宝贵的经验，有的甚至可以代代相传。而我们干教师的就不行了，越干思想越落后，留下的是残弱多病的身体，一无所有。是啊，这是多少代基层教育工作者曾发出的感慨啊！

自己从事教育工作也有十几年了，有多少次何尝不是发出过类似的叹息啊。老师到底有什么干头，日复一日，年复一年，单调乏味，每天起早贪黑，忙忙碌碌，为学生奉献出了自己全部的青春，为国家培养出了无数的栋梁之才，但是自己却如同蜡烛一样燃烧，直到最后的一点灰烬。

最近，我被分配到一所学校任校长，在仔细观察和了解了老师的生活情景和生存状态后，发现的确验证了我上述所言，而且令我震惊的是，大多老师都在三十岁左右，他们每天工作勤恳敬业，加班加点，很是感人。但是，学校里的工作简单乏味，缺乏思想与创新。多数老师不仅不爱读书学习，而且普遍存在职业倦怠感。才三十几岁啊，多么好的时光，就这样在缺少教育情怀的环境里慢慢消磨，直到光滑无棱。

素质教育得以科学实施的条件是什么，是需要有学习能力的学者型教师，是需要有创新能力的思想家型校长。我们的不少教师，字还不如学生写得好，自己的兴趣特长匮乏；不少校长每天行走在交际的饭桌前，精力无法用到教学实践中，可以说我们的思想还不如学生先进。想想，我们工作一生，为自己留下了多少"财产"，是的，老师是无法存下一笔可观的财产的，但是，我们就不应该寻求一点有价值的东西？就像把钱存在银行里一样，时常往我们的头脑里存下点什么，并把它记录下来，留给我们的一代代学生，一批批老师，留给我们为之奋斗一生的教育事业。

新时代的教育呼唤教育家办学、上课，素质教育渴望教育一线诞生教育家、思想家。愿我们的一线老师树立信心，撩开"家"的神秘面纱，追觅思想，创新教育，把思想存起来，把人格存起来。

当然，这做起来的确有一定难度，因为人都是有惰性的，环境都是有缺陷的，所以需要我们的教育专家、行政领导和各级校长首先要有这种意识和胆略，加强这方面的研究和培训，如此才能引领广大老师走上这条道路。那样我们的教育将会多么宁静，多么和谐啊。素质教育还会与应试教育长期博弈吗？我们的后代还会在中年时梦见考试的场面吗？

对于考试的争议，见仁见智，不一而足。考试本身没有错，毕竟是教育过程中的重要环节，问题出在我们的一些领导、一些学校、一些教师身上，他们只盯住考试分数，对于其他的方面概不考虑，导致学生唯"考"是学，老师唯"考"是教。教师为了让学生应对考试，为学生提供了五花八门的练习题、测验卷等，于是学生每天陷入各种各样的怪异型题海中。这不仅辛苦了无数的孩子，也让老师每天在机械地重复着一个流程：选题——考试——讲题——阅卷，完成这些任务后便回家忙家务，看电视，休息，丝毫不会思考，不想为自己及时充电，不想与古今中外的圣人、智者或当今的名师、专家对话，可惜自己的实践经验白白成为过烟云海，可叹自己的知识思想在慢慢倒退，可怜自己的一生无物可存，而自己却无所适从。时光在匆忙地流淌，历史在不断地重演，不知还有多少代的学生将继续我们的悲剧！

面对此现状，我向老师们疾呼：老师们啊，你们不仅要教书谋生，教学育人，更要存下思想、人格。这是新时代赋予我们的任务和职责，是我们现代教师生存所需的现实状态啊！

于是，我开始邀请专家、名师，让他们与老师零距离对话；开始让老师读名著、办论坛、写随笔，让他们交流思想，记录感受；开始让老师们建博客、撰稿投稿，让他们充分享受网络学习和收到稿费样刊的喜悦；开始改革创新课堂模式，倡导老师自主发展，鼓励他们磨砺思想后的具体实践……

经过一段时间的努力，老师们工作有劲了、主动了，敢于大胆创新管理了，工作更轻松自信了，开始读书、写作了，不少老师真的陆续接到稿费了……有的老师对我说："你的这些引领让我重视我的人生，今后，我要做一个名师，要整理我的思想，珍存我的思想，以此完善我的人格，成为一个真正意义上的老师。"

是啊！老师就应该这样生活和行走在教育的光明大路上。这样的老师，也一定是最幸福的老师。

思索带动行动，在之后的日子里，我在学校倡导了"老师跟校长读书"的活动，校长读什么书，教师就跟着读什么书，并让他们反思写作。当然校长要首先带头反思写作，我每天坚持拿出最少一个小时的时间来读书，并且坚持每天写一篇有关教育管理或教学生活的随笔，并发在我的博客上，一个月写一篇高质量的论文，并能保证每月在刊物上发表文章一篇。就这样在我亲自带动和"逼迫"下，越来越多的老师开始蠢蠢欲动，慢慢的他们的一些文章也开始见诸报刊。这一举措，也保证了老师因为没有耐性而很快放弃的弊病。

在培养起教师能够喜欢并坚持读书的习惯以后，我认为，要"趁热打铁"让学习成为老师们生命中的必需品，让读书成为他们生活中一个重要的爱好，要教给他们读书的方法。因此，我进一步启动"三个一"的读书工程。简述如下：①翻烂一本经典。不管是古代的还是现代的，也不管是教育的还是文学的，你可以选一本最爱的，反复阅读，把主要内容装入脑子里，掌握其精神实质所在。②主攻一个专题。美国当代管理学家托马斯·卡林经过研究表明："在任何一个领域里，只要持续不断地花 6 个月的时间进行阅读、学习和研究，就可以使一个人具备高于这一领域的平均水平的知识。"要做到短期速成，就必须目标专一。主攻一个专题，6 个月到一两年，甚至用更短的时间，你就会成为这方面的专家。而且由一个主题拓展到多个主题，这样就会触类旁通，快速地将"一口井"变成"一个湖"。③精研一位名家。要根据自己的兴趣爱好、工作需要、任教学科、性格特点等来确定一位重点学习对象，收集有关重点学习对象的资料，长期研究，掌握其最基本的教育教学思想，并在实践中应用。站在巨人的肩上会看得更远，走得更快。

随着读书行为的不断深化，老师们会明白这样的道理：阅读改变命运，学习成就未来。通过读书才能发展自我、完善自我、超越自我，实现教育的梦想，实现自己的专业成长。自己的教育人生才会更加美丽。

肖川教授说："思想使我们所做的一切有一种自觉的追求，使生命挺立着，并有一种把酒临风的旷达和潇洒。有思想会使得我们兴趣广泛，内容鲜活，积极地捕捉各种有意味的信息；会使我们变得更具有思想，能更好地理解课程内容；会对学生的心灵丰满和精神充实有一种自觉而又自然的引领。"他还说："我国中小学教师缺乏的主要是一种文化精神、文化眼光，一种自觉的价值追求，一种坚定的对于社会、人生和教育的理想与信念。中小学教师付出的大量劳动停留在低层次的'教书育人'上，缺乏对于学生精神上的引领，缺乏对于自身工作高远的立意，缺乏对于'课本知识'所承载的价值观和心理结构的深刻洞察。"

但是，教师自己一个人的思想是有局限性的，如果想要得到快速的提升与发展，就应该积极地吸取他人的经验，尤其是一些资深专家、名师或同伴的思想，因为创生新的思想必须以现有思想为基础。

为了从思想的高度和深度来唤醒教师的学习自觉，让他们成为一个有思想的教师。我把视野投向了全省乃至全国，我特意邀请了一些品位高雅、思想先进、在某一领域有较高造诣的专家和名师来我校讲学、评课，把老师沉睡多年的成长欲望点燃起来。

原山东教育社总编辑陶继新老师的报告"读书与生命成长"让老师们茅塞顿开：原来读书对教师是如此重要，教师的生命成长与读书是息息相关的。从陶老师的报告里，我们知道：读书是教师生存之必需，可以完善人格；读书要取法互上，有远虑，有取舍，可以拉长生命；要读经典，将中国经典诵读与外国经典阅读相结合；读书可以疏离浮躁，能够读教相长；要读写结合，边读边思。陶老师认为："读书不是一时的事情，也不单单只为了教学，而是为终生幸福来做的事情。如果没读书，就没有精神寄托，就没有给自己的精神定位，灵魂定位。如果没有灵魂定位，精神定位，身体马上就会跨。所以我们每一位教师为自己一生计，为奠基一生的幸福，就诵读古今中外的经典吧，它能换给你一生的幸福。"

听青岛大学苏静老师的报告"新诗教视野下的有效课堂研究"，苏老师发言，最大的特点是诗词曲赋、经典名句的运用如囊中取物，信手拈来。自然而贴切的引用，行云流水般的演说，使老师们无不为之惊叹。

原来，不少老师往往错误地认为，认知与年龄密切相关，很多知识，很多思想，我们不必过早、过深地渗透给学生。但是，听着苏老师的报告，看到她大容量知识的语文课堂教学，老师们的心灵的确为之一震，原来，语文课还能上得这样宽泛！回想以往的教学，也有文本以外的拓展与延伸，但那仅仅是蜻蜓点水，浅尝辄止，既没有系统地去查阅资料，阅读相关的文献，也没有系统地构思，设计呈现形式。而苏静老师，却能把一篇"燕子"上成一堂文学综合课。从朱自清的"春"到钱钟书的"窗外"；从陆游、唐婉的"钗头凤"到南唐后主李煜的"虞美人"；再到德国的里尔克。春天，成了课堂的主话题，穿越了时空，穿越了国际，流淌在学生的间心，这是对文学深邃的理解，对人生深刻的感悟。

"腹有诗书气自华"，就是苏静老师和她的"诗意教育"，这让我们的老师终于明白了这句千古名言的真正含义。

临沂王立华老师的报告"习惯、自然、自由，教师自主发展的三境界"，让老师们明白了作为一位教师应该怎样实现成长的愿望。教师的自主发展应该确定为三层境界：最初境界，习惯的养成——应该做什么；中观境界，生命的自然——想做什么；最高境界，生命的自由——在做什么。教师要具有自我发展的意识和动力，自觉承担专业发展的主要责任，通过不断地学习、实践、反思、探索，使自己的教育教学能力不断提高，并不断向更高的层次发展。

读书、专家讲座和建立学术性组织是不可或缺的学习平台。同时，我们在培训经费非常紧张的情况下，还想办法让老师走出学校，走出本县甚至本省，创造机会让老师参加各种培训、现场会或讲课比赛等学习活动。我认为，没有一个人天生就内行，要想具备创新的见识和解决问题的能力，就必须重视终身学习。创造条件引领老师学习，可以让老师从原有知识体系的束缚中走出来，不断开拓新的领域、新的疆界。要让"学习"成为教师终身的"事业"。

在此基础上，我们又开辟了"百家讲坛""共好论坛""班主任论坛"等平台，给走在队伍前面的名师一个展示的平台，也给其他教师一个奋斗的目标。这些平台进一步推动了老师们专业成长的步伐，让老师们不仅在理论学习中和高位的引领中获得前进的支持，更在团队的合作与交流中提升能力，收获智慧。

在引领教师成长的过程中，我采取了很多方式，且所有的方式都殊途同归：让每位老师都能够在学校搭建的平台上张扬个性，展示才华，从团队的交流与合作中汲取智慧与力量。读书、反思、合作、交流，这种成长方式已经在学校中固化下来，形成了独特的"行动研究"风景，教师自主发展，合作共赢的文化已经扎根于校园。

第二节　"零"作业教改，转变教师职业生活方式

一、敬畏民间的教育智慧与精神

2010年，"零"作业教改赢来了前所未有的机遇，呼唤教育本质回归，成了该年度最热门的词汇。其中有两项内容最为耀眼，最为激荡人心：一是教育要回归到关注学生情感、人格和道德上来；二是教育要趋向教育家办学和教学上来。这就是我们所期待的理想的教育，2010年，对教育来说，是·个不寻常的年份，它让我们大家更加理性，更加关注人道、关心民族，这是我国教育走向更加科学、和谐、诚信的一次重要的历史拐点。

年底期末考试前，我接到上级一个通知，要求今年的考试、阅卷都必须由自己学校组织，不再统一组织，这就意味着今后的考试不再单纯地拿成绩来为学生排名，用名次来评价教师了。看到老师们轻松灿烂的笑容，我紧缩了多年的心也跟着放开了。在阅卷动员会议上，我一改过去的严肃态度，语重心长地和老师们说了这样的话，老师们，我们盼望已久的教育时代到来了，教育是在塑造人的生命，是在付出生命的同时得到升华。这就是我们教改的目标与期望。

过去，教师总感到教育枯燥和乏味，被折磨得没有了激情和个性，因此缺乏创造的精神，懒得发现身边微妙的教育因素，没有思考，没有研究，就这样过着、熬着。我常说，教师要有自由的心灵，要不断提升自己的素

养，不断读书学习，要有与众不同的绝技，要成为学生的思想领袖。

但是，由于教师们工作过于紧张，可以说把生命中最主要的时间都用在了教学中，用在了课堂上、备课中、辅导中，没有太多的时间去接触这个飞速发展的世界。但教育事业却是最需要更新的，统一模式、加班加点、题海战术、标准答案、评估检查等这些"应试教育"的产物，剥夺了教师们自然成长的权利和机遇。我们都知道，在一个社会中发展好的人，一定是一个不断学习的人；在一个工作岗位上发挥重要作用的人，也一定是一个不断学习的人。导致教师职业倦怠感的最深层次的原因就是不再学习，不再读书了。

有了物质基础才能生存，有了理想才能生活。今后的教育就是在考量你的信念、素养、阅历、精神和责任。就是考量你是否能以人为本，能否为学生的全面发展与终身发展负责，能否尊重每一个孩子，能否让每一个稚嫩的生命都健康活泼的成长。

因此，从政府官员到教育领导，从社会精英到普通大众，都在呼唤让教育家来办学，人们开始懂得教育家应该从课堂中走出来。于是在一些报纸杂志上、博客论坛里，又出现了许多中外教育家的身影，这就是让我们学习他们的精神与思想，让我们以他们为榜样，学习如何做一名教育家。但是，在当下的社会环境里，到底我们这些草根教师能不能成为教育家？怎么做才会成为一名教育家？有多少教育家才能担负目前和未来中国教育之责任？这些疑问都在拷问我们的灵魂。

孔子毫无疑问是一名教育家。他打破了只有贵族才能接受教育的"学在官府"的传统，倡导"有教无类"，大力开办私学，把教育推向平民阶层。他实行启发式教学，倡导平等对话；他带领学生或登高临远，或各国游历，拓展视野，丰富见识，锻炼能力……其教育教学对话录《论语》，更是成为流传千古的不朽篇章。

苏霍姆林斯基，被人们称为"教育思想泰斗"，他的书被誉为"活的教育学""学校生活的百科全书"。苏霍姆林斯基终生都在校园里生活，他的成就来自于他一生的教育实践：他教过小学、中学，教过各门学科；他既教课，又当班主任，既当校长，又当老师……多元的体验、独特的观察、深刻的思考、勤奋的著述，构筑了苏氏宏大丰富的教育思想宝库。他的教育智慧，已经超越了国度，超越了时空，成为全人类共同的财富。

陶行知，美国哥伦比亚大学毕业的高材生，他没有像当时的其他海归学者那样，西装革履，游走于上层社会，而是穿布衣，着草鞋，举债创办"育才学校"，专收保育院的难童，不收学费和生活费。他突破自己的老师杜威的"教育即生活"的思想，提出"生活即教育"的全新理念，倡导从书本到社会的学习方式。他把"教学做合一"作为晓庄师范学校的校训并努力践行，极大地冲击了当时读死书、死读书的积弊。"人为一大事来，做一大事去；捧着一颗心来，不带半根草去"，这是他一生的信念；"爱满天下"，这是他一生的坚守。有了这样的信念和坚守，才有了伟大的教育家陶行知。

同时，我也看到了各种有关教育家的培训、评比、论坛，发现了很多有关教育家的宣传、奖励、游讲。我高兴，因为教师的实践性工作终于被提升到了应有的高度，这才是真正的尊重教育，尊重教师，教师惟官员和经院专家是从的时代结束了，我们就是真正的专家。同时我也在担心，由于对教育家的渴求之迫切，会出现一个更加纷乱的名利场。我们应当警惕这种现象。

现在社会上出现了很多冠以教育家头衔的教育者，他们四处匆忙的上课、讲学，大家都在利用他们教育其他人，而他们也乐此不疲。遗憾的是，几十年来这些所谓的名师都成了只有光环的人，游离了自己赖以成长的"厚土"，这是不正常的。

我们应该像孔子、苏霍姆林斯基、陶行知那样，他们曾经都那样地普通和平凡，都长久地站在自己的课堂上，满怀激情与梦想挚爱着教育事业，他们都敞开自己博大的心胸包容和接纳学生！走进他们的世界，让我们读懂了教育家的精髓：奉献、痴迷、坚守、创造！

我之所以以"敬畏民间的教育智慧与精神"为题，初衷就是想，我们必须从基层发现这样的教育家，必须要敬畏这些本土的珍贵智慧和精神。我曾经在学校各种场合都说一句话："谁有思想，谁就是学校的领袖。"

例如我校的崔金英老师，目前她已经有了自己的教学主张和风格，她曾经对我说："我要研究并践行'激情教育'，在我一生的教育生活中，对自己、对学生、对家长、对工作、对朋友，都要满怀激情地去对待。我的课堂一定是激情的课堂，我的管理一定是激情的管理。"试想，如果崔老师一辈子都在坚守并研究实践激情教育，那她一定就能成为一名了不起的教育家。

品味它的教育箴言，我们就会有深深地体会："激情比学科知识、教学技巧、组织管理、友谊和趣味更重要；当学生回忆起自己的老师，他们记住的不是课堂上具体零散的知识，不是期中或期末考试的分数，而是老师对他的和蔼和鼓励；富有激情的老师不仅关心学生的现在，更关心学生的未来；最富有激情的老师是温和、认真、善于思考的人，他们对教学质量会耐心地坚持高标准，他们会让学生们相信：每个人都能学好；工作中，我会用激情去感染每一个学生，努力去关心爱护他们，让学生真正地发现学习的价值和乐趣。"

还有刘勇老师，开始带领几个同事，展开了研究学生读书的活动——让孩子踏上阅读快车道。他们从"学生阅读的保障：时间；阅读的标准：快乐；阅读的前提：兴趣；阅读的载体：书目；阅读的金钥匙：方法；阅读的催化剂：激励"6个方面展开研究与活动。

读书活动不是一项新鲜的事情，但是他们研究的主题却是新颖的，尤其是他们誓把此项活动坚持下去的精神是感人的。他们说："如果我们团结一起坚持数年，数十年，那么我们的学生就会养成终生读书的习惯，等他们做了家长，也会鼓励、教育自己的孩子要喜欢读书，到那时我们这个区域，从大人到孩子，就都有了读书的习惯。"听听，这就是教育家的胸怀与气魄。

我的本意就是为老师们创造一个领域，以解放他们的思想，激发他们的潜力。换句话说，就是让老师能够自由地去探索，有自己的活动场所，有自己学习和研究的组织，有自己讨论问题的空间。

我相信最基层的学校，也一定能诞生教育家，而且我更喜欢称之为民间教育家。能够从教师中诞生教育家的时代，是教育走向成熟的时代，能够从教师中成长起教育家的民族，是有智慧和有希望的民族！

我有一个明确的目标，就是让老师们触摸到教育创造的乐趣，让他们感觉到，与学生一起生活是快乐的，其人格是自由的。让老师们把教学变成研究，把教学变成生活，让教育回归到人的人格、品质和情感上来。

下面，我把崔金英老师撰写的自己在教学改革中的成长故事提供给大家，相信读后大家会被她的改革精神和成长意识所打动。

教学变革是教师生活的风向标

多数教师在描述自己的生活时，总是反映自己教育生活的枯燥与乏味，每天重复着诸如备课、上课、批阅作业、考试等毫无生机与创造性的工作。于是感叹自己命运的不羁，时间久了，就开始厌倦自己的职业，不再思考自身思想如何进步和专业知识怎样提升的问题了。

在中小学教师的心里，好像有一种牢固的观念，中小学教师是他人思想和知识的消费者，有专家的研究成果、有现成的教科书和教辅资料、有新课程理念和历史传承的教学原则等，自己不需要再去创新，在教室里复制传递给学生就行了，认为读书是学生的事情，研究是专家的工作。

这是当下基础教育界寄存的一种极其令人担忧的思潮与行为，甚至可以说，这种想法和现状就是"应试教育"的流毒。一旦教师生活的道路走错了，教育就会产生众多意想不到的异端。如果不进行重建，来个彻底的思想革命，坚决进行基于新课程理念下的教学变革，我们的教育和教学就难以出现令人满意的场面。

其实教师是最自由的一种职业，思想自由、教学自由、研究自由，教师的专业自主权空间是非常大的。华东师大课程教学研究所张华教授认为："教学实践应该由传递别人的知识变为创造自己的知识，它应该是实践自己研究成果的过程。其研究成果就是教师自己开发的课程。"这才算是真正的教学，这样的教学才叫研究，才是新课程标准理念下教师应有的生活方式。

我自身的教学经历就凸显了教学思想变革的重要性。从教前几年，我抱着初生牛犊不怕虎的一股执拗从事着语文教学，积极备课，教参上名家的分析都会仔仔细细地抄在课文的空白处，备课笔记也会虔诚地向老教师们来借鉴。日复一日的努力终于换来我课堂上的从容，我可以像老教师一样：手拿教参或教本，口若悬河地站在讲台上大讲特讲，从字音到字形，从划分层次到概括段落大意，从课文内容到文章主题，每一篇课文都被我"肢解"得支离破碎。

在我看来语文教师的工作无非是照本宣科地抄教参，读教参而已。于是在日复一日的教学中我每天重复着单调的生活。在穿着青春的外衣下沿袭着几十年前的教学传统：复习旧知、讲授新知、知识小结、机械训练和布置作业。课堂成为我独霸的舞台，我在上面唱着独角戏，学生则是被动的观众：被动地听，被动地看、被动地写，毫无主动思考、展示和自我创造的机会。在教学活动中我可悲地复制着别人说的话，学生可悲地复制着我说的话，在千篇一律的复制中何谈创新？

我的教学生活仿佛走进了一片死寂的荒漠，但我渴望营造一片教学中的胡杨。

近几年，各种个性化的教学革新如雨后春笋般冒了出来，我的思想也在慢慢地发生变化。洋思中学的"先学后教"思想给我注入了第一口新鲜的血液，使我第一次迈开教学变革的步子。学生在我一声"大家先自己学"后，茫然地抬头看着我："老师，您让我们学啥？"我一愣，从来没有考虑过这个问题。我没有过自学的经历，也不知道学什么，从小学到大学，都是听老师讲，哪有自学的时候，我张张嘴，一个字都说不出，"还是由我来讲吧"，第一次"拿来"的经验以失败告终。

目睹了杜郎口中学"三三六"的课堂模式，我被那种"乱哄哄"的课堂场景所震撼：学生们竟然可以镇定自若地站在讲台上侃侃而谈，这使我再一次鼓起了课堂改革的勇气："六人一小组，把读课文的感受相互交流一下。"学生们惊讶地抬起头，呆滞的目光中充满了喜悦之情。他们兴奋地凑在一起讨论，穿梭在此起彼伏的讨论声中，我心中涨起了满满的幸福。但这种表面的热闹掩盖不住失败的弊端。经过一周的尝试，我感到课堂效率低下，考试成绩迅猛下滑，所以不得不速速收拾残局，再次融入传统教学的大军中。

虽然几次教学改革的尝试都失败了，但也引发了我很多的思考，一味地照搬别人的经验，不结合教学实际，只能以失败收场。几次外出听课学习、几本课堂改革的读本和学校"零"作业的大背景，让我清醒地认识到，课堂上教师应该充分激发学生的学习兴趣，努力倡导自主、合作、探究的学习方式。这对于提高课堂效率相当重要。于是我开始探索一种适合农村学生学习现状的课堂教学模式。

在经过问卷调查后，我了解到：大多数学生不知道自学的内容和方法，迫切希望得到老师的引导。我查阅了大量的资料，为学生量身定做了课前预习提纲，从预习的目标、内容、方法、自评的标准来引导学生自学。为了激发学生学习的兴趣，我还增加了与课文相关的背景知识，如在"孔乙己"中我补充了4个方面的背景知识：写作背景、名家眼中的孔乙己、咸亨酒店和鲁迅名言。在"名家眼中的孔乙己"中，有的学生认同叶圣陶对孔乙己的评价，就在"潦倒""不幸""读书人"等词语的下面加上着重号，并写下这样的感受：苦读多年都一事无成，至死都没有落得一个功名，可悲、可叹、可怜！

这种简单的预习指导就像一座黑暗中的灯塔，给在知识的海洋中航行的学子们指明了前进的方向。学生因为有了充分的预习，课堂上就能有重点地学习，从而提高了课堂效率。

在一次定期交流时，学生反映：课堂上老师讲得太多，他们只能呆呆地坐着听，时间一长就像木偶一样，不想说，不想动。

为了锻炼学生"说"的能力，激发他们学习的热情，我设计了课堂学习指导纲要，（共有5大环节：目标定向、学生先学、合作探究、点拨拓展和反馈评价）每个环节主要通过活动的方式来解决预习过程中的难题，在讨论过程中学生不能解决的，老师才提供必要的帮助。如在分析"变色龙"这节课的主题时，我设计了以下活动：假如1～4组的同学受赫留金的委托，作为他的律师，状告奥楚蔑洛夫"徇私枉法"。5～8组的同学受奥楚蔑洛夫的委托，为他的行为辩护。请小组合作，为各自的委托人整理出精彩的辩词。通过辩论你认为警官奥楚蔑洛夫是否应受到惩罚？

学生们对这样的辩论很感兴趣，学习任务刚刚下达，他们就以小组为单位，三个同学负责积极地搜集材料，一个同学负责整理发言。正方的一个小组只搜集了一条线索（小狗咬到赫留金的手指，侵犯了赫留金的生命健康权，狗主人理应赔偿，但警官奥楚蔑洛夫却因为小狗的主人是他的上司，就把罪名怪罪到赫留金头上，实在没道理），然后就陷入了沉默，我引导他们走进文本，阅读第八段和第十二段相关人物的语言，他们很快找出关键的句子："我要拿点颜色出来给那些放出狗来到处乱跑的人看看，那些老爷既然不愿意遵守法令，现在就得管管他们。"一名组员说："这句话给我们的信息就是放出狗乱跑是违反法令的。"另一名组员说：从第十二段赫留金的话（他的法律上讲的明白，现在大家都平等了）中得知，当时法律上明确规定人人平等，既然将军的哥哥随便放狗到处乱窜是违反法律的，就理应受到惩罚，但警官最后却没有让狗的主人承担责任，那就是徇私枉法。

经过师生的共同努力，我们的辩论开始了！每组推选一个代表，与其他组的代表组成辩论的正反方。采取陈述和自由辩论相结合的方式进行。3分钟的自由辩论时间，学生们表现得异常踊跃，针锋相对，唇枪舌剑，将课堂活动带入了一个又一个的高潮，本来是指定一组出一个代表参加辩论，但随着辩论的进行，越来越多的学生主动站起来补充发言，结果本来计划3分钟的辩论又延长了2分钟。经过这场精彩的辩论，学生们理解了文章的主题：奥楚蔑洛夫的徇私枉法只是为了保住自己的官位，他只是沙皇统治下所有警察的一个代表，是警察制度的一个缩影。作者塑造这一形象主要是批判当时俄国反动的警察制度。这样的课堂不仅仅是表面上的热闹，而且可以使学生经过思考后得到正确的结论。

经过不断地学习，不停地教学改革，我的教学思想发生了天翻地覆的变化。现在，我的课堂内外就如校长李志欣解读的一样：自始至终遵循"以学定教"和"问题主体"的原则，课堂管理是以4人小组为单位的"学习共同体"合作学习。

我设计的预习纲要和课堂学习纲要相互衔接，相互补充，把新课程改革期待的自主、合作、探究学习方式巧妙地融合，实现了课内与课外的有效链接，结束了自己用教材和教辅而教的历史，我因此有了课程开发的意识与智慧，开始用自己研发的课程上课，同时实现了国家课程的校本化。备课、上课等行为变成研究与实验，从此，我彻底改变了自己的职业生活方式，感觉自己真的好像变成了研究者，也能像专家一样思考与工作，消费自己所创造的知识了。

是教学变革转变了我的生活方向，引领着我不断地学习、思考与创新。同时也促使我的学生学习方式发生了转变，成了学习的主人。

二、改革应为教师的职业生命负责

从教多年的优秀教师，都会具有一些极具个性的实践知识和教育教学思想，如果教师再有研究的习惯和能力，自觉地去梳理自己的经验和智慧，他们便能成长为研究型教师。

但是，大多数教师缺乏研究和反思的意识。即使有较好的经验和思想，也只是留存于他们的脑海之中，不能清晰地表达出来形成一些系统的成果，因此这样的教师，只能算是一名优秀的教书匠。

在基础教育领域，这种现象很普遍。教师找不到自己职业生命蜕变的突破口。由教书匠转变为教育家，这当然有教师本人的问题，如自身素质、内在发展动机、家庭因素等，但环境因素的影响力也不容忽视。

一所学校是教师专业成长的环境或土壤，教师在什么样的学校里生活，他最终就会变成这所"学校的样子"。学校注重学生的考试分数，教师就会拼命追求分数；学校注重读书，教师就会喜欢上学习。一般的学校，精力往往全部放在了学生的学习与成长上，容易忽略教师的学习与成长。这就不难解释，如果一所学校几年内没有年轻的教师加入，大家就会感觉学校缺乏活力，甚至感觉到自己的教育观念、教学能力越来越落伍。原因就是没有挑战，多数教师的职业生命出现了"停电"现象，这就是因为没有走上读书、学习和研究的职业发展道路。

因此，学校必须为教师的职业生命负责，营造教师专业发展、学习研究的文化氛围，创造引领教师学习、研究的机制，为教师搭建专业发展的平台。

一提起研究，多数教师会产生畏难感，也许刚开始跃跃欲试，但时间久了，便不了了之。如此，学校的研究就与教学以及教师专业发展成了"两张皮"，教师对研究不再感兴趣。在学校行政力量推动下的教研活动，很容易引发教师反感，从而使活动只流于形式。大而空的课题研究，给教师设置了"跳一跳也摘不到桃子"的情境，教师面对远离自己教学生活的研究内容，不知从何下手，便会丧失自信心。

目前，不少学校自发成立了一些教师"自组织"，这些教师一起读书，一起讨论教学改革，这些"自组织"其实就是学校里的学习型组织。比如我们学校里的"自组织""教师成长志愿者共同体"已经坚持了近五年的时间。她的诞生改变了学校的文化系统，学校的校本教研体系得以重构，学校的发展潜质突显出来。该组织采取"自主申报——组织备案——项目管理——定期交流——成果共享"的活动策略，这使教师的专业学习得以持续，教育实践不断创新。这些专业兴趣相近的教师共同建立起了一种交流合作、互利互惠的文化价值观，每个教师都有平等的发展机会。因此，学校的发展内涵也不断提升。

刘红芳老师称自己为"狼族一班"的班主任，刘勇老师信奉"用坚守为梦想插上翅膀"，李德刚老师提出"谁有思想谁就是学校的领袖"等——这些"共同体"成员的成长故事陆续在教育报刊上发表出来。能有这样的成果，源于该组织有一个经典的传统活动——讲述自己职业生涯的故事。

我们认为，教师展现自己故事的过程，是教师回忆、整理和表达的过程，实质上就是一种研究的过程。教师讲述的故事肯定是生活的对自己影响比较大的关键事件，对这些事件的描述、解读、反思以及后续的行为调整，是教师与自己对话的过程。教师每次经历的故事都是其专业发展的一次机遇。在澄清、修正、总结思维和行动的过程中，教师逐渐积累，自然会形成个性化的教育实践智慧和教育思想。对自己已经形成的经验和思想进行梳理、分析、提炼，就可再一次反观自我，进一步在专业发展上实现自我提升，这就是研究型教师的修炼之道。如果教师能够奉献于教育、坚守于教育、创造于教育，就能成为教育家型教师。

当然，我之所以在学校构建"自组织"与"故事"文化，不敢说是在培养教育家，但确实是想引领、鼓励教师朝着这个目标奋进，而且想探索一种新型的教师专业发展途径，尽力为教师的职业生命负责。我们认为，促进教师成长，才是学校内涵发展的核心。当教师具有了终身学习的意识，养成了研究的习惯和能力，学校的教育教学工作才能创新，学校才能真正走上内涵发展之路。

下面是我撰写的刘红芳老师和刘勇老师的成长故事。

刘红芳：那个"狼族一班"的女班主任

看到这个题目，你一定会认为我说的这个女班主任像个"母夜叉"，凶得很。其实不然，人家端庄大方，温柔美丽，她叫刘红芳。之所以称其为"狼族一班"的女班主任，是源于她治班的智慧。

一次，我建议每个班的班主任为自己的班起一个响亮且富有个性的班名，以体现本班学生积极向上的精神风貌。过了几天，在我巡视每个班张贴的班名时，发现了其中一个班的班名与众不同，其他班有叫"励志班"的，有叫"牛顿班"的，都很有意义，而这个班却叫"狼族一班"，并在旁边画了一张狼的画像。这是搞什么名堂？我有点不高兴，因为从小到大，我都是听《狼和小羊》《东郭先生》《狼外婆》过来的，狼是与狡猾、凶残、贪婪、狂妄联系在一起的，对狼我可没有好印象。于是我把刘老师叫来，问这是怎么回事？

她找来几个学生，学生的回答令我大开眼界。

"狼勇敢、强悍、有智慧、有雄心、有耐性、机敏、警觉，它们团结，霸气十足。""它们这些优秀的品质多值得我们学习，特别是它们团结协作的精神很令我们感动。""我们班也需要这种精神，我们班的同学本来就很团结，若再加上狼的精神，我们班一定样样出色，一定是最棒的！""我爱我们班，我们团结齐心，不让任何一个同学掉队。狼有这种精神，我们就应该向它学习。""时代在进步，我们的思想不能停滞不前，我们不想做温顺的小羊，我们要做勇敢的狼。""班级的名字要有代表性，'九一狼族'是我们的旗帜，我们就要别具一格，因为它能体现我们的精神。"

我沉默了，狼原有的形象在我的记忆中已沉淀了三十多年，但今天学生们却给我上了新鲜的一课。

我说："狼可是有很多劣性的呀！"

"老师你就放心吧，我们都上九年级了，知道取其精华，去其糟粕。"

刘老师说："现在是竞争的年代，心中有点霸气也不算坏事。我时常用'狼族'形容我们班，鼓励他们要拥有狼那些优秀的品质，在人生的道路上勇往直前，永不退缩。"

从此，我不得不敬畏刘老师的管理智慧与创新精神。

刘老师不仅在班级管理上是把好手，而且自从我在学校倡导教学改革和教师专业成长，鼓励教师要做一名喜欢研究的幸福教师时。刘老师就开始默默地行动起来，在其他老师还在课堂上口若悬河满堂灌时，她便开始尝试让学生动手动脑；对于那些抽象的图形她想办法让它们动起来，在多媒体上演示；在其他老师搞题海战术时，她尝试着在电脑上自己搜集和整理习题，决不让同学们做重复的无用功；为了提高学生的兴趣，课堂举例时，只要是好事，她就用上学生的名字，被举例的学生便会喜滋滋地听课；她还在网络上拜师请教，共同探讨解决不了的棘手问题……这些都是我在走访她的课堂时看到的，与她一起议课时了解到的，这些行动正体现着她的"狼族"理念，刘老师说她想做一名教学优秀的班主任。

多年的班主任和教学工作使她受到了学生和家长的爱戴，且自己的生命之树也日渐丰盈。近几年，她开始把和学生之间发生的故事写成随笔。她说："这些文字伴随着我的生活日渐增多，它是我的班主任和教学生活的历史见证，也是对我人生价值的真实体现。我把自己的工作当做艺术来做，便体会到了别人感觉不到的幸福。"

我鼓励刘老师说："你写了那么多文章，往报刊上投投稿，我建议你写写你的'狼族一班'，也许会有意想不到的惊喜。"

一天，刘老师跑到我的办公室，兴奋地说："校长，你看，我的文章《"狼族"一班》发表在《班主任》上了。"我说："好！好！继续努力！"以后，我经常听说她有大作发表。

我让她向老师们谈谈收获和经验，她说："我是一名数学老师，以前，我可不敢向报刊投稿，怕人家笑话，怕编辑不录用，自从李校长来了，我受到了鼓励，才有了今天的收获。"

听着她的话，我会心地笑了，这不正是我期待的结果吗？

刘勇：用坚守为梦想插上翅膀

在我的学校，有一名年轻教师，他叫刘勇。我知道，他有美丽的梦想，他是一个教育的追梦人。

我曾经读过他的一篇文章，开头是这样写的："青春年少爱追梦，当这首歌流行于大街小巷时，我刚刚告别校园，第一次站在讲台上。面对着张张粲然童真的脸，俨然学生气的我，还未走出童年的梦境。我开始勾画我的教育之梦，我想象着那个梦应该是五彩斑斓、随心所欲的，在那个梦里，我和学生一起去踏青，放风筝；一起捉知了，做标本；一起遥望天高云淡；一起徜徉粉妆玉砌。然而不知何时，校园并不是想象中的那般绚丽多彩，勾画的教育梦境好像只是出现在电影中的某个镜头。现实中的校园，每天所做的事都有规所循，简单而机械——备课、上课、批改作业、考试、回家，如此而已。激情燃烧的岁月在重复中消失殆尽，几年的教学生涯，留下了什么，当被问及这个问题时，我很茫然，我的梦好像被浇灭了，我不想再做梦了。

"是李志欣校长语重心长的话语，让我的梦想之火重新被点燃，在李校长的引领下，我又满怀信心地踏上了教育的追梦之旅。

"李校长说：'我们都知道，医生越老越值钱，到老了能留下一份宝贵的经验，有的甚至可以代代相传。而我们干教师的就不行了，越干思想越落后，留下的是残弱多病的身体，一无所有。'李校长还说：'新时代的教育呼唤教育家办学、教学，素质教育渴望教育一线诞生教育家、思想家。愿我们的一线老师树立信心，撩开'家'的神秘面纱，追觅思想，创新教育，把思想存起来，把人格存起来。'

"难道我也可以成为'家'？我不觉为这个异想天开的想法而窃笑，笑过之后，心里还是暖暖的。在此后的工作中，我开始认真聆听李校长的教诲，从他的一言一行中，感受到了这些话的分量与真实。"

就在刘勇老师踏上追梦之旅后不久，他的变化便让我惊奇和振奋！

他开始读黑柳彻子的《窗边的小豆豆》，书中淘气可爱的小豆豆被原学校退学。到了巴学园后，小林校长却常常对小豆豆说："你真是一个好孩子呀！"在小林校长的爱护和引导下，一般人眼里"怪怪"的小豆豆逐渐变成了一个大家都能接受的孩子。巴学园里亲切、随和的教学方式使这里的孩子度过了人生最美好的时光。最让人感动的是，小林校长充分地相信孩子，有一次，小豆豆把自己最珍爱的钱包掉进了学校的厕所里，他没有求助于任何人，而是自己用工具打捞，在这个过程中小林宗作先生两次经过，都没有横加指责，而只是问明原因，让小豆豆"弄完以后，要把这些全都放回去"。

他开始读《麦田里的守望者》，他为书中主人公霍尔顿美好的愿望而深思。霍尔顿说将来要当一名"麦田里的守望者"——"有那么一群小孩子在一大块麦田里做游戏。几千几万个小孩子，附近没有一个人——没有一个大人，我是说——除了我。我呢，就在那混账的悬崖边。我的职务是在那儿守望，要是有哪个孩子往悬崖边奔来，我就把他捉住——我是说孩子们都在狂奔，也不知道自己是在往哪儿跑。我得从什么地方出来，把他们捉住。我整天就干这样的事。我只想当个麦田里的守望者。"

读书，让刘勇老师的梦变得清晰——他说，他要做巴学园里的守望者。我开始领略到了他的底气与厚重。听他的课时，我发现他竟然开始从"读"上寻找突破口，以读为基础，提出"大量读，大胆说，大方写"的教学思路，创新尝试"以读促说，以读助写，层层推进，整体提高"的教学模式。

刘勇老师说："研究并不是专家、名师的专利，我们每个老师都可以搞研究，在日常教育生活中的困惑、发现都可以进行研究，小课题大文章，我们的教育才能越走越宽广，我们老师的生活才能越来越幸福。从学生近一年的变化上，我越来越坚定了进行课题研究的信心。课题研究，为我的教育之梦指明了方向。"

读书，让刘勇老师尝到了甜甜的滋味。他的行动不仅仅是自己独立的行为，他在用他的读书经历影响着同事，影响着学生，影响着学生家长，影响着身边的所有人。孔子不是说过"己欲立而立人，己欲达而达人"吗？发展自己，成就别人，这是多么伟大的行动！

一年多来，他和语文教研组的老师把读书教学实验搞得如火如荼，不仅是刘勇老师自己，很多老师的文章也都见诸报端，教研成果在各级比赛中频频获奖。学生的读书活动更是异彩纷呈，得到了社会各界的好评。

刘勇老师对我说："读书与教研需要坚守，我们的教育更需要坚守。"

坚守，为刘勇老师的梦想插上了翅膀——他会越飞越高！我敬畏他的行动与精神，我会永远祝福他，祝愿他梦想成真！

我推行"零"作业改革的目的，究其实，是想让老师们重新思考和实践教育原本的东西。"零"作业逼得老师们必须改变博弈的方式，去思考自己的专业成长之路，开始寻求先进的教育思想和创新的教育艺术。从以上教师改革的故事中，我们可以感受到北宋一中教师们的生活方式慢慢变了。

他们开始读书、研究、写作，开始思考学习、创新、改革，一篇篇文章和一项项改革成果不断地在各种报刊上发表并获奖。"零"作业下的课程与教学改革全面启动了。这些变化，预示着我们的教师开始重新思考自己的教育哲学，"零"作业，催进了教师的职业生活方式发生根本的转变。

第三节　让反思成为教师的日常生活方式

在教师成长理论中，美国学者波斯纳提出了一个教师成长的公式：教师的成长＝经验＋反思。一个教师想要成长，就离不开教学反思。只有经过自己对教学的反思和改进，才能有所进步。叶澜教授也说："一个教师写一辈子教案不可能成为名师，但如果写三年教学反思就有可能成为名师。"所谓教学反思，是指教师对教育教学实践的再认识、再思考，并以此来总结经验教训，进一步提高教育教学水平。教师教学反思的过程，是教师借助行动研究，不断探讨与解决教学目的、教学工具和自身方面的问题，不断提升教学实践的合理性，不断提高教学效益和教学科研能力，促进教师专业化的过程。也是教师直接探究和解决教学中的实际问题，不断追求教学实践合理性，全面发展的过程。

我深知，反思教学有利于教师从感性认识上升到理性认识；有利于教师开展教学研究，形成自己的教学风格；有利于教师提升理论水平、拓展知识层面、推动教育教学创新。一个善于反思的老师，一定是一个善于学习的人。没有反思的经验是肤浅的经验、狭隘的经验。有反思的学习，是教师为解决问题而进行的创造性学习，经过理论的重建，知识的积累，从而达到解决问题、改革创新的目的。

"零"作业改革是一场全新的改革，在改革的过程中势必会遇到许多复杂的问题。每当老师们遇到问题与困难时，我就郑重地告诉他们："课改深处是肯定有问题的，我们发现了问题，正说明我们的改革在进行中，不行动永远不会遇到问题，关键是我们要学会反思。只有经过反思，你们的经验才能上升到一定高度，并对后继行为产生影响"。

教师应该让反思成为自己的日常生活方式，把在课改中遇到的问题及时地进行反思，总结经验教训，找到适合自己的有效的教学管理策略和方法。否则，这些问题会永远是问题，无法得到解决。

下面，我推荐几篇北宋一中教师在课改中撰写的教学反思，从反思内容中可以看出，学校善于运用反思这一工具引领和助推教师成长、改进教学改革策略，同时，从这些老师的反思中，也可以看出北宋一中改革的思想和成果。老师们用自己的声音（包括教师所提出的问题，教师在日常工作中写作、交谈的方式等）对各种教学策略的情境做出解释，这种解释可以使北宋一中的教师们更清醒地看到自己的教学决策过程，发现适合自己行动的最佳方案，从而使改革持续健康的往前发展。

一、课堂·主动·活动

我们曾经的课堂，学生被动学习，死记硬背，机械训练；现在的课堂，学生主动参与，乐于探究，勤于动手，天翻地覆的变化令人兴奋不已。欣喜之后分析原因，归功于我们学校倡导的三大提纲。这项改革曾经被许多的老师排斥，在勉强接受、运用的过程中，竟然别有洞天，呈现出一派别样的风景。

三大教学提纲是：为学生自主预习服务的"单元自主学习指导纲要"；为学生主动参与课堂服务的"课堂自主学习指导纲要"；为指导学生积极参与课外实践活动服务的"双休日（节假日）生活指导纲要"。我把运用以上三大纲要的心得体会总结如下：

（一）化被动为主动，主动预习，积极展示

过去的教学方式过于单一，学生被动地接受知识，它忽视了人的主观能动性，把学生当成被动接受的客体。我们都明白，知识不是靠外界强硬灌输到学生大脑中去的，而是要学生主动接受和建构过程的道理。如果学生不能积极主动的学习，获取的知识将是有限的，而且达不到融会贯通、学以致用的目的。使用"自主学习指导纲要"恰恰弥补了这些，它指导学生自己预习，自己能学会的先自己学，学会后展示，师生评价，激发自学的积极性，使学生逐渐养成自学习惯，为有目的地听课打下了基础，为实现课堂高效提供了条件。

使用"课堂学习指导纲要"，使课堂教学目标明确，学习重点突出。自己先学，自己学不会的小组学，师生共同学，这体现了学生的主动性，能动性和独立性，是不断生成，张扬、发展和提升的过程，使用自主学习提纲，让学生不再被外部力量所控制，而是一种发自内心的、积极的、主动的过程，使学生的学习由被动转向主动，真正地促进学生的发展。

（二）由灌输到探究，学会学习，终身受益

要培养学生主动参与课堂学习的习惯，教师就要适时地组织有效的学习活动，使学生在课堂活动中主动思考，主动操练，主动交流，激起思维的火花，激发学习的兴趣，逐步形成主动参与学习的习惯。如果没有"自主学习指导纲要"，那么课堂上提出的较难问题就会忽视了某些反应稍慢的学生，有了"自主学习指导纲要"，那些学生就可以在课前仔细思考思考，在课堂上就会有发言的机会，从而提高他们的学习兴趣，增加他们的信心。

使用"课堂学习指导纲要"时，组内展示发现的问题与合作交流中发现的问题是探究性学习的核心。当学生面临一些让他们困惑的问题时，他们先作出各种猜测，要想方设法寻找问题的答案。在解决问题的时候，要对问题进行推理、分析，找出解决问题的方向。然后通过观察、实验来收集事实，也可以通过其他方式（如查阅文献资料、检索等）得到第二手的资料，通过对获得的资料进行归纳、比较、统计分析，形成对问题的解释。最后通过讨论和交流，进一步澄清事实、发现新的问题，并对问题进行更深入的研究。探究的过程一方面可以暴露学生在探究过程中的疑问、困难和矛盾，另一方面也是展示学生聪明才智、个性的过程。这种探究问题的方法对学生来说是终身受益的。

（三）由课堂走向课外，动手实践，开阔视野

以语文教学为例，《语文课程标准》在"课程的基本理念"中指出：

"语文是实践性很强的课程，应着重培养学生的语文实践能力，而培养这种能力的主要途径也应是语文实践……应该让学生更多地直接接触语文材料，在大量的语文实践中掌握运用语文的规律。"

顺应以上要求，我校倡导运用"双休日（节假日）生活指导纲要"，目的是指导学生在双休日或假期开展实践活动。开展语文综合实践活动，引导学生进行探究性的学习，有利于构建开放的语文教学体系，使学生在发现问题、分析问题、解决问题的过程中，提高听、说、读、写的语文综合能力，培养主动探究、团结合作、勇于创新的精神，培养语文综合素养。

多种多样的语文综合实践活动，打通了语文和生活、语文和不同学科、课堂内外、校内外的联系，拓展了学生学习语文的视野，调动了他们学习语文的主动性和积极性，开辟了语文学习的新途径。活动中，学生的兴趣提高了，实践能力提高了，创新意识增强了，课堂也变得更加轻松、更加活跃、更加丰富多彩了。

在"双休日（节假日）生活指导纲要"的运用下，语文综合实践活动成了我们语文教师培养学生语文素养和能力的重要平台。相信，只要教师勇于、善于发掘教材潜力，紧密联系生活，就一定能开辟出语文教学的"活水"，实现"全面提高学生的语文素养"的总目标，使语文教学改革向更深方向发展下去。那样，语文教学的新天地就一定会呈现在我们眼前。

（四）由组长带领，合作学习，分层提高

"课堂学习指导纲要"中的合作探究环节，是教师认为学生遇到无法独立解决的问题时，必须合作完成。所以在课堂教学中小组学习成为主要的组织形式，教师依据一定的合作程序和方法促使学生在"异质"小组中共同学习，从而利用合作性人际交往促成学生认知、情感水平的提高。在过去的教学中，学生之间以单独的个人学习为主，合作交流很少，偶尔的合作也是带有某些"扶贫"性质的合作。使用"自主学习指导纲要"后，使个人的竞争转化为小组之间的竞争，小组的成员之间是一种相互帮助的关系，每个成员与其他成员之间是同舟共济、荣辱与共的关系，每个人都为自己和其他成员的学习负有一定的责任。在合作学习中，小组成员之间需要相互帮助，小组内其他成员的成功也就意味自己的成功。同时，小组成员之间也通过互助获得各自相应的进步和发展。

总之,"自主学习纲要"是高效课堂的重要载体,使用"自主学习纲要"的好处也是显而易见的,因此对"自主学习纲要"编写提出了更高的要求,只有优秀的"自主学习纲要"才会发挥它应具有的价值。所以在编写提纲的过程中,要精心研究教材,认真观察学生,同时还要借鉴别人好的经验。

二、不囿于规范,不落入窠臼

目前,我校高效课堂建设正在如火如荼地推行。"先学后教""以学定教""善学促教"这些理念符合科学规律,是行之有效的教学策略,且在改革的过程中已被固化下来,并逐渐内化于教师常规的教学行为之中,这是一种进步,更可称之为突破。

新课程理论强调学生是学习的主体。但这并不妨碍教师在教学过程中发挥其"主导"的作用。因为学生的学习和探究,是需要教师去引领和帮助的。学生的认知和经验还不足以独立地、自主地探究与合作。离开教师引领的课堂,无疑就是一场"闹剧"。基于这种认识,北宋一中的三个教学载体的使用就成了引领学生学习的重要工具。

"单元自主学习纲要"在学生的学习过程中起着奠基作用。就目前来讲,学生在课程学习之前,根据自身的主客观条件,依据老师为其精心设计的学习计划进行自主学习,这是学业成功的重要因素。就长远看来,今后要指导学生制定符合个体实际的个性化学习计划,并在实践中不断修正,这应该是今后努力的方向。

"课堂自主学习指导纲要"主要由"目标定向""学生先学""合作探究""点拨拓展"与"反馈评价"等环节构成,同样体现的是一种"先学后教、以学定教、善学促教"的教学理念,但是学生的自学,是在"目标定向"的前提下进行的,这"目标定向"其实就是引领"以学定教",是在目标确定的基础上进行的。

"先学后教"更能提高教学效率。满堂灌的教学方法会使许多学生养成不动脑筋的习惯，只是被动地听课，不愿主动的学习。为促进学生自觉主动而有效地完成自学任务，教师应根据教学目标的需要，从激发学生学习动机着眼，提出具体明确的自学要求，如具体的看书范围，思考内容或实验内容，要用多少时间，要达到什么目标，自学后教师如何检测等。在学生自学的同时，教师要在掌握学生学习的基础上，广泛巡视学生的自学情况，并特别注意观察有困难的学生，以悄言细语的方式，进行态度、方法、习惯和信心指导，而且对自学速度快和质量高的学生要及时表扬，以示鼓励。

在课堂上，要求就学习目标进行当堂反馈达标，即指导学生通过当堂作业巩固知识并形成能力。应该说，这一环节是非常关键的，它有助于学生消化并吸收当堂所学的知识。目前的情况是，有些教师在这一环节往往草草收兵，致使该环节成了形式。如何解决呢？我以为教师要注意保证时间，以便使学生能当堂独立按时地完成检测，同时要注意了解学生学习的效果，为课后的作业和辅导打好基础。我认为减轻学生学业负担和提高教学质量应该统一在课堂教学，将培养学生能力放在突出位置上，才能使学生学得主动，学得有效，才能真正减轻学生的学习负担，大大提高课堂教学的效率。

当然，课改的过程中也出现了一些令人深思的现象，凸显了一些问题和不足。其中最为突出的就是模式问题。高效课堂建设之初，创新理念，转变观念，转换角色尤为重要。通过近两年的学习、培训和实践，这些问题已基本解决。社会也由批评、不理解、不信任慢慢转变为逐步接受。群众思想上的接受是教育改革成功的第一步，然而有些老师模式化地去执行"零"作业下课堂构建的五个环节的行为却令人担忧。

随着学校知名度的不断提高，来访的人员多了起来。当别人来观摩，来听课时，有的老师一味地追求活跃的课堂气氛，不可否认场面确实非常的热闹，但学生到底对知识掌握的怎样，恐怕要大打折扣。把课堂任务分小组展示，每小组的知识掌握得系统不系统，全面不全面，也是一个未知数。我认为，当我们的课改提升到一个新的高度后，就应该在固有的理念下，超越模式来运用模式，不囿于规范，不落入窠臼。

有这样一个故事：一个母亲在孩子不小心跌倒而哭闹时，不是过去把他拉起来，而是鼓励孩子自己勇敢地站起来。另一个母亲在孩子跌倒时，迅速地将孩子拉了起来并抱走，原来有一辆汽车正飞快向孩子驶来。这个故事告诉我们：具体问题要具体对待。如果第二个母亲墨守成规，结果会怎样？所以我理解的"目标定向""学生先学""合作探究""点拨拓展"与"反馈评价"五环节，其实也只是一个框架，它不是金科玉律，是要从教师、学生和课堂的实际情况出发的。（王建军）

三、改革让我的课堂充满阳光

随着学校课堂改革的深入，三大载体的使用也越来越顺畅。在改革实践中，我也积累了一些想法，现说出来与大家一起分享。

"单元自主学习指导纲要"意在指导学生对某单元内容进行有效的自主预习，在上课之前对教材进行简单的梳理，使学生对单元的知识进行整体的把握，并根据预习情况提出自己疑惑的问题，而老师则可以根据学生的自主预习情况及时调整自己的备课计划，特别是通过收集学生所提出的问题，确定课堂教学的目标，把疑难点设计成问题进行训练，这样就真正做到了老师对学生的学习准确"把脉"，并"对症下药"，真正对学生的学习起到指导作用。所以"单元自主学习指导纲要"是课堂学习的前奏，它对课堂教学的有效实施起着重要的铺垫作用。

但在具体的实施过程中，我也发现了一些问题，比如：

①第一个环节大部分是文字叙述，学生仅仅是读读而已，并没有真正地进行思考，特别是低年级的同学干脆就不读，这使老师的想法得不到充分的体现。②第二个环节是知识构建，对数学而言，有的章节连贯性非常强，也就是说，你第一节学不好，那下一节便很难预习，特别是空间与图形板块。所以同学们有时候难以对某单元的知识做到整体的把握。③第三个环节是背景知识，我发现，这个环节是学生非常感兴趣的环节。数学有着丰富的历史和文化内涵，结合具体的知识介绍一些相关史实是十分必要的。这些材料一方面可以充实数学内容，激发学生学习数学的兴趣，另一方面也有助于学生了解数学的发展过程，使学生感受数学在社会生活中的

价值。另外，数学家们热爱真理、不畏艰险、勇于探索、持之以恒的优秀品质也深深感染着同学们，以伟人为师，向真理迈进，正渐渐深入到学生的内心深处。④第四个环节是问题展台，现在我们运用得较好，同学们已经能够提出比较有价值的问题。⑤第五个环节是小组评价，我认为这个环节我们做得还不够细致，有时候小组的评价还统一不起来，这正是我们需要改进的地方。

下面再来说一说"课堂学习指导纲要"。

"课堂学习指导纲要"是根据单元自主学习情况设置的可操作性学习活动，以此引导学生发现问题、呈现问题，然后在课堂上讨论交流、合作探究。明线是学生学习的流程，暗线则是教师教学的流程。经过近五年的努力与实践，我们决定把课堂核心定位在"问题"这一主体上，在此基础上的以学生为主的课堂才会真正体现它的价值和意蕴。

也就是说，课堂既不以教师为中心，也不以学生为中心，而是以"问题"为中心。基于此，学校在课堂教学实践中，依据新课程标准理念，确定了教学三大原则：先学后教、以学定教和善学促教。这就直接体现了教是追随学的课堂行为。在备课时，将"学习点"拆成思考的问题，按课堂环节螺旋式递进呈现，实行学习赋权，通过学生自主、合作、探究、展示，不断暴露新问题。

现在，我的课堂教学已经比较成熟。其中的第三个环节"合作探究"和第四个环节"点拨拓展"做得比较到位。我们一般利用小组进行合作探究，有时需要做试验，有时需要"爬黑板"，有时需要搞辩论，学生在这个环节一般都表现出较高的积极性，效果比较好，所以我们平时把难点和重点都放在这个环节。"点拨拓展"环节，实际上包括点拨、拓展两部分。点拨是指对本节课解决问题所需的思想方法和学生的易错点进行讲解和强调，另外再对合作探究中的问题进行总结，所以说点拨既是对思想方法的总结，又是对基础知识的升华；拓展则是老师对教材知识的延伸，提高学生解决问题的能力。"点拨拓展"环节需要老师精心备课，大量准备上课所需材料，因此教师必须怀有足够的耐心进行学习，使自己的业务水平适应越来越高的教学要求和学生提出的千奇百怪的问题。

经过几年的努力，我的课堂变得越来越受学生的欢迎，效率也越来高。课堂上学生能够做到积极地思维，努力地探索，大胆地辩论，学生变得会自主学习，主动性加强，对学习数学的兴趣也越来越高。因为有了学校领导、老师和同学们的大力支持，我的教学生活处处充满阳光。现采撷一个教学片断，以供大家分享。

"课堂学习指导纲要"上有这样一个题目：如图1，正方形 $ABCD$ 的边长为2，点 E 在 AB 上，四边形 $EFGB$ 也是正方形，则 $\triangle AFC$ 的面积为_____。

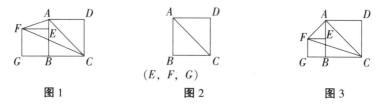

图1　　　　　　　图2　　　　　　　图3

我先请做对了的同学1为大家讲解他的方法。他有点羞涩地站起来说："不好意思，这道题的真正解法我不会，我是用找特殊点的方法做的，即假设 E 与 B 重合，如图2，则 F、G 也与 B 重合了，此时 $S_{\triangle AFC}=S_{\triangle ABC}=\dfrac{1}{2}AB\cdot BC=\dfrac{1}{2}\times2\times2=2$。"

他的解法很出乎我和同学们的意料，大家小声讨论起来。这时同学2站起来反驳："这种解法不合理，因为 E、F、G、B 完全重合一点，四边形 $EFGB$ 还怎么是正方形，这不满足题目条件了。"

同学3站起来说："同学2说得有道理。若 E 与 B 重合不合适，则可以找 AB 中点作为特殊点。如图3，设 E 为 AB 中点，则 $BE=AE=GB=FG=1$，那么：

$$S_{\triangle AFC}=S_{\triangle AFE}+S_{正方形EFGB}+S_{\triangle ABC}-S_{\triangle FGC}$$
$$=\frac{1}{2}\times1\times1+1^2+\frac{1}{2}\times2\times2-\frac{1}{2}\times1\times3=2$$

同学们为这个惊人的发现兴奋得不得了，争先恐后地想发言，我请同学4先说。"这个点是完全合适的，那此题答案为2无疑了。我觉得同学3的解法比较麻烦，我们可以这样解更简单：如图4，连接 BF，则 $\angle FBE=45°$

又 $\because EF=\dfrac{1}{2}AB$　$\therefore\angle AFB=90°$　$\therefore\angle FAB=45°$

又 $\because \angle BAC=45° \quad \therefore \angle FAC=\angle FAB+\angle BAC=45°+45°=90°$

$\therefore S_{\triangle AFC}=\dfrac{1}{2}AC\cdot AF=\dfrac{1}{2}\times 2\sqrt{2}\times\sqrt{2}=2。"$

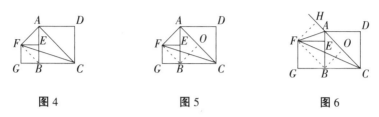

图 4   图 5   图 6

同学 5 马上站起来，"我从同学 1 的解法中得到启发，$\triangle AFC$ 的面积实际上就等于 $\triangle ABC$ 的面积，这个结论可以证明。在图 4 的基础上设 O 为 AC 的中点，连接 BO，得到图 5，

则 $BO \perp AC$，又 $\because FA \perp AC \quad \therefore AF \parallel BO$

又 $\because \angle FBA=\angle BAC=45° \quad \therefore BF \parallel AC$

$\therefore$ 四边形 $AFBO$ 是平行四边形

$\therefore BO=AF$

$\therefore S_{\triangle AFC}=\dfrac{1}{2}AC\cdot AF=\dfrac{1}{2}AC\cdot BO=S_{\triangle ABC}"。$

同学们都很兴奋，思维极其活跃。我适时启发："这只是特殊情况，因为点 E 大部分情况不是中点，那它要是一般点呢？同学们想想看。"

同学们热烈讨论起来，有的在草纸上画图进行试验，有的则小声辩论。很快有的小组就有了结果，我请同学 6 送上她的答案。"如图 6，在一般情况下，FA 与 AC 不垂直，我们可以过 F 作 $FH \perp AC$，与同学 5 的证法类似，

$\because$ 四边形 $HFBO$ 是平行四边形 $\quad \therefore FH=BO$

$\therefore S_{\triangle AFC}=\dfrac{1}{2}AC\cdot FH=\dfrac{1}{2}AC\cdot BO=S_{\triangle ABC}。"$

到这里大家才对这个题有了全面的认识，"原来 $\triangle AFC$ 的面积就等于 $\triangle ABC$ 的面积呀！我怎么就没想到呢？"有的同学感叹道。

我给大家适时点拨："刚才同学们经历了一个有趣的数学探究过程。数学探究是一种重要的研究问题的方法，也是人们发现新知识的重要手段，非常有利于培养大家的创造性思维能力。对于这个问题，我们是先探究它

的特殊情况，再去探究它的一般情况，这就是数学上的'特殊——一般'的数学思想，我们认识新知识新事物，一般都会经历这个过程，同学们在学习中不但要勇于探索，还要注意总结其中的奥妙呀！"（刘红芳）

四、在教材的破与立中提升课堂对话品质

在英语课堂教学中，对话教学是最重要最常见的一种教学策略。新课程标准指出：对话教学是对传统课堂教学中的教学目的、教学方式等方面的革命。它是互动的、交往的教学；是沟通的、合作的教学；是创造的、生成的教学；是敬畏每个生命和以人发展为目的的教学。

但是，根据对自己多年教学的反思和对同事课堂教学的观察，我发现大多数教师在准备课堂教学对话时基本仅是围绕教材和教参，首先确定好教学重难点，然后再选择相关的操练方式，目的主要放在了任务的顺利完成和内容的熟练程度上。也就是说，在英语对话教学设计和课堂具体实施上，往往"教什么"和"怎么教"是教师关注的重点，忽略了追寻对话教学"高品质"的目标。

我认为，要想实现在课堂上提升对话品质这一目标，就必须站在课程的高度上，在教材的"破"与"立"中寻找突破。

（一）基于课程标准整体设计对话教学，再造课堂流程展开对话

课程标准限定的是学生的学习结果，基于课程标准的对话教学设计，就是教师根据课程标准对学生规定的对话结果来确定教学目标、明确评价方案、设计对话活动。要求教师"像专家一样"整体地思考课程标准、教材、教学与评价的一致性。

因此，我在准备对话教学时，打破了原先传统的课堂教学流程，把课堂按照对话内容、功能和特点进行流程再造。新的课堂流程共分五个环节：目标定向：师生共同明确对话和探究方向，确定核心问题及对话话题。学生先学：学生根据教师提供的对话材料进行生本对话，为合作对话做准备。合作对话：在班级内形成小组内部、小组之间、生生之间、师生之间的广

泛多向对话，满足不同层次学生的学习诉求。点拨拓展：教师依据合作对话情形，根据学生展示效果，适时点拨、梳理和引导，师生展开深度对话。反馈评价：对课堂教学效果进行反馈与评价，对学习成果和对话过程予以精当点评。

为了使课堂对话更加高效，实现课堂互动的可控性，我开发了与课堂流程相一致的学与教的载体："课堂学习指导纲要"。"纲要"明线是学生学习的流程，暗线则是教师教学的流程。以此引导学生发现问题、呈现问题，然后在课堂上讨论交流、合作对话。内容不仅有适合学生操作的学习目标，而且提供了根据课程标准和学生学习实际而设计的对话文本、对话方法和形式等。

这样，整堂课的活动不再是按照教材顺序展开，而是根据对课程标准、教材、教学与评价的思考，以及对学与教的过程、课前自主学习与课后巩固的思考，整体地进行了设计。师生不囿于教材，根据课堂流程自由展开对话，便能容易建立新旧知识之间的联系，随机产生灵感，生成一些精彩且充满智慧的课堂对话。

（二）把对话导入到现实生活，以艺术形式和手段实现对话创生功能

英语学习的普遍规律大体上可以概括出下列几种：由原结构到新结构、由单模式到复模式、由接受到表达、由模仿到创造。英语作为一种语言，它来自于生活，必须还要还原于生活。英语学习是艺术性活动，艺术是生活的结晶。因为语言的学习、发展及运用，既具有艺术的所有基本特征，例如创造、美感、节奏、灵感等，又包括在英语学习中各种专门艺术形式和手段的运用，如英语游戏、英语歌曲、英文诗歌、英语图画、英语情景剧等。其内容都与学习者的思想、感情、修养等相和，且能产生共鸣。

为此，我就经常把这些英语学习的艺术形式和手段作为设计对话的载体，努力创设情境，把文本知识与现实生活对接，模仿和再现英语文化语境，由生硬的、枯燥的文本导向鲜活的、生动的生活。这样，学习者就会很容易地进入真实的、自然的、自由的语言对话之中，进入艺术再创造的角色，在不知不觉中掌握英语的用法。

除去灵活运用多种英语艺术形式和手段之外，我还把表演情景剧作为

171

提升对话品质的主打项目。我鼓励和指导学生根据教材内容或课外阅读文本选择剧本自行编排，布置简易的场景，准备简单的道具，设计富有表现力的动作和旁白加以表演。有时在课堂上表演，有时干脆走出教室，到操场上、草地上、商场里等地方去表演。

这种形式的对话教学，同样打破了教材的编排顺序和内容，根据需要重新寻找和创造对话形式和内容，给学生提供了较大的活动空间和想象余地，激发了学生主动说英语的积极性，开阔了视野，增长了见识，了解了英语国家的风土人情，人文历史，社会文化。利于学生灵活运用学过的知识，能够发展学生审美能力与合作精神，训练了学生良好的心理素质，对话品质自然得到提升。

（三）以"学习型组织"为载体，捕捉"生发"资源，建构对话新意义

目前英语对话教学的误区是，一方面教师认为对话即谈话，夸大了学生的自由，出现主题缺失的对话局面，忽视了对话的共生性；或者认为对话即问答，交流受到正确答案的限制，对话的思路受到阻塞，学生不能充分地表达自己的思想与观点。另一方面对话过程中学生由于散落在课堂里，学生的集体共享思维过程缺失，课堂上缺乏科学的组织管理，因此有效的合作意识难以形成。

为了摆脱英语教学中的这些误区，追求高品质的对话，近几年我创建了一种课堂组织形式："学习型组织"。它是按照"教学相长"的原则组建管理单位，在综合分析学生特点的基础上，将班级中的学生平均划分成相对平行的10个左右的单元合作学习小组，每个小组一般由4人组成，即A、B、C、D 4个层次，每个学习小组就是一个"学习型组织"，每个"学习型组织"都有自己的组织文化，有自己的组织结构。

这就方便了对话的具体操作，英语对话教学中常见的师生对话、生生对话、生本对话，很容易地就形成了一个以学生为核心的完整的网状对话结构，打破了传统教学中单一的师生对话以及合作学习中单一的生生对话，有利于最大限度地提供学生对话合作的机会。

比如，在笔者实践的课堂教学5大环节中，其中的"学生先学"环节就是实现生本对话的自由阵地，学生在这一环节里，根据第一步"目标定

向"师生设定的学习目标，在自主阅读文本的基础上，揣摩作者和编者的意图，进一步深化认识，为师生对话和生生对话提供对话素材和问题。教师在这一环节应指导学生在遵守文本的基础上进行联想，对其中的不定点进行生发。

"合作对话"环节主要是实现生生对话的场域，学生在这一环节里，以"学习型组织"为基本单位，或在"组织"内部俩俩对话、4人对话，或"组织"之间展开对话。在对话的过程中，首次机会要让给水平稍差的学生，一人代表本组发言时如果有漏洞或不足，本组内其他成员可以及时补充。鼓励组织内部的创新与生成，如果组织某一成员有创造性发挥，就当堂为该"组织"加分，并计入课堂评价档案，每周一汇总并进行表彰。奖励不以个人为单位，而以"组织"为单位，A层学生与它组A层学生比，B层学生与它组B层学生比，每个人都有赢得第一和获得表彰的可能。因此学生们会为了本"组织"的荣誉而积极主动地参与到对话活动中来。

"点拨拓展"环节则是实现师生深度对话的主要空间，在这一环节里，教师充分发挥自己的专业素养、文化背景与生活经验，在与学生对话中实现点拨、梳理和引导，对话的过程也是"头脑风暴"的过程，学生在这种情境里，思维容易被迅速激活，表达的欲望强烈，对话内容、情感、形式就会出现奇妙的智慧生成，进而会促使对话自觉建构新的意义，课堂对话场面精彩纷呈，高潮迭起。

由于英语学习环境的缺乏，学习语言知识本身会出错，语言的交际运用更加会出错，导致英语课堂会比其他课堂有更多的错误。因此，我把学生在对话中出现的错误当做一种难得的课程资源，纠错者与答错者同样赢得鼓励，这样就会加深他们对正确知识的理解和记忆，这不但使学习变得有趣，而且学生的思维也得到了空前的调动。课堂对话中产生错误的时候，正是师生在课堂上对教材重新调整、生发学习资源的最佳时机，是对话品质提升必须高度重视的一个策略。

这样的课堂，教师面对的不再是一个个的学生，而是一个个的小团队，学生之间的对话也是以团队的形式出现，因为每个团队都有严密的组织原则，加上多元评价思想的渗透和以人为本、民主思想的关照，课堂上的对话就实现了师生、生生平等的地位。和谐的师生、生生关系，激发了所有学生主动参与对话的愿望，每个人在欣赏和尊重中主动向对方敞开心灵的窗户，在对话中提高英语学习的效果。

对话不是强制的，不是被人操纵的，而是双方的一种合作。同时，教师自身自觉的专业化成长是提升高品质对话的基础，教师要不断地进修学习，读书反思，不断提高自己的跨文化交际能力和英语文化修养，不断提升自己的听说读写能力，及时把握最新教学思想和方法，了解最新阅读、对话资源。也要鼓励学生通过不同渠道多读书、多研究，深入到生活和社会中去，丰富自己的人生阅历。这样，师生才能在基于课程的高度上创造性地运用教材，才有能力在教材的破与立中提升课堂对话品质，实现英语教学的有效性。（季海东）

五、勤奋组，向前冲

我校的课堂教学改革进行得如火如荼，最值得骄傲的是小组合作教学得到了师生的认可，营造出了最和谐的课堂气氛。要使小组合作得和谐、有效，合理地分组及命名是至关重要的。

我校的分组一般是以学生的学习水平、性别、个性、心理素质、发展潜力等综合因素为依据，4人一组，前排两人，后排两人，便于随时合作交流。每小组成员分别为1号、2号、3号、4号，1号是组长，成绩优秀，具有领导能力和组织能力，2号、3号中等生，4号较差，各小组的总体实力基本相等，这就形成组间同质、组内异质，有利于组与组之间的公平竞争，也有利于组内成员互相帮助、取长补短。

原本认为课堂上称呼1号、2号、3号、4号是天经地义、顺理成章的，可是经过一次偶然的听课后，我有了迥然不同的看法。

那时，语文组听课、评课活动正在进行，我和平时一样怀着学习的心态走进课堂，课堂上，小组活动热烈而井然有序，1号组长正带领组员讨论问题：组织、补充、纠正，使每个组员的理解都越来越准确，越来越深刻。没有一个人走神，没有一人偷懒，只有轻声的讨论，满意的领首，认真地记录……

讨论完后，教师要求学生展示讨论的结果，以便老师抓住难点、解决疑问。只听老师说道："请4号同学来回答这个问题。"4号就是小组里学习能力、学习习惯最差的。

接着又听老师说道："这个问题由3号来回答。"3号是小组中实力排第三的。后来又听到："这个问题由1号来回答。"1号是小组里实力最强的。以前听课的时候，听着这些数字并没有觉得刺耳，今天为什么听着特别难受呢？

想想每个学生的名字都是由父母绞尽脑汁起的，有的诗情画意、有的勇猛刚毅、有的内涵丰富……而现在，却都变成了一个个冷冰冰，甚至是带有屈辱意味的数字，他们的心情会如何呢？

听完课，第一件事就是解决这个让我难受的问题。怎么解决？上网查资料，没找到；问其他老师，没有好办法；冥思苦想，无果。也许问问当事人会有意想不到的收获，想到这里，立即到教室找各小组的组长商量。

"各位组长，老师上课的时候，为了方便，提高课堂效率，不喊名字，而喊1，2，3，4号，你们感想如何？"

"我觉得不大好，因为叫数，让我觉得和老师的距离很远，本来我的名字很好听，可现在却成了1号，太无情了。"

"我们还好，4号才惨呢，本来学习不好，现在彻底'死'了，太可怜了。"

"既然大家都反对，那么我们讨论一下，如何解决这个问题？"

"我认为，应该取一个好听的名字。"

"不行，好听有什么用，关键是取一个鼓舞人心的名字。"

"那么，我们给1号起个什么名字呢？"

"1号是我们班里学习实力最强的，他们的水平决定小组讨论的结果，1号应该是实力派的，应该叫实力组。"实力组的同学听了，不禁大声喊："我是实力组，有问题来问我，保管你满意。"

"2号的学习能力仅次于1号，更有潜力，在组长和老师的帮助下，会突飞猛进，对1号的学习也有推动作用，应该叫潜力组。"潜力组的同学听了大声喊："我有潜力，我要努力，我要超过组长。"

"3号的学习能力一般，他们要追上前面两个同学，要付出很多，要勤奋，还要有积极的进取心。应该叫奋进组。"奋进组的同学异口同声："我要进步，我要追赶，成为潜力派。"

"4号同学的学习能力，自制力是最差的，他们差的原因是太懒，要想进步，首先从勤奋开始，应该叫勤奋组。"勤奋组的同学大声喊："从现在开始，我要动起来：脑子转动起来，手举起来，用笔写起来。"

最后确定各个不同能力学习组的名字分别为：实力组、潜力组、奋进组、勤奋组。

同学们讨论完毕，都感觉神清气爽，因为不仅明确了自己的位置，又找出了自己的不足，看清了前进的方向。现在大家是摩拳擦掌，跃跃欲试，欲与实力组试比高。

北京师范大学心理学院副教授林丹华说："孩子在成长过程中，社会性培养过程中很重要的一步就是同伴的接纳、认可和肯定。同伴的认可对他们的影响甚至超过了父母对他们的影响。如果在成长过程中，不被同伴接纳，甚至被同伴嘲笑，会造成心理上深层次的伤害，因为这伤害到了最根本的部分，自我的部分。这将会对其将来的成长、融入社会造成深远的伤害。"这种纵向的分组及命名完全解决了这个问题，不仅有利于4人互动解决问题，而且有利于组与组之间互助解决问题。在解决问题的过程中，每个同学目标明确，互相鼓励，互相竞争，真正达到了和谐的境界。

同时，这纵向的分组、命名，有利于教师的分层次教学。因为只有清楚准确地把握了学生的认知层次，教师的施教过程才能有的放矢，才不至于做无用功，学生的学习才不会出现"吃不饱"和"吃不了"的现象。由此看来，纵向分组、命名有利于教师准确把握学生认知结构层次，这是施行分层次教学的前提和基础。

上新授课时，我主要引导实力组和潜力组发挥，做好榜样，这对他们来说是游刃有余的；而对奋进组、勤奋组来说却是难以达到的，他们要在榜样的带领下努力消化，再加上课下的复习才会掌握，所以在新授课上只要求他们回答简单的问题，在复习课上他们才是主角。

学生的学是学习活动的主体，是内因条件，教师的教则是外因条件，外因必须通过内因才能起作用，教师的教必须通过学生的学才能产生教学效果，否则只能是一厢情愿。因此，在施行分层次教学过程中必须唤起学生主动参与的热情。让学生主动参与学习活动的方法很多,而纵式命名首先从名字上激励学生有进取的信心,每一个组就是一个团体,相同层次的组员互相鼓励,互相竞争。这在施行分层次教学过程中保护了学生的自尊,提高了学生的学习自信心。唤起了学生主动参与学习活动的欲望,这样的分层次教学才会魅力无限。(聂伟伟)

"零"作业，让学生活出生命的味道

　　教育中的任何一项改革，其终极目的必须指向学生的全面发展、个性张扬和终身幸福。"零"作业背景下的教学改革最终是要在学生那里发生教育的意义。"零"作业教学改革最大的受益者，无疑是学生。

　　"零"作业，撇开名利的诱惑，把童年真正还给学生，让学生享受童年，享受教育，让学生活出生命的味道。北宋一中的孩子们，像鸟归旧林，像鱼归故渊，我们终于看到了那张张久违了的笑脸——自然、灿烂。是的，"零"作业以及"零"作业背景下的教学改革赋予了学生学习的自主权，学习之乐其乐，学生从学习本身发现乐趣，将凝聚为一生的发展动因。

教育中的任何一项改革，其终极目的必须指向学生的全面发展、个性张扬和终身幸福。"零"作业背景下的教学改革最终是要在学生那里发生教育的意义。"零"作业教学改革最大的受益者，无疑是学生。

"零"作业，撇开名利的诱惑，把童年真正还给学生，让学生享受童年，享受教育，让学生活出生命的味道。北宋一中的孩子们，像鸟归旧林，像鱼归故渊，我们终于看到了那张张久违了的笑脸——自然、灿烂。是的，"零"作业以及"零"作业背景下的教学改革赋予了学生学习的自主权，学习之乐其乐，学生从学习本身发现乐趣，将凝聚为一生的发展动因。

"零"作业教学改革实现了从课堂到课下，从学校到社区和家庭的全方位覆盖。"双休日（节假日）生活指导纲要"是学校组织各学科组教师，以一学期为单位，为学生双休日和节假日设计丰富多彩的综合实践活动，采用教师推荐菜单和学生自选菜单的方式。要求教师为学生提供广泛的学习资源，并布置有益于孩子健康成长的活动，做好学生的生活指导，真正把时间、健康和能力还给孩子，过一个既充实又轻松并有收获的双休日或节假日。这样，国家课程与实践活动有机结合，是一种新型的校本课程建设的尝试与探索。

综合建构学校校本课程体系一直是我的办学理想，而这一理想目前也已初见端倪。北宋一中的学校课程主要包括科技探究类、人文社会类、艺体综合类、活动体验类、综合实践类等几大项。学校有传统的"读书节、体育节、科技节、艺术节"四大节日课程，也是学生全体参与的课程。学校开发了大型德育系列主题课程"道德感教育"，并围绕其开展一系列主题性活动。学校提出"探寻传统文化，引领一方文明"的教育观，鼓励学生参与组织实践活动，寻访民间艺人，请他们走进校园，走进学生的课堂。

从 2007 年起学校积极倡导学生社团建设，发展到现在，已有小记者站、紫藤文学社、星星河广播站、书画社、英语俱乐部、乒乓球运动协会、健美操运动协会、武术爱好者、红歌歌唱团、口风琴乐队、舞蹈队、科技发明兴趣小组等几十个社团。学校举行每年一届的"社团文化节",集中展示学生社团的活动成果,这些课程和活动的开展与研究,大大激发了学生的学习兴趣,开阔了视野,促进了学生的全面发展与个性张扬,创新精神和实践能力得到了锻炼与提高。

第三章介绍的"单元自主学习指导纲要"和"课堂学习指导纲要"这两大学习纲要,加上"双休日(节假日)生活指导纲要"以及学校校本课程的开发,让北宋一中的学生"零距离"接触到了优质的教育,学校课堂也从最初的因困而变、顺势而为,发展到现在的走向卓越。

第一节　在校本课程的开发研究
与实施中践行素质教育理念

校本课程开发是我国基础教育三级课程管理的重要内容,源于 20 世纪 60~70 年代的西方发达国家,主张学校的教师、学生、学生家长、社区代表等参与课程的决策,以学校为基地进行课程开发,实现课程决策的民主化。它是在中小学多年来实施活动课、选修课和兴趣小组活动的基础上继承和发展而来的课程开发策略,意思是学校根据自己的办学理念和实际情况自主开发一部分课程,目的是为了更好地满足学生的实际发展需要。它对于学校办出特色,向学生提供最适合的教育有着重要的意义。

《中共中央国务院关于深化教育改革全面推进素质教育的决定》明确提出:"调整和改革课程体系、结构、内容,建立新的基础教育课程体系,试行国家、地方课程和学校课程";《基础教育课程改革纲要(试行)》提出:"改变课程管理过于集中的状况,实行国家、地方、学校三级课程管理,增强课程对地方、学校及学生的适应性"。也就是说学校和教师可以根据自己的教学资源实际情况选择不同的教学内容、采用不同的教学方法使学生达到学习目标。因此,在这样的环境下如何努力挖掘地方资源和校本资源,如何合理有效地开发和利用校本课程,践行素质教育理念,成为我校"零"

作业教学改革背景下研究的重要课题。

当然，学生的发展受到多重因素的影响，单纯的一项改革或课程实施不可能完成所有的教育任务，但是北宋一中始终本着一种实事求是和不断追求的态度，正在做着更宽、更深的努力。下面我主要向大家介绍我校师生自主研发的三类校本课程实施情况。

一、地方传统游戏的开发与实施

随着社会的发展，人们娱乐方式的多样化，越来越多的民族传统的体育项目被人们遗忘。踢毽子、投沙包、跳皮筋、拾子儿、滚铁环、打陀螺、跑房、跳房、老鹰捉小鸡等，这些传统游戏离现代校园里的孩子越来越远。电子游戏、电动玩具占了上风。同时我们的体育课也向传统学科课程一样，过分重视学生对体育知识和技能的掌握，特别是竞技类体育知识的掌握，忽视了情感以及合作意识的培养，致使许多学生不喜欢上体育课，感到课余生活非常无聊。

针对这一现状，我们把地方传统游戏引入学校，拓宽了体育课程的内容。尝试性地在体育课程中引入了一些地方传统游戏，教孩子们玩，鼓励孩子们玩。以此调动学生参与体育课堂的积极性，形成富有特色的体育课堂模式。

（一）地方传统游戏的概念和特点

地方传统游戏是民间百姓创造并流传于民间的，不同于正式体育项目的大众化，是一种娱乐性的健身游戏活动。具有原生态、趣味性、方便性、简便易学、内容广泛、竞争性强等特点。

地方传统游戏的原生态表现在其与生活的紧密联系上。如游戏内容的生活化、游戏规则的灵活性、游戏方法的创新性等。趣味性表现在它符合当地的文化特征，符合游戏者的心理特点，内容生动，形式活泼，规则自创，老少皆宜，能使参与者的情感得到宣泄和释放。方便性则是说地方传统游戏不受时间、场地的限制，形式多样，玩法灵活，随地取材，随时创

造。地方传统游戏内容广泛，无所不包，无所不行，从"大肌肉群"活动
到"小肌肉群"锻炼，再到各部位的协调，是正规体育的有益补充。地方
传统游戏的竞争性也很强，能为孩子们提供一个自由、安全、轻松、活泼
的参与环境，既能体验成功，也能品尝失败，自信心和受挫力同时得到锻
炼，可以形成良好的个性，并促进身心的健康发展。

（二）地方传统游戏进课堂的意义

1. 使学生由自然发展变为有目的、有计划的发展

民间游戏简单易学，趣味性强，对促进学生的身心发展有着不可低估
的作用。特别是对初中学生的发展来说，游戏和学习都是极其重要的，游
戏促进学生的自然发展，课程学习则促进其有目的的发展。将游戏引进到
体育课堂中，既能作为国家课程的有力补充，也能作为校本课程，充分发
挥体育游戏在教学过程中的"润滑"功能，起到调整情绪，活跃气氛的作
用。另外，体育游戏的引入，可以使学生更深切地懂得体育运动的内涵。
我校自主开发的"黄河口民间游艺"校本课程，深受广大学生的喜爱，学
生在享受古朴的黄河文化的同时，还锻炼了身体，增强了爱祖国、爱家乡
的热忱。

2. 地方传统游戏是正式课程的有益补充

整理和改造地方传统游戏并使之课程化，既补充了国家体育课程的不
足，又挖掘和保护了地方体育游戏。地方传统游戏活动不但促进了学生骨
骼肌肉的发育，锻炼了他们的运动技能和技巧，也有利于内脏和神经系统
的发育。如"过独木桥""摸瞎瞎"等游戏能训练学生的平衡能力，使学生
身体匀称和谐地发育；"翻绳""夹弹子"等游戏促进了手的小肌肉群和手
眼协调能力的发育；"跳皮筋""捉迷藏"等游戏通过跳跃、奔跑的活动，
可增强学生各器官的生理机能。另外，民间游戏的趣味性可以大大增加学
生主动参与的热情，并使他们认为这是在"玩"，而不是在"上课"。

3. 地方传统游戏有助于学生的合作与交往

交往是人的基本需要，也是课程和教学的基本功能。国家体育课程往
往突出个人素质，技能性很强，要求也很高，学生在学习中容易产生压力。
而地方传统游戏往往是集体活动，合作游戏，因此更能体现角色分工和互

补的精神,体现交往与合作的要求。另外地方传统游戏为学生的交往提供了超越学校限制的时间和空间,学生在游戏中走向社会,走向生活,学习社会交往必须的知识和技能,了解他们周围的世界,了解自己和他人的关系,了解自己应学些什么,从而健全自身的人格并获得全面发展。同时,游戏的角色分工还为存在性格缺陷的学生提供了一个校正的机会。

4. 地方传统游戏有利于学生的自我教育

现代教育十分强调学生的自我教育。中学生正处在自我意识充分发展的时期。学生在体育游戏中能获得合作机会、角色扮演、胜利和失败的情感体验并懂得自定规则,遵守约定等社会契约。能使他们以冷静和坦然的态度对待胜负,进而促进对个人与社会关系的思考。他们也能根据游戏中伙伴的评价,主动进行自我调整,自觉按照游戏规范和游戏角色进行调试,开展批评和自我批评等,达到自我教育的目的。

5. 地方传统游戏有助于学生的个性自由和充分地发展

许多教育家都提出,要保证学生有一定自由的自我活动和自我决定的机会。当学生受约束的、单调的、被动的活动减少时,由被制约性走向自主性时,个性的自由、充分发展就会成为可能。地方传统游戏活动内容丰富、形式活泼、范围广泛,为学生的个性发展开辟了广阔的天地。地方传统游戏进入初中课堂能提高学生参与体育课堂的积极性,有利于合作精神的发展。

(三)让地方传统游戏有计划地进入校本课程

1. 对地方传统游戏进行科学的选择和整理

地方传统游戏十分繁杂,不是所有游戏都适合进入到课堂教学中,因此,对地方传统游戏的选择和整理就具有十分重要的意义。我校在开发"黄河口民间游艺"校本课程时,不是全部选取,而是广泛收集,根据学生的不同生理、心理特点以及传统游戏的健身、教育效果,有选择的录用。在选择和整理中,我们遵循了以下原则:

其一:道德性。有些地方传统游戏具有损害儿童身心健康的因素,不利于儿童良好道德观的形成和发展,因此,不宜进入到课堂教学中。

其二:目的性。地方传统游戏的目的各自不同,有的重在提高某些身体素质，掌握某些技能；有的重在发展体力和能力；有的是为了提高心理素质和道德品质；有的侧重于情绪的释放和舒缓。教师在地方传统游戏的课程化时必须注意到这些游戏的不同特点和功能，做到扬长避短，有的放矢。

其三：健康性。这主要是指选择地方传统游戏的内容和活动方式要健康，动作的选择应有利于锻炼身体，增强体质，而不能有损害身体健康或易造成伤害事故的内容；在运用体育游戏时，一定要针对学生的具体情况及场地、器材条件，预先估计并尽量排除可能产生的不安全因素。

其四：趣味性。地方传统游戏的主要魅力在于其独特的趣味性。在教学中所运用的游戏，从内容到形式上都应生动活泼，富有趣味性，具有吸引力。这样，才能使学生更加积极主动地参与其中。

2. 对地方传统游戏进行必要的课程整合

教师要有开发校本课程的意识和能力，把富有当地乡村气息的、广为流传的民间古老游艺搜集整合，结合不同年龄段的青少年学生的生理和心理特点，形成校本教材与国家体育教材相辅使用，加强两者的融合度，充分发挥民间游艺的健身、育人功能。在进行校本课程开发设计时，要把地方传统游戏的自主活动方法、活动要求、健身效果、活动安全注意事项、活动场地的选取、简易活动器械的制作、负荷强度等一一设计进去，让学生能只参照校本课程就可以安全自主地进行各种游戏。

在引入地方游戏的过程中，提高教师课程开发、研制、实施等的能力就显得十分迫切，教师必须具备课程理论、游戏理论、学生发展理论方面的专业素养。

（四）地方传统游戏进校园的教学实施

开发出富有当地特色、饱含浓厚地方文化气息的校本课程以后，如何合理地实施与运用这些游戏素材成为重中之重，我校校本课程"黄河口民间游艺"的实施中，遵循了以下几点做法：

1. 根据地方传统游戏的不同特点，有计划地分配课时或在课的不同部分合理进行运用

现在中学生每周体育课共 3 课时，在保证完成常规教学任务的同时，我们专门拿出一节课进行传统游戏教学，旨在培养学生的民族情结，激发学生参与体育活动的积极性，同时也能达到素质练习课的教学效果。

另外，教师也可以根据每一节课的不同教学任务，在课的不同部分或某一环节设计地方游戏。我在体育教学中，把"海陆空""跑围城""跳房子"等黄河口民间游艺，广泛地在体育课的准备部分、结束部分加以应用，使学生自然迸发出参加体育活动的热忱，积极主动地进行游戏，使身体肌肉和各器官机能被合理调动起来，取得了比体育教材上的游戏更好的锻炼效果。

2. 突出地方游戏的乡土文化气息，深化传统游戏的德育功能

我校在选择开发校本课程时，突出黄河口民间本土文化，有目的地选择了一些富有德育内容的游戏。通过引入这方面的游戏来加强学生的自我约束能力，培养学生努力拼搏、勇往直前的精神。在双休日，组织学生社团深入当地农村，与农村老人一起活动，体会古朴原始的传统游戏，探讨发掘新的民间游戏，让学生了解游艺的创编过程及与其息息相关的生活实践故事，提高认识，感受上辈人的辛勤付出、乐观创编游戏活动的优良品质，珍惜今天来之不易的幸福生活。

3. 根据地方传统游戏的组织形式、场地要求和参与方式，积极拓展游戏活动的空间

地方传统游戏有的是单人游戏，有的是双人、多人游戏，有的需要一定的辅助器械，有的则是完全徒手游戏。我校在开展"阳光体育师生同乐大课间"时，根据学校各班级人数合理分配活动场地，在搞好各种特色社团建设的同时大面积地开展以黄河口民间游艺为主的单人或集体活动，定期组织各班进行各种游艺展示，以此来促进活动质量。例如我校在民间游艺展示月中，每周一个特色，第一周为"跳绳节"；第二周为"丢沙包节"；第三周为"陀螺节"；第四周为"跑房跳房节"，通过评比、展示来提高活动参与度，鼓励教师和学生一起活动，一起制作简易的游戏器械，缩小师生心理差距，促进师生交流，在享受纯朴游艺活动的同时加强师生精神文化修养，既提高了大课间活动的参与度又为各种游艺拓展了活动空间。聘请校外辅导员，在每天课外活动时对学生的传统游戏进行指导，让学生能够充分放松身心，彻底忘却学习的疲劳，尽情享受游戏的乐趣。

实践证明，地方传统游戏能提高学生参与体育课堂的积极性，有利于学生合作精神的发展。同时，地方传统游戏也是国家体育课程的有力补充。地方传统游戏进入校园，对拓宽校本资源具有启发意义。

二、"我与游艺同行，经典伴我成长"大课间主题活动

伴随着素质教育在我校的深化开展，在"零"作业改革的背景下，大课间游艺活动已成为了我校广大师生校园生活和个性展示的重要舞台，"每天锻炼一小时"已不再是一句口号，而是校园内一道亮丽的风景线。

国学经典是民族文化的瑰宝，"经典"是民族智慧的结晶，所载为常理常道，其价值历久而弥新，是经过历史选择出来的"最有价值的书"。千百年来它作为人们的宝贵知识和精神财富，滋润了一代又一代的仁人志士、贤者精英，成为一种长效的丰富的民族滋养剂。

《论语·述而》中孔子曾这样阐述自己的教学之道，"志于道，据于德，依于仁，游于艺"。"游于艺"就是孔子对游艺状态学习的欣赏，在他看来，学习的至高境界在于"玩"，在于"艺"。我校的校训"志道游艺　抱朴求真"就是受此启发，在学校"游艺校本课程"开发和实践的过程中生成的。

经典诵读是为了让学生积淀文化底蕴，大课间游艺是为了让学生能够快乐、健康地成长。学校开展以"我与游艺同行，经典伴我成长"为主题的大课间活动，巧妙地把学生的课间活动与国学经典诵读结合起来，融经典诵读与课间游艺于一体，寓教于乐，课间校园里洋溢着勃勃生机，回旋着古诗词韵。这样，学生在进行体育锻炼的同时能够丰富知识，陶冶情操，涵养品德，实现了"学中练、玩中学"的目标。

下课的铃声响起，伴随着悠扬的旋律在校园上空回荡，各班以单列队形整齐入场，开始了我们的大课间活动。活动的第一项内容是小学生广播体操《雏鹰起飞》；第二项内容是校园集体舞《小白船》；第三项便是班级特色活动。以班级为单位自编各类富有特色的游艺项目，指导学生边背诵诗歌边做游戏，以往拍拍手、跳皮筋等游戏的顺口溜如今换成了"人之初，性本善……""碧玉妆成一树高，万条垂下绿丝绦""天地玄黄，宇宙洪

荒……"等经文。这种活动形式改变了以往单一、枯燥的活动形式，操场上活跃着同学们矫健的身姿，展现着张张笑脸，回响着欢歌笑语，整个校园诗情盎然。古诗词语言隽永，意蕴深远，把其编进游戏里，能使同学们边活动边背诵，动作协调，保持浓厚的参与热情。经过几个月的活动，同学们已经形成了边玩边背诵古诗词的习惯，活动成果初显。

下面介绍几种主要的游艺做法：

1. 小虫虫钻山洞：全体同学手拉手排成马蹄形作为山洞，双手上举形成小山洞。推出两名同学当小虫，边背唐诗边从每个山洞穿过。一首唐诗背诵完毕后，停在哪两个同学之间，这两个同学其中的一个当小虫，背完唐诗的同学再当山洞，以此类推。

2. 切西瓜赛唐诗：教师根据本班人数分主题选出相应数量的诗词，让学生分别去背。活动时，全班同学分成 3 组，手拉手围成 3 个圆圆的大西瓜，其中一人站中间，边背诗词边切西瓜，背完一首诗后，西瓜被切开，开口处的两名同学迅速朝相反的方向绕圈跑回原处，先跑到的同学就进入西瓜里继续切，背的诗不能与前面同学相同，该游戏在激发背诗兴趣的同时，开拓了学生的知识广度。

3. 七星异彩赛诗会：活动时，全班同学分 3 组进行。每组由 7 名同学扯起皮筋呈七角星，5 名同学边背经典边跳皮筋，跳错者淘汰，罚背古诗一首，然后替下扯皮筋的同学继续跳。

4. 角斗士：学生两人或几人一组，背诵经典的同时，用脚进行"剪子、包袱、锤"的传统游戏。通过学生的肢体语言与经典相结合，达到学中玩、玩中学的效果。

5. 编着花篮诵经典：全班 4 人一组，每组同学编着花篮，和着拍手的节奏齐诵《三字经》《弟子规》，每两组进行比赛，看哪组编的时间长。输的一组齐背一首古诗，然后两组再继续编花篮，接着上次背的地方继续诵经典。

6. 经典节节高：本游戏把经典诗文与竹竿舞完美地结合在一起。全班分为两个大组，每组有 6 人敲击竹竿，其他人分为单人、双人跳过竹竿。跳的同学随着节奏背诵诗文，被竹竿拌到即为失败，站到一旁边拍手边背诵唐诗，后面同学依次跳过竹竿。跳的同学都失败后，与敲竹竿的同学交换继续游戏。欢乐的竹竿声、充满节奏的吟诵声把趣味与知识完美融合起来。

7. 山车穿越经典城：每两个同学一组双手搭起当作城门出入口，安排这样的 3 个城门。其余同学作为山车，车头一开，集体齐诵古诗，古诗背诵完毕后，谁被卡到城门里，就被罚下加固城墙，替换下城门口的其中一名同学加入"车队"，游戏依此进行。

8. 竞技火车赛经典："呜—呜—"由 4 个组组成的火车开过来了，前面同学双手抓住后面同学的一只脚腕，以此类推排成火车，边单腿跳边向目标前进，先到者胜出。同学们将课堂与活动结合，这列载满经典的"专列"，巧妙地通过游戏的方式，在玩中背诵经典，提升同学们的文化底蕴，培养良好的行为习惯。

9. 唐诗迷宫：该游戏通过看似简单的呼啦圈摆成的迷宫，将全班分为两队，让学生在里面一边根据摆放情况单腿跳、双腿跳，一边背诵经典。跳错者、踩圈者淘汰出局，最后以人数定胜负。

以上活动利用有限的场地给学生拓展了无限的空间。四年级学生王晓媛在她的一篇日记中写到："在铿锵有力的节奏中，在花样翻新的表演中，背诗歌，诵经典。诵读之后，在轻柔的音乐声中，我们身心得到宁静，伴随着清脆的铃声，我们又开始了新的学习。与好书相伴，与经典对话，我们行走在快乐幸福的阳光之路上。"

"我与游艺同行，经典伴我成长"活动，不仅仅是锻炼学生的体能，更重要的是体现了素质教育的思想，体现了"以学生发展为中心"的理念。真正地把时间、健康、能力还给学生，让教育回归了传统、回归了自然、回归了生活和儿童的天性。

三、儿童乡土文化实践研究

（一）课题研究的目的和意义

1. 问题的提出

著名的语文教育专家杨再隋教授曾说："儿童文化是一种诗性文化，儿童常常在现实世界和想象世界之间自由地转换，甚至模糊了幻想和现实的界线，绝不要武断地指责孩子们的'无知'，正是这些想入非非的幻想，标新立异的见解，造就了崭新的儿童文化，显露了儿童文化的天性，是智慧的花蕾，是创新的萌芽。"儿童是人类文明的传递者，儿童群体的文化极具独特性，充满自由、想象和创造。但从目前来看，社会对儿童文化建设的关注还不够，儿童文化成人化、粗俗化的现象普遍存在，给儿童带来诸多不良的影响；学校教育过多地追求形式，用固定的模式或方法去解释和规范教育的现象仍司空见惯，儿童文化和儿童文化中的哲学精神没有能被当前教育所重视和体现，导致教育渐渐地离开教育的本质。随着基础教育课程改革的全面实施与逐步深化，我校积极实施"零"作业下的高效课堂研究，让学生能享受教育，享受童年，在此背景下，我们语文组在长期的教学实践过程中提出了"黄河口儿童乡土文化实践研究课题"。

2. 国内外研究现状

通过文献检索我们发现：一是教育界对儿童文化的关注由来已久，从古罗马教育家昆体良到老子，从夸美纽斯到蒙台梭利，其中最重要的为杜威的"儿童中心说"，快乐儿童、解放儿童、发展儿童、支持儿童的教育思想对后世产生了深远的影响；二是当前国内的专家、学者对儿童文化的关注不够，论述儿童文化的文章数量较少，而且其论述的重点集中在定义其概念、揭示其特征、阐述如何建设儿童文化等方面，而对如何挖掘儿童文化中的课程资源未见涉及；三是国内对校本课程的开发更多的关注其知识和技能目标，忽视了校本课程本身在愉悦童心，守望童年方面的价值和追求，对儿童文化的关注不足。

3. 研究价值

本课题的研究价值在于：一是具有针对性。儿童文化的本质是"玩"文化，开发植根儿童文化激发其艺术灵性的校本课程，可以针对当前学校实际存在的学生学习负担过重，生活枯燥单调的现实，让学生在轻松愉悦、自由开放的审美活动中放飞心灵、张扬个性、重塑自己的精神家园；二是具有新颖性。本课题将儿童文化作为校本课程资源，把愉悦童心，为儿童守望童年作为校本课程开发与实施的主要的价值追求之一，在国内具有开创性的意义；三是具有发展性。进一步拓展我校"零"作业下的教学改革

191

实践的研究成果，实践我校"创领学习　奠基成长"的办学理念，进一步深化我校文化育人的办学特色。

（二）课题界定及理论支撑

1. 课题核心概念的界定

①儿童文化：是指儿童表现其兴趣、需要、话语、活动、价值观念以及儿童群体共有的精神生活、物质生活的综合。儿童文化是整体性的，儿童对一种事物总是会调动自己所有的感官去认识和体验；其次儿童文化是诗性的、热情的，它充满了想象和创造。再者，儿童文化是玩中学，做中学的。

②地域文化：地域文化指在特定区域源远流长、独具特色，传承至今仍发挥作用的文化传统。地域文化资源主要包括自然风光、历史遗存、民间文学、社会习俗、乡贤文化、物产饮食、生产生活方式等，是一定地域范围和历史时期内人们创造的物质财富和精神财富的总和。随着社会的发展，时代的进步，地域文化不断地被注入人的思想和情感，不断地融进新的文化与生活的内容，不断与其他的地域文化相互交融发展，从而形成了一种与地域相关的文化现象和以地域为中心的文化体系。

③黄河口文化：纵观历史，立足现实，黄河口既有悠久的历史文化，又有新兴的现代文明；既有黄河大流域文化的源远流长、古齐文化的博大精深，又有鲜明的流域特征和独特的自身特质；既有古代黄河口人的筚路蓝缕，又有现代黄河口人的开拓创新。正是历代黄河口人的承前启后、继往开来，才创造出今天如此光辉灿烂的黄河口文化。

④校本课程：是学校校长、教师、学生、家长联合开发的适合学生特色的课程。校本课程的核心是：一要适应学生需求，二要确立以教师为主体的多元开发共同体，本课题所研究的校本课程主要是儿童文化活动课程。

2. 理论支撑

儿童世界是一个充满情趣的世界。儿童是天生的幻想家、诗人，他们对文化有着完全迥异于成人的视角。儿童具有与生俱来的丰富多样的潜能，这种潜能完全可以化为实能，关键在于教育内容的确定和途径方式的选择。

本课题旨在利用黄河口特有的乡土文化资源，通过对儿童文化的分析与研究，对校本课程的开发与实施，为儿童提供情感体验与自由表现的空间，激发儿童的文化灵性，提升儿童的文化素养，为儿童的和谐发展和终身发展奠定基础。

（三）课题研究目标、内容、主要观点及创新构想

1. 研究目标

①通过对儿童文化的调查与分析，挖掘可利用的黄河口乡土资源和校本课程资源，选择适合儿童特点、满足儿童需求的校本课程内容，形成丰富多彩的系列个案。

②以改进儿童的学习方式为突破口，探索有效的课程实施策略与路径，努力让儿童在自主开放、轻松愉悦的审美活动中，迸发童真灵性，提升文化素养。

③通过优化课程评价，突出表现性、体验性目标，让儿童在参与文化活动的快乐学习中，寻觅心中的理想乐园。

④借助该课题研究，打造一支阅读型、反思型、研究型的教师队伍，促进学校教育科研发展，努力丰富学校教育科研特色的内涵。

2. 研究内容

①根植儿童文化，激发其文化灵性的校本课程资源开发与研究，包括对儿童文化的调查与分析，对课程资源的甄别与选择，对系列个案的开发与完善。

②基于儿童文化激发儿童文化灵性的校本课程的实施策略与模式研究，包括对学习方式的研究，对课程实施策略的研究，对课程实施模式群的建构。

③教师课程开发能力的培养研究。包括如何提升教师对儿童文化的理解，如何在校本研修中发展教师的课程开发能力。

④以表现性、体验性目标为主的校本课程评价研究。

3. 主要观点

①根植儿童文化激发学生文化灵性的校本课程，具有趣味性、艺术性和生活性三大特点，旨在开发学生的文化灵性，而不以培养学生的知识技能为主要课程目标。

②树立以人为本的教育理念，针对当前学生心理和课业负担过重的实际情况，通过开发基于儿童文化的校本课程，让学生在参与文化活动的过程中身心愉悦、生活快乐。

③本课题的研究必将使学生的审美素质得到长足的发展，学生在发现美、创造美、表现美的过程必将个性张扬，灵性彰显。

④本课题的研究有利于促进教师走进儿童的精神世界，有利于成人文化与儿童文化的相融与共生，有利于构建绿色生态的校园、课堂和课程。

4. 创新构想

①本课题将校本课程资源的开发指向学生真实的生活世界，实现了儿童学习与生活的最紧密结合，将课程资源开发的方向由"外"向"内"，直接指向儿童本身，这是认识上的一次重大飞跃。

②本课题将指导学生以审美的眼光审视、再现、提升和创造儿童文化，在优化儿童生活、提升儿童艺术素养方面具有重要的价值。

③本课题的实施将重视表现性、体验性目标的达成，充分发挥其对国家课程和地方课程的补充作用，让孩子在当前负担较重的学习环境中，有一方属于自己的创造美和愉悦身心的空间。

（四）研究重点、思路及方法

1. 研究重点

根植黄河口乡土文化背景下的儿童文化，激发其文化灵性的校本课程的开发与实施研究。

2. 研究思路

通过文献检索和调查分析，了解儿童文化的形态和类型，选择可利用的课程资源，师生共同开发适合儿童学习的校本课程；通过案例分析和现场观察，探索校本课程的实施策略和模式；在不断生成问题和解决问题的过程中，提升教师课程开发和实施的水平，形成系统的研究成果。

3. 研究方法

①文献检索法。在研究准备阶段，组织课题组教师查阅国内主要报刊，了解国内外研究现状和相关的理论信息，浏览网络中相关研究内容，把握正确的研究方向，借鉴先进的研究经验。

②行动研究法。在研究阶段，组织课题组教师进行校本课程的开发与实施，在教学现场中研究课程开发的途径，探索课程实施的策略与模式，提高教师的课程开发能力，寻求有效的校本课程评价方式。

③调查法。组织教师、引导学生、发动家长调查儿童文化资源，甄别、选择可利用的课程资源。

④案例研究法。组织精干力量对相当数量的教学案例进行相对客观和细致的分析，探究提升校本课程开发与实施水平的途径与方法。

⑤经验总结法。在总结阶段，发掘课题研究中的成功经验，及时总结提升。

（五）研究步骤安排及人员分工

1. 研究过程

①准备阶段：确定课题名称，组织文献检索和儿童文化调查分析，填写课题申报表。

②初步研究阶段：开题论证，完善课题研究方案，进行每周一次的研讨活动；邀请专家、学者来校作专题报告，以指导课题组开展研究；制订校本课程开发方案并组织实施，撰写中期研究报告。

③深入研究阶段：积累校本课程开发系列个案，探索有效的课程实施策略与模式；积累培养教师课程开发能力的经验；寻求以表现性、体验性目标为主的校本课程评价方式；对已有的课题研究成果进行整理和提升。

④总结阶段：分工合作整理课题研究资料；集中集体智慧撰写课题研究报告；汇编案例选；举办课题结题会。

2. 课题人员分工

课题主持人：刘勇

子课题组名称及人员分工：

①基于黄河口乡土文化背景下儿童文化之儿童文学研究。单翠云

②基于黄河口乡土文化背景下儿童文化之儿童游艺研究。盖志媛

③基于黄河口乡土文化背景下儿童文化之儿童影像研究。房敏

④基于黄河口乡土文化背景下儿童文化之乡土民俗研究。郭晓风

⑤基于黄河口乡土文化背景下儿童文化之科技制作研究。潘新刚

（六）预期研究成果

预期研究成果主要为以下几项：

1. 开题初期，能够形成课题研究方案、子课题研究方案和文献检索报告以及有关儿童文化的调查报告。

2. 研究中期，拟形成课题研究中期报告，积累部分校本课程开发与实施个案。

3. 研究后期，文本材料方面主要是形成科学性、实践性较强的课题研究结题报告、研究案例集（包括个别案例和活动设计等）以及课题研究论文汇编。

（七）保障措施

1. 成立课题研究领导组，每月至少例会 2 次，研究课题涉及的重大事项。

2. 建立专家顾问组，聘请省市县教科研专家和领导担任顾问，努力提高本课题的研究水平。

3. 健全课题研究管理机制，保证周周有研究活动。

4. 促进教师的专业成长，努力提高教师课程开发与实施的水平。

5. 在外出学习、考核及资金方面的保障。

第二节　引领学生在双休日 （节假日） 中体验生活的精彩

自山东省强力规范办学行为，推行素质教育以来，学生有了较多的可自由支配的时间。我们通过调研发现，学生大多不知道如何安排双休日（节假日）的学习和生活。不少孩子在双休日（节假日）不是关在屋里看电视、看武侠小说，就是走出家门，进入网吧；还有的孩子过度的运动。由于缺乏指导与督促，不少学生打破了正常的生活规律，成了"游兵散将""野孩子"。虽然玩是孩子的天性，但一味地玩，做事只求痛快不讲意义，五天的约束相比两天的放任，教育的价值趋近于零。

在这种情况下，我们要求教师为学生设计了"双休日（节假日）生活指导"，并充分发挥家长委员会的纽带作用，注重挖掘家委会成员的智慧，通过家校合一，加强节假日、双休日生活指导；组建社工志愿者社团，组织学生走进社区，开展综合实践活动，衔接学生课内课外生活。

一、发挥家长委员会的作用，引领学生节假日生活

（一）培训家长

现代教育观点认为，一位懂教育并能教育孩子的家长是最好的老师，一个懂教育的家庭是最好的学校。每年，我校每班平均开展家庭教育讲座不下 4 次，受到了家长的好评。在家庭教育讲座里，主要围绕以下内容展开：一是，在"零"作业背景下家长教育孩子应该注意的问题；二是，双休日（节假日）如何合理安排孩子的作息时间，让孩子有规律的生活和学习；三是，如何和孩子一起讨论、商订双休日的活动计划。为了方便沟通，我建立起了班级双休日（节假日）生活短信沟通平台，方便家长的咨询。

（二）定期家访

由于在农村，家长是很希望老师能进行家访的。家访工作是学校协调家庭教育的重要方式之一，也是班主任经常性的工作。在家访的过程中，我们深切地感受到了家长对子女未来的殷切期望，也感受到了他们对老师的尊重与信赖，每次家访班主任都会详细地了解学生的性格特长及家庭结构、成长经历、健康状况、学习环境、在家表现，并记录家长的意见和希望。通过家访活动，不仅近距离地接触了学生，而且还摸清了家长的期望与要求，了解了学生的个性与想法，加强了师生感情，对以后的工作起到

了积极的推动作用。家访工作虽然烦琐，但这种方法是其他教育观察法所不能比拟的。

【家访手记案例】

记录人：王建军。

家访时间：2010年8月10日。

地点：贾家；学生姓名：贾旭东；家长姓名：贾运动。

基本情况：

家长反应：该生在家比较听话，能替父母干力所能及的家务活。在暑假期间，参加了音乐特长补习班。参加补习班，并不为了别的，就为能多少学点东西，而且孩子在家没事做，容易惹是生非。

除了参加补习班，孩子也能依据"双休日（节假日）生活指导"开展活动，但最好要有父母的督促，因为孩子的自觉性并不是很强。

问卷调查情况：

项　　　目	自评得分	父母评分
爱劳动	80	70
爱读书学习	70	60
能尊老爱幼	90	80
能否依据"双休日（节假日）生活指导"进行学习	80	80

记录人：王建军。

家访时间：2010年8月10日。

地点：吴家村；学生姓名：吴佳乐；家长姓名：吴文尽。

基本情况：

在假期中，家长最担心的就是自己的孩子会和一些比较捣蛋的孩子混在一起。由于处在油区，孩子的安全问题和假期教育问题都很让家长头痛。

家长抱怨假期太长，学校也没有统一的假期管理办法。

家长不止一次地问，哪里有好的补习班，能让孩子发展一下能力。

在家访过程中，我发现，有名高三的学生在辅导孩子学习。询问过后，才知道情况是这样的：吴佳乐同学的家长提供学习地点，并付给该高三学生一定的费用，目的就是让该高三学生带着自己的孩子学习。

据了解，该生还外出去其大伯家约 10 天时间。

问卷调查情况：

项　　目	自评得分	父母评分
爱劳动	70	80
爱读书学习	80	70
能尊老爱幼	80	70
听父母的话	70	60

在与家长的沟通中，我也切实感受到了农村教育存在的问题，这种感受是我们今后开展和改进工作的基本依据：比如，在 2011 年 4 月 23 日，我记录到了如下和家长交流的内容：

1. "老师说一句顶俺说十句，俺说也白搭。"

2. "俺和他爸都忙，也顾不上他。农村人抽不出时间来关心孩子。"

3. "这孩子从小可会玩了，很调皮，老爱动，可能有毛病吧！我觉得老师是不是多给他布置一些作业，让他没时间玩，兴许好一点。"

另一位家长的话则让我的心情更加沉重。

老师："你每天有和孩子在一起的时间吗？"

家长："有，可是不多。我很忙，孩子的爸爸出了事，我个人种地也种不了，不挣钱又不行，就只有在一家饭店打工，经常回家很晚，有时都回不了家。"

老师："那孩子吃饭问题咋解决？"

家长："有时到他小姑家，有时在他奶奶家吃一些，我实在是照顾不上。"

老师："你平时会坐下来和孩子交流吗？"

家长："……"

老师："我是说，你有时间和孩子说说话，问问孩子的学习、生活等情况吗？"

家长："没有。我几乎没有时间问他这些。有时回到家就很晚了，有时看到孩子不学习，我就烦，烦了就没好气的训他，孩子也不还嘴。"

老师："他爸爸情况怎样？"

家长："判了十年，刚服刑两年。"

较长时间的沉默之后，我对她说："你看，能不能这样，你打工的地方离学校很近，你可以隔三岔五的带上点饭到学校里来，陪孩子吃顿饭，让孩子知道，即使妈妈再忙，也会想方设法地关心他。"

家长："……"

我知道，这位家长肯定有她的难处，可是，她也应该知道，孩子的生活更加艰难。随着孩子渐渐长大，一些痛苦的经历会化作什么呢？也许我的想象对孩子是不公的，但太多的现实却让我不得不担心这个孩子的未来。

（三）成立家长委员会

基于以上调查实际，为进一步密切家庭和学校的沟通与协作，充分发挥家长在家庭教育中的作用，促进学生全面、健康、和谐发展，努力构建完善的教育体系，我认为有必要成立家长委员会。王建军主任作为家委会活动的学校负责人，积极利用这一平台有效探索家委会工作的新途径。在比较周密的组织管理下，我校家委会工作取得了较大的进展，得到了学生家长们的一致好评。

在家委会建设上，是以农村社区为基地，以帮助农村家庭开展好家庭教育为目的，这种顺势而为的行动得到了基层村组织和家长的支持与欢迎。正是因为有了对教育的思考，我们才把工作做到了最需要的地方，这种做法得到了中国人民大学严平博士的赞同。今年6月，他和项目组的两名同志来到我们学校，实地考察了我校家委会的建设情况，提出了一些建设性的意见。

在家委会工作中，除了开展常规性的工作外，我们还同村级家委会合作，开展了一些创造性的工作。

例如，侯王村是个较大的村，有人口1200余人，在我校就读的学生也有近60人。我们以该村为中心，成立了北宋一中侯王村家长委员会，通过深入开展家委会工作，辐射带动了附近的村级家委会的工作。

7月15日，在侯王村家委会成员的组织下，我们就学生暑期安全工作以及学生暑期生活指导方面对家长进行了培训。东营电视台对此进行了采访报道，认为这是一种很好的沟通渠道。

活动开展的同时，我校还与该村党支部书记侯曙光达成了"家校共建书香家庭"的共识，通过双方的密切协作，让每个学生拥有一个书橱。年末，由学校组织，村委会集中表彰学有所成的孩子，奖品则是一张购书卡。我们相信，在不久的将来，该村一定会出现和谐文明的新风尚。

二、"零"作业下孩子可以这样过双休

"我们也要过双休了"，这是山东百万中小学生发自心底的欢呼。自2008年新学期以来，山东省教育厅为切实减轻中小学生课业负担，接连发布多条禁令，对全省中小学生的在校时间、课时数、作业量都做出了详细的规定，并对违规的教育部门和学校作出相应处罚。学生的学习压力大大减轻了，学生们真正有了自主学习、自由发展的时间和空间。然而，学生学习负担的减轻也带来了诸多的负面影响，比如：学生的惰性随着课业负担的减轻而充分地表现了出来。部分自学能力不强、自制力差的学生，则正好利用双休日在家看电视，外出偷偷上网吧，家长难以管束。甚至有的学生结伙外出，做出危害社会治安的事情，为此，家长和社会十分担忧。

把双休日还给孩子，是让他们自主学习，发挥自己的特长，并不等于放纵自己。在广大农村，家长们由于农活及外出务工等因素，更是难以对孩子进行监督。那么，怎样才能让孩子度过更有意义的双休呢？结合我校的"零"作业背景，我们提出了以下几点建议可供参考：

（一）针对不同的学生"对症下药"

学习自觉性强的学生，能把学习当成乐趣，趁双休日的时间，完成自己制订的自学计划。他们不仅能学完本学期的课程，而且还预习将来要学的教材。这时，家长最好做出合理的时间调配，不能让他们整天埋头于书本。一般每天学习的时间保持在5小时左右即可，其余时间可让他做适当放松，比如打打球，做点家务等，消除因学习造成的脑疲劳。对自制力比较差的学生，家长就要管得严一点，除了在时间上进行控制外，还要给他安排一定的学习任务。但有些农村家长没有什么文化，有的在外地务工，这就给他们监督孩子增加了难度，针对这种情况，我们提出建立学习互助小组的形式，加强学生的合作意识，通过小组学习达到共同促进的目的。

（二）分担家务劳动，体验父母的辛劳

农村有着广阔的田野，美丽的青山绿水，这正是农村孩子拥抱大自然，接触社会，把课本知识应用于实践的大好条件。双休日，学生回家帮家里做一点家务，农忙时节帮助父母干一些力所能及的农活，这是理所当然的事情。这样既锻炼了自己的能力，增强了体质，又可以更深入地体会到"谁知盘中餐，粒粒皆辛苦"的劳动艰辛。

现在许多农村孩子都是独生子女，受到父母的溺爱，虽身处农村，竟不知稼穑，这是极不正常的现象。生活在农村，就要体现农村人的特色。吃苦耐劳是农民的优秀品质，从农村走出来的孩子们理应继承这种优秀的品质，并把它带到今后的学习和工作中去。所以说，利用双休日体验农村生活是新课程下农村孩子的必修科目。

（三）创建合作小组，学习活动自做主

双休日在家学什么，怎么学，有的学生可能无所适从，有点茫茫然的感觉。这时，老师就要加以合理的引导，让学生有组织、有目标的学习。组成互助合作学习小组就是学生自主学习很好的形式。学生们可依据就近原则，选择同村或者邻村的同一年级（同年级很少的也可选择不同年级）的学生，本着自愿结对的原则组成学习互助小组。由学生自行选举小组负责人，自行制订学习活动计划，自行安排学习内容，自行确定小组纪律和组织原则，自行接受家长和老师的监督。

我校在组织双休日学生互助合作小组方面探索出了一条可行之路。首先，按照上述原则组成学生互助小组，各小组的活动时间和地点都是确定的。其次，对于这些小组，家长做监督，老师作指导。各小组在制订活动计划上不但有互助学习时间，还有集体活动时间。比如：学习一段时间后可以打打球，做做运动，还可以搞一些尊老爱幼、社会公益性的活动。通过一段时期的观察，参加学习小组的学生学习成绩都有了一定的提高，并且还学会了自主学习，亲身体验了生活。他们的社会责任感、集体荣誉感也有了明显增强，他们都感受到了集体生活的快乐，都愿意参加到这样的群体中来。

（四）社会实践活动，学校参与在其中

双休日到了，学校有没有义务指导学生呢？当然有，学校可组织学生利用双休日进行社会调查，游览名山大川，探索大自然，开阔视野，激发学生热爱自然、保护环境、热爱祖国的情感。

也可以搞一些提高学生素质的社会实践活动。针对不同的学科，培养学生的综合实践能力，这是我校在实践素质教育中开发的一门校本课程。在平时的学习中，老师教学的知识面基本上被约束在课本这一个层面上，学生很少能把学到的知识应用于实践中。由于课本知识枯燥，所以学生的学习兴趣不高。在综合实践活动中，我们可以把书本上"死"的知识变为"活"的知识。比如：语文课，可以搞演讲比赛，诗文大赛等，提高学生动口动手和写作的能力；数学课，可以让学生制作数学模型、实地测量，提高学生的应用和计算能力；英语课，可让学生口语交际，创办英语角，用英语采访等，提高学生的英语表达能力；历史课，可让学生实地参观文化古迹，上网查阅历史资料，提高学生对历史的直观性和分析能力；地理课，可让学生观察气候与植被，到黄河边观察水文特征，采集岩石标本，提高学生的观察与分析能力；生物课，可让学生采集动植物标本，测量人体血压，提高学生的动手操作能力，等等。还可以搞一些社团活动，学生根据自己的爱好组成不同的社团，如：小记者团、社会调查团、志愿者服务队、体育爱好团队、音乐队、舞蹈队，等等。通过一系列的活动，学生把书本的知识学活了，对书本知识理解也加深了，关键是学生对学习有兴趣了。

（五）家长精心策划，把双休日搞得丰富多彩

如果有条件，学生也可在村委会组织之下，利用星期日到敬老院搞志愿者服务活动。同学们整理卫生，帮敬老院调整居室，搬挪家具，陪老人聊天、下棋，给老人唱歌，帮老人写信，还可以用自己的零花钱给老人买水果。这些公益活动、爱心活动能培养学生良好的思想品质，加强自身修养，同时也是对学生进行了感恩教育。

家长参与其中，跟孩子一起商定一项双休日的计划，如在完成学习任务的前提下，到室外娱乐多长时间等。若德智体哪方面有了较大进步，则

可考虑进行一次较远距离的游览。还有更简单易行，更能密切父母子女关系的方法，就是在孩子适度学习之后，搞一搞家庭读书报告会，诗歌朗诵会，卡拉 OK 演唱会，猜谜晚会，融知识性、趣味性、科学性于一体。家长一旦想办法利用了双休日，便会觉得，这两天会是一周中最丰富多彩的，最快乐，最有效益的两天。

在素质教育的新形势下，双休日给孩子们提供了良好的活动空间，我们的学校、教师、家长、社会应分别承担起自己的一份责任，让孩子快乐地度过自己的假日。

三、社工志愿者行动，让学生社团走进社区

社工志愿者行动是群众性精神文明建设的有效载体，也是一项十分高尚的社会事业。"零"作业改革以来，我校成立了北宋一中社工小组，发扬"帮助他人、完善自己、服务社会、宏扬新风"的精神，广泛开展志愿者活动，突出重点，抓出特色，社区志愿者服务取得了良好成效。

在社区服务中我们本着党政所急、群众所盼、志愿者所能的原则，以北宋镇敬老院为基地，大力倡导"爱老敬老"的讲文明树新风活动。2011年 8 月 14 日上午利津县教育系统社工志愿者启动仪式开始，下午，北宋一中社工志愿者小组秉着"奉献、友爱、互助、进步"的志愿精神，走进利津县北宋镇敬老院。全体活动参与人员 1：00 在北宋镇敬老院集合，经过敬老院方面的配合和一些积极志愿者的带动，所有志愿者都与老人攀谈起来，极大地促进了现场的气氛。

下午 3：00 整，在设备准备好以后，精心准备的文艺节目正式开始，节目内容丰富多彩，有歌舞、小品、吕剧等，现场气氛十分热烈，下午 4：00整，文艺节目结束，各小组按照计划分组行动与老人互动交流娱乐。活动中我们创立了"环境设施"小队、"日常生活"小队、"娱乐活动"小队、"服务健身"小队四位一体的服务模式，四位一体的服务模式下设 7 个小组：

（1）小组活动主题：环境卫生清洁

实施小组："环境设施"小队。活动内容：清理敬老院卫生（扫院子、

整理内务、擦玻璃、浇花……)，帮老人洗衣服，指导残疾老人学习自我保健。

（2）小组活动主题：棋牌游戏

实施小组："娱乐活动"小队。活动内容：志愿者和老年人共同参与、组成两组牌类游戏（购机、保皇），两组棋类游戏（象棋、跳棋），与老年人共同娱乐。

（3）小组活动主题：门球学习

实施小组："服务健身"小队。活动内容：组织十位老人组成小队，在志愿者指导下分组学习，了解门球的有关知识和规则，最后分组比赛。

（4）小组活动主题：健身操学习

实施小组："服务健身"小队。活动内容：自愿组成小队（志愿者和老人共同参与），人数不限，在志愿者的指导下，学习健身操。

（5）小组活动主题：乒乓球学习

实施小组："服务健身"小队。活动内容：自愿组成两小队（志愿者和老人共同参与），人数8人，在志愿者的指导下，学习乒乓球单打、双打。

（6）小组活动主题：模拟家庭

实施小组："日常生活"小队。活动内容：组织两组家庭，成员有：爷爷奶奶（敬老院老人），爸爸妈妈（志愿者）孙子孙女（志愿者），具体内容：一组：与老人聊天，拉家常，给老人捶背、梳头，和老人一起下棋、画画、做手工等。二组："全家"一起包饺子，让老人充分享受到家的温暖。

（7）小组活动主题：秧歌学习

实施小组："娱乐活动"小队。活动内容：组织老年人10人（男女不限），同时志愿者参与其中共同学习，在志愿者教练的指导下，和老年人共同练习，共同娱乐。在志愿者的带领下老年人积极参与，互动交流，场面既感人又热烈。

下午6：00整志愿者活动结束，所有志愿者进行了现场交流总结后有序离开。

本次活动以奉献爱心为主题，进行了帮扶老人、与老人一起娱乐、文艺演出、互动形式的知识宣传等活动，获得了敬老院方面、教育局领导和社会各界的一致好评。同时这次活动留下了大量珍贵的照片，也总结了关于这方面的大量经验，在全县社区活动中起到了先锋带头作用。

在这次活动的基础上，我们结合自身特点，以北宋镇敬老院为平台精心打造"模拟家庭"帮扶模式，以老弱病残为对象，以结对认亲为形式的帮扶模式，使受助人感受到家庭般的温暖。通过活动，弘扬祖国传统的尊老敬老的好风尚，使孤寡老人在充满温暖的活动中，得到生活上和精神上的帮助和抚慰。受到了敬老院方面的一致好评。"模拟家庭"帮扶模式，操作如下：

（1）家庭成员合理搭配

模拟家庭中的祖孙三代由独居老人和志愿者共同组成，家庭中，老人为"家长"，关爱者为"儿孙辈"。"子女"由年龄较大的中年人担当，"孙子孙女"由 7～16 岁的学生志愿者担当。"子女"一家人利用课余时间或是节假日去探望独居老人，一起陪伴老人度过每一个节日。

（2）思想准备做到充分

为了避免与老人初次活动的尴尬，我们做好了充分的思想准备，提前备课。不断调整心理，保持良好的参与心态，使活动得以正常地、长期地开展，服务水平和质量得到了保证。此外，大量阅读与老年人相关的心理类和生活类书籍，了解老人的喜好和健康状况，做到知己知彼，从而对症下药，尽快地打开孤寡老人的心扉，使他们真正体会到家庭的温暖和家人的关爱，消除彼此间的陌生感，拉近我们与老人间的距离。

（3）互动活动细处着眼

假日里，"孙子"推着轮椅陪老人晒太阳，大树下"孙女"陪着"奶奶"下跳棋；"孙子""孙女"给老人们捶背、喂饭、唱歌；"儿女"陪老人上街买米买菜、洗澡理发、帮做家务、剪指甲、读书报；生日里送上精美的蛋糕，孩子们描画制作精致的贺卡，呈上精心准备的节目……节日里活动更多样：八月十五请老人回家共团圆，奥运期间，孩子们把五环旗送给了老人，与老人们谈奥运、学奥运精神……

（4）亲情付出彰显英雄本色

模拟家庭搭建了这样一个平台，让老人在感受亲情的同时更可以付出亲情。模拟家庭不仅要营造家庭氛围，更重要的是精神沟通，我们针对老人们的特长和自己的爱好，组建特别团队，发挥老人们的余热，促进大家共同成长。孩子们特别喜欢听老人讲以前的故事、人生哲理，这些深层次的交流是书本上买不来的知识。老人乐意教大家养花、剪纸、下棋、厨艺，有时还给大家演唱一些革命歌曲、吕剧、京剧等，令我们大开眼界。每一次家庭聚会都有沉甸甸的收获，好像总有做不完的事情。

自组建模拟家庭活动以来，我们收到了前所未有的成效。一方面让敬老从形式化转向情感化、常态化，另一方面培育了孩子尊老敬老的美德。既让老人精神有依托，又使孩子们在思想道德方面有了较大进步，我们希望一如既往地推动模拟家庭活动，通过不拘一格的活动形式，密切"家庭成员"之间的关系，共同营造家庭氛围，提高老人们的生活质量。让这些老人的日子充满生机和活力，为老人平淡的生活增添一抹色彩！

四、双休日（节假日）生活指导，让学生体验生活精彩

北宋一中的双休日（节假日）生活指导纲要是改变学生课外生活方式的一大创新。例如，快乐读书日和对联搜集活动，是语文教师开发的两项活动。读书活动主要是引导学生根据自己的喜好，选择他们喜欢的书来读，读书效果的展示多种多样，有读书卡：学生把喜欢的片段和读书的收获用文字的形式记录下来；小说人物漫画：学生用画笔简单勾勒出小说人物的肖像或动作并配以文字说明；手抄报：用文字和图画相结合的方式来展示读书内容。对联搜集活动更是有趣，学生们展示的有书面的，也有口头的，有用手机拍的照片，有编写的对联，有各种对联的集锦，有讲各种对联的故事。下面列举四个案例设计。

案例1：民间艺术篇

活动名称：对称剪纸

设计目的：了解我国民间剪纸文化的发展历史和基本特征，对优秀的剪纸作品进行欣赏；了解数学中的轴对称知识与剪纸的关系；能创作简单的轴对称剪纸作品。

活动指导：以各村互助小组为单位，上网查阅相关资料，走访村中会

剪纸的老人，学习相关的剪纸知识，结合所学习的轴对称知识，进行剪纸创作。

呈现形式：①剪纸作品一幅；②返校后，在实践课上进行剪纸比赛。

活动感悟：可加附页。

背景材料：我们生活在一个充满对称的世界中，许多建筑、物体都设计成对称形，自然界中许多动植物也按对称形生长，很多艺术作品的创作往往也从对称角度考虑。剪纸中，就有很大一部分作品是以轴对称知识为基础的。

剪纸是中国民间流行的一种历史悠久、流传广泛的艺术形式。所谓剪纸，就是用剪刀将纸剪成各种各样的图案，如窗花、门笺、墙花、顶棚花、灯花等。每逢过节或新婚喜庆，人们便将美丽鲜艳的剪纸贴在家中窗户、墙壁、门和灯笼上，节日的气氛也因此被烘托得更加热烈。在农村，剪纸通常是由妇女、姑娘们来做。在过去，剪纸可以说是每个女孩所必须掌握的手工艺术，而且还是人们品评新娘的一个标准。

从技法上讲，剪纸实际就是在纸上镂空剪刻，使其呈现出所要表现的形象。劳动群众凭借自己的聪明才智，在长期的艺术实践和生活实践中，将这一艺术形式锤炼得日趋完善。形成了以剪刻、镂空为主的多种技法，如撕纸、烧烫、拼色、衬色、染色、勾描等，使剪纸的表现力有了无限的深度和广度，细可如春蚕吐丝，粗可如大笔挥抹。依不同的形式，可粘贴摆衬，亦可悬空吊挂。由于剪纸的工具材料简便普及，技法易于掌握，有着其他艺术门类不可替代的特性，因而，这一艺术形式从古到今，几乎遍及我国的城镇乡村，深得人民群众的喜爱。

根据用纸及制作分类，可将剪纸分为两类七种：

第一类：单色剪纸。就是用一种色纸来剪做的。

（1）折剪类，即将纸折叠后剪，放开后可得一种图案或字形。

（2）迭剪类，即将数张纸重叠在一起，钉牢后再依稿剪之，一次可得数张作品。

第二类：复色剪纸，又称为彩色剪纸。是以数张彩纸分剪后拼贴成图；或以白纸依稿剪成，再染填上各种颜色；或先剪成主版，衬以白纸后再染填上各种颜色。

（1）衬色类，先用单色剪纸的方法剪做成图，再以彩纸为衬。

（2）套色类，以单色剪纸的方法剪成主版和次版的形象，再另剪色纸贴裱在主版需要的部位上；或将画稿所需的各色色纸，重叠在一起钉牢，再沿稿线依次剪成，择取一张为主版，贴裱在衬底上，再将其余的部分添贴在主版之上。

（3）拼色类，即分别用色纸剪成各部分形象，再依图样贴裱在衬纸上；或见各色纸重叠在一起钉牢，再依稿剪成，拼于衬纸上。

（4）染色类，即用易于浸渍的白纸或浅色纸剪成各种形象，再逐次染成所需的颜色；或先将纸染色，再剪成形象。

（5）填色类，即先用黑色纸或深色纸剪出主版，裱贴在白纸上，再依稿填涂各种颜色；或用白纸剪成主题形象，裱贴后再填染所需颜色；也有先填色而后剪的。

作品欣赏：

案例 2：生活常识篇

活动名称：小小商店

设计目的：

（1）通过亲身参与实践活动，加深对人民币的认识，进一步掌握人民币的换算及简单的计算。

（2）培养应用数学知识解决实际问题、进行数学交流的意识和能力。

（3）在实践活动中增强数学应用的意识，获得学习数学的积极情感。

活动指导：

（1）认识各种面值人民币。（100元、50元、20元、10元、5元、2元、1元纸币、1元硬币、5角纸币、5角硬币、2角、1角纸币、1角硬币、5分、2分、1分）

（2）与家长共同设计使用人民币的活动和游戏。如在家长的陪同下到超市购物，认识价签上的标价是几元几角几分（比如1.25元：是由一个一元、两个一角或一个两角、一个五分组成），交款（比如：没有一元可以用两个5角或5个两角代替；一张面值100元的人民币能换几张50元的，几张20元的，几张10元的，几张5元的，几张2元的，几张1元纸币的，几枚1元的硬币。）

实践活动总结（呈现形式）：

你买过什么东西，你能填写下面的表格吗？

物品名称	价钱	你付了几元？	找回几元？	你尝试付款吗？

活动感悟：

谈话：刚才我们看了一些小伙伴是怎样购物的，想想我们在购物时，应该先做什么？再做什么？遇到问题怎么办？

背景材料：

学生可以根据实际情况提出各种各样的问题（包括数学问题和实际生活问题），如果自己解决不了，可以和小伙伴或老师商量、讨论。教师一方面要注意观察学生提出了哪些问题，另一方面要在学生碰到困难时给以适当的帮助和提示。

案例 3：科学实验篇

活动名称：建一个家庭实验室

设计目的：要学好化学就离不开化学实验。老师协助学生建立家庭实验室，可以使学生随时随地做实验，从而培养学生的科学探究精神。同时，在家庭实验室建设中通过实验替代品的发现也可以激发学生的科学创造能力。通过学生自制实验器材、制作小制作，逐步培养学生联系生活、联系生产，进行实验探究活动的习惯，培养学生的实验操作、观察、分析、设计等能力，提高学生利用所学知识解决生活实际问题的能力，进而培养学生的科学兴趣，掌握科学的探究方法，在活动中培养学生的创新精神、创新意志和创新能力。

活动指导：

1. 家庭化学实验室的建立。准备一张桌子、一个做药箱（日常纸质包装箱）的小盒子、两个水桶或废塑料罐分别盛放水和废液、一块抹布、一个盛放沙子的盒子。实验室就建成了。

2. 实验仪器和药品的准备。

可以通过购买、向学校借、自制等途径获得。鼓励学生以自制为主，可寻找替代品。

背景知识：

（一）化学仪器和药品的准备

1. 化学实验仪器的替代品。如用葡萄糖酸钙等口服液小瓶代替试管；饮料吸管代替导管，自行车用的橡皮管代替橡皮管；小灯泡截取部分做小烧瓶或表面皿；用墨水瓶加上金属外盖作为酒精灯；用小饮料瓶制成洗瓶或集气瓶；眼药水瓶拉制成小滴管；注射器作漏斗；碗或玻璃杯替代烧杯等。

2. 化学实验药品的替代品。

（1）从家庭日用品中获得一些化学药品。如：食盐、木炭、火柴、蜡烛、牙膏罐、香烟锡箔、铁丝、铜丝、铝丝、纯碱、食醋、酒、糖、淀粉、油、废电池（二氧化锰、金属锌和碳棒）、除味剂，等等。

（2）从药店或卫生所等获得一些化学物质。如：高锰酸钾、碘酒、氨水、酒精、甘油、石炭酸（苯酚）、红汞、泻盐、硼酸、硼砂、小苏打、碳酸钠、酚酞片、稀盐酸、氢氧化铝凝胶、柠檬酸等。

（3）农资部门或其他商店获得一些化学物质。如：从农资部门可以获得硫酸铵、碳铵、硝铵、尿素、氯化钾、硫黄等；从照相器材商店可以买到海波、亚硫酸钠、亚硫酸氢钠、溴化钾、碳酸钠、对苯二酚、硼砂等；从化工油漆店可以买到：石膏、苏打、小苏打、明矾、烧碱、酒精、丙酮、香蕉水、氧化镁、氯化镁、明胶等。

（4）自己制取一些物质。如：用熟石灰和纯碱制得烧碱；利用不同季节不同的植物色素可以制作酸碱指示剂等。

（二）安全与防火。家庭化学实验场所较小且周围又是生活用品，容易产生隐患，但是如果我们提高警惕，严格遵守安全操作规定，就会避免事故的发生。具体要注意以下几点：

1. 不准在餐桌或厨房进行涉及有毒物质的实验。

2. 不准边吃东西边做实验，实验后洗手。

3. 实验的废弃物不能随便乱放，必须倒入废液缸中，然后一起处理。

4. 化学药品必须分类妥善收藏。

5. 燃烧、爆炸类实验，只能取用极少量药品，远离可燃物品，注意防火，做好灭火准备。

6. 产生有毒气体的实验，要在户外通风且没有人的空地进行。

成果展示：略。

活动感悟：略。

案例4：传统节日篇

活动名称：五月初五话端午

活动目的：农历五月初五是中华民族传统的端午佳节。它是一个清洁环境，关注健康的节日；是一个上古时期祭祀"龙"图腾的日子；是一个传递爱国情感、增强民族凝聚力的日子。当我们在与亲人朋友团聚的时刻，在传递亲情友情的同时，也会传承关爱健康、关爱祖国文化的思想。

活动要求：以村为单位，本年级的同学组成一个组，分工合作，围绕一个内容（如端午的名称、由来、习俗；与端午有关的诗词、文章、短信、对联、故事等）搜集整理相关材料，用喜欢的方式准备周一的展示。（温馨提示：世上无难事，只怕有心人。相信同学们的汗水，定能够换来累累硕果。）

成果展示：以年级为单位，周一课外活动时间对各村的端午节作品或节目进行评比。（只要参加，就有收获）

端午节最经典祝福语：

1. 一句平淡如水的问候，很轻；一声平常如纸的祝福，很真；采一片清香的粽叶，包一颗香甜的粽子，装入真情的信息里，送给你，祝端午节快乐！

2. 我送你一个爱心粽子，第一层，体贴！第二层，关怀！第三层，浪漫！第四层，温馨！中间夹层，甜蜜！祝你天天都有一个好心情！

活动感悟：略。

下面以案例1为模板，介绍一下"'对称剪纸'的双休日（节假日）生活指导纲要"的设计者刘红芳老师对其实际操作的解读和认识。

我们所教育的学生都住在农村，他们不像城市学生那样到了双休日可以上个舞蹈班、乐器班什么的。很多学生的父母都在外地打工，所以很大一部分学生都是留守儿童。2008年刚开始规范办学时，很多家长纷纷抱怨："过什么双休呀，我的孩子没处放。"有的家长说"学校不应该放那么长的假，没人看管的孩子经常下河洗澡，骑着自行车乱跑"。双休日的孩子成了家长的心病。我们县区，每年都会有因为学生在河中洗澡而导致的伤亡事故。随着社会的发展，关于放假的情况变得不一样了。我上中学的那个年代，家长是盼着我们放假的，因为我们可以为他们的劳作搭一把手，种棉花、收棉花、收玉米、割小麦我们都干过。可现在的孩子大部分是独生子女，况且家里种地基本上也都实现了半现代化，连父母都闲出时间去打工了，孩子又能干些什么呢？双休或放假，对有些家长来说是块心病。

基于这个原因，我们对学生做了双休日（节假日）生活指导，一是指导学生双休或假期内不要乱跑，保证安全；二是适当地进行实践活动，增强学生应用所学知识的能力。虽然效果还不是太好，但多少也有些收获。关于数学学科方面，我们一般根据学校的计划和本学期所学的内容，安排三到四个活动，以指导学生的双休日生活。

在八年级上册我曾做过一个"对称剪纸"的双休日（节假日）生活指

导，没想到同学们做得像模像样。剪纸是中国民间流行的一种历史悠久、流传广泛的艺术形式，而其中一类是利用数学上的轴对称知识进行剪刻。比如，我们可以把一张矩形纸对折，在上面画出要剪刻的图形，再用剪刀或刻刀在纸上进行镂空剪刻，完成后，一件漂亮的剪纸作品就出来了。为了节约成本，我们并没有限制同学们的纸张，好多学生都是利用家里的废旧挂历或报纸，但是效果还是蛮好的。

这个活动重在培养学生的动手能力，空间想象能力，培养学生的数学审美能力，以及大脑的发散思维能力。因为老师所设计的问题是开放性的，所以同学们的思维很活跃，剪拼的图形连老师都没想到。学生们看到自己的作品都非常兴奋，好多都被保存起来作了纪念。

大部分同学做得比较认真，有一个村里就有一个剪纸高手，这个村的同学都去拜访过她，好多同学还跟她学了几招，这是同学们的作品。（如图）

同学们的作品虽然还很稚嫩，但那是他们努力的结果，我感到很欣慰。正如学生王亚杰在感悟中写到："这个活动锻炼了我们的动手能力和细心程度。因为有些地方剪得细如蚕丝，一不小心就会剪破，所以对于这么娇小脆弱的作品，必须非常小心。我喜欢这样的活动，因为通过这个活动，我们不但学到了知识，能力也得到了提高，真好！"

第三节   "零" 作业让学生感悟学习生活的真谛

在"零"作业的教育理念下，我和老师们进行着一系列农村教育改革与创新，5年来，伴随着质疑、伴随着自我怀疑一路走来，即便是得到了省教育厅以及社会各界的肯定，但不绝于耳的质疑声也让我和北宋一中的师生们感受到了巨大的压力。

"零"作业有没有坚持强力推行的必要？它能承载什么样的历史责任？带着这些疑问我们再试着从一个反例说起。

某校一位初中二年级的学生，家庭作业很繁重，虽然单学科作业并不多，但是涉及语文、数学、英语、物理、生物、历史，包括美术等学科都有作业的情况下，学生的作业时间往往超过了晚上 11 点。其实我们可以不必停留在课业负担重等问题上，我们可以深度地透视其中的问题。

为了保证完成更多的作业，学生家长和学生都选择了一个非常简单有效的策略，"先做会做的作业"，因为作业量已经多到学生根本没有时间就某一个问题深入思考的状态了。如此一来，学生一夜 4 个多小时在做的作业大都是"已经会了的"，也就是在重复自己的已知而不是探究新的未知。而对于实践性的、探究性的、有思考价值的作业，学生选择了延迟去做或者干脆不做，久而久之，学生深入思考、深入探究的意识和能力就这样被消磨掉了。

其实，作业量越大，学生就越容易进入机械重复的状态，不自觉地走到浅层次的学习中。

我还依稀记得学生时代老师们的一个考试的忠告：先做会做的。

是啊，从作业到考试，传递给学生的信息变成了功利至上、思维次之，学生只能用学习数量代替学习质量，这样的学习价值取向，牺牲掉的将会是一批批孩子的思考能力和终身学习的兴趣。

人的兴趣从本质上说是源于自己内心的觉醒，可以是由外界的刺激而产生的，但更多的则是内心的需要。因内心需要而觉醒的兴趣是持久的，是具有动力的。而这，也赖以时间的拥有。

把童年还给孩子，把时间还给孩子，让学校课程符合并顺应孩子的天性，无疑是我们的责任与使命。北宋一中的"零"作业改革，刚开始是在做一个减法，在经历了一段时间的思考和探索之后，似乎找到了这项改革的本质，实际上就是让教育重新从原点出发，革除过去违背教育规律、泯灭人性的无效劳作的负担与行为，在此基础上，又不得不开始做一个加法，去寻找符合教育规律，依靠科学的教育之路。北宋一中的教学改革从学校刚性地推进"零"作业改革嬗变而来，体现的是学校对于教育生态的系统建构，是真正意义上的教育呼唤与追求。

重新建构的目的是唤醒与良知，其宗旨自然就是努力让老师创生自己的课程，为学生成长提供适合的课程。学校教育就是最大限度地实现每个学生的发展，努力形成属于学校自己的课程体系。如此一来，教师和学生双双减负，自由的思考回来了，智慧在这里产生，生命在这里绽放，公民在这里诞生。最后，还是听听孩子们的声音，他们最有话语权来评论这项改革的意义与价值。

一、"零"作业万岁

我们学校实行"零"作业，课下给予充足的时间来预习、练习、复习，从而使我们的综合能力得以提高，综合素质得到了提升。

"课堂随练"让我们学得充实。老师认真讲解，循循善诱，课堂上就把任务圆满完成。由于"零"作业的实施，我们的内心得到了充实，能力也得到了提高，我们都感谢它。

以前，作业量很大，让我们疲惫不堪，不得不没日没夜地做，必要时还会采取"非常手段"，用来加快作业进程，以躲过老师的批评。正是由于作业太多，致使我们视力下降，大脑疲劳，白天打不起精神，上课走神，不但降低了学习效率，还严重影响了我们的身体健康。

实施"零"作业后，我们的学习环境得到了很大改善，大脑也清醒了，上课精力集中了。我们的学习成绩也不断提高了。

"零"作业真好，让我们受益匪浅。"零"作业万岁！（北宋一中学生林晓伟）

二、实现了书包"减肥"梦

从开始上学到现在用坏了几个书包，我可数不清了。不是我不爱惜书包，而是书包太沉。

从小学开始，那书包是一年比一年重，一年比一年"肥"！唉！什么时候，我的书包会"瘦"啊。

每天放学回家，背着沉重的书包艰难地前进，肩膀又酸又痛。

晚上我躺在床上，不一会进入了梦乡——我提着书包去上学，书包好像轻了许多，我也感觉自己轻飘飘的，像快飞起来一样。我走进教室放下书包，看到同学们轻轻松松地走来，脸上露出神秘的微笑，真是莫名其妙！这时，不知为什么我突然感到冷，耳边传来妈妈的叫声："快起床！要迟到了。怎么又把被子踢到地上了。"我睁眼看，啊！七点了。原来是梦啊！没劲！看看桌子上的书包，依然鼓鼓的，我非常失望。

我背着"肥肥"的书包步入了初中的校门。

"我们调来了一名新校长，听说，他可是很厉害的。就三中那样的烂摊子，人家去了三年，学校立马变先进了。"一进教室，同桌就不停地说。

"那我们就要更惨了。"我垂头丧气地说，"他肯定会变本加厉地折磨我们，压榨我们。"

一周的时间很快过去了，在周一的升旗仪式上，李校长发布了一个惊雷般的消息，"禁止老师布置任何形式的课下作业。如果教师违反规定，学生可以不做，可以到校长室进行举报。"

"万岁！"同学们一阵欢呼，校园里响起了热烈的掌声。

我的书包终于实现了"减肥"梦。我一蹦三尺高。

啊，我的梦实现了！

刚开始老师们不习惯，偷偷地布置作业，校长为了遏制这一风气，让中层领导班子在班内进行调查暗访，一旦查出哪位老师布置作业，校长立即进行谈话，最终将"零"作业顺利实施。我们的书包"减肥"梦就这样实现了。（北宋一中学生 刘文涛）

三、没有作业真好

自从老师们不再布置课下作业，我们自主学习的时间就多了。自习课是我们自己的时间，利用自习课，我们学会了很多东西。

给自己制订一个新的学习计划。自习课上，我们可以预习新课，这样，在上新课时就能分析得更透彻、更明白，加深对课文内容的理解，还可以复习学过的知识，孔子说过"温故而知新，可以为师矣"，就是告诉我们要多复习，没有了课下作业，我们就可以利用大量时间巩固学过的知识，对我们掌握好知识是很有帮助的。我们能利用自习课对自己的薄弱学科进行弥补和复习，使我们不会因为薄弱学科而影响综合素质的提高。

我们根据自己的计划去学习，按照适合自己的方法去做，不但使我们能充分利用时间，提高成绩，而且让我们学的比较轻松，真正地做到劳逸结合。

不布置课下作业，也给老师们减轻了教学负担，不会因作业批改不完而扰乱了教学计划。我们能根据自己的实际情况摸索出适合自己特点的有效学习方法，有利于我们提高自主学习的能力，让我们养成良好的学习习惯，让我们学会学习。（北宋一中学生　石腾）

四、令人难忘的一堂语文课

"叮铃铃"，随着上课铃声响起，别的班里响起了朗朗的读书声，可是我们班呢，却在激烈地争辩着什么。别紧张，我们不是在吵闹，而是在开一场辩论会。

随着我们学校课程改革的深入开展，小组合作学习，自主学习等新的学习方式层出不穷。这不，为了活跃课堂气氛，在学习《杨修之死》这一课时，语文老师决定采用一种全新的模式——辩论会，题目为《杨修之死到底该归咎于杨修还是曹操?》

上课前，语文老师宣布了这个决定，大家一听，顿时炸开了锅！同学们赶紧分成两派，忙着查资料。一上课，辩论会正式开始。

正方的一位同学率先站起来说道："我方认为，杨修之死的原因主要在于曹操。曹操待人接物，常以小惠售其奸，故意乱人耳目，可每次都被杨修揭穿。曹操为人阴险狡诈，嫉贤妒能，而他身边有杨修这样一个才思敏捷，能参透自己心意的人，曹操如何不忌不恶乃至不时时加以防范呢？"该同学话音刚落，就赢得了一阵掌声。老师也面含笑意，微微点了点头。

反方的同学也不甘示弱，站起来说道："杨修恃才放旷，为显示自己的聪明才智，置军纪于不顾，一闻'鸡肋'就自动收拾行装，并煽动其他人也做归计，因此我方认为杨修被杀是他咎由自取。"他的一席话也赢得了大家的一致好评，语文老师也满意地笑了。

我见此情景，也赶紧站起来说："我方认为杨修之死在于曹操，还有一个重要原因是因为杨修深深卷入宫廷斗争之中，反对曹丕继位，这样一个危险人物，如果留下来必将成为大患。曹操杀杨修之心由来已久，'鸡肋'事件不过是一个导火索而已。"

双方同学唇枪舌剑，据理力争，互不相让。正在争论最激烈时，下课铃突然响了，大家都感到意犹未尽。语文老师走上讲台说道："相信大家在刚才的辩论中已经充分理解了课文内容，杨修之死既有杨修的原因，又有曹操的原因。一方面杨修恃才放旷，另一方面，由于杨修能够摸透曹操的心思，曹操即嫉妒他的才能，又考虑到留他在身边终不免造成祸患，总想找一个堂堂正正的罪名把他杀掉。好，现在下课！"

这堂别开生面的辩论课给同学们留下了深刻的印象，在辩论中，同学们不但锻炼了口才，而且加深了对课文的理解，现在，同学们都积极献言献策，想要想出更多的课堂学习方式呢！（北宋一中学生　李甘霖）

五、课堂上的"民主"

所谓"民主"，顾名思义，即是人民当家做主。而针对课堂来说，"民主"便是让课堂成为学生主导的一个和谐、文明、共同发展、共同提高的环境。

了解了何为"民主"之后，有人便问了："我们为什么要建立'民主'课堂呢？"

首先，我认为民主不仅仅是一种政治制度，也是一种理念，一种文化，更是一种生活方式，他充斥于生活的方方面面、点点滴滴。细微之处的民主体现的是教师的智慧、学生的独立和学校的特色。它是一个学校精神的象征，是培养出独立、肯干、智慧的学生的前提。

其次，"民主"对于学生有着重要的意义。学生真正地掌握了课堂的"主权"，便真正地将自己看作这个课堂的管理者，也就是学生有了主人翁意识，进而，学生认为自己有权利对于各种问题积极发表个人见解，如此这般，良好的课堂氛围就形成了，这一制度由学生主导，而最大的受益者，也正是学生。

最后，"民主"对于学校也有着重要的意义。一旦良好的学习气氛被带动起来，学校的学习风气、整体素质也能大为提高。往大处说，学校培养出的栋梁之才会越来越多。往小处说，正由于学生素质的提高，学校的环境卫生、纪律等也会有所改善。

那么，这种制度对于学生和学校都有巨大的益处，我们何乐而不为呢？

可是，怎样才算是真正地做到了"民主"呢？

第一，学校要在与老师、学生进行有效沟通的前提下，制定完备的制度，并在施行中不断"裨补阙漏"，广泛接纳新的建议，进一步完善制度。

第二，老师要敢于放开去做，要把问题的发现权、讨论权、探究权与解决权交给学生，要作为一个指导者、民主制度的施行者，而不是一个主导者。

第三，学生要树立主人翁意识，积极响应学校号召，课堂上积极探究、讨论，课下及时预习、复习，真正地实现独立自主，摆脱依赖性。

总之，"民主"的课堂才是真正顺应时代潮流的课堂，真正实用的课堂。（北宋一中学生　薄钰）

六、课堂——放飞理想的翅膀

给我们一片广阔的天空，让我们自由翱翔。

——题记

明亮的光线倾洒在黑板上，飞扬起的粉笔末在暖光下闪烁——这是我记忆中课堂的温馨剪影。

　　课堂是我们学生获得"养料"的乐园。在课堂上，老师倾注心血传授知识，我们孜孜不倦地吸取精神的养料。在45分钟的课堂里，我们跟随着老师的脚步，攀登知识的高峰，丰富我们的知识，提高我们的内在修养。

　　对于学生来说，课堂讲解要详尽、要生动。笼统枯燥的课堂只会使人昏昏欲睡，又怎会有好的课堂效果？在课堂上，学生在老师的安排和指导下学习知识，可如果老师的指引太详尽，就变成了对学生的束缚，使人感到压抑。

　　自由是开在心中的花，芬芳散开在心中，绽放出最真的喜悦。我们的数学课堂便拥有这样的气氛。在数学课上，老师讲解不懂的题目，然后留下时间让我们整理，再根据自己的情况复习或讨论。通过讨论和复习，可以使不熟悉的知识明确并巩固，完善知识体系。在讨论过程中，老师在教室巡视，为不明白的同学讲解题目，当学生遇到有争议的问题时也可以和老师讨论解决。在与老师交流的过程中，巩固了知识点并获得了许多新的启发。在这样一个紧张却不失自由的气氛中，每个同学都能查缺补漏，在题海中徜徉自得。

　　自由轻松的气氛可以激发出学生的兴趣，兴趣是最大的老师。当数学由一门学科转变为一个人的兴趣时，那些数字和公式也就不再陌生，那些题目与图像也就不再遥不可及，一切都显得那么自然、熟悉而亲近。兴趣使人专注，使人快乐，能激发学生学习兴趣的课堂才是成功的课堂。

　　可能有人感到数学是枯燥的、无聊的，总是有数不清的数据需要计算，有看不懂的难题要求解，可是如果有一天你解出了一道非常复杂的题目，那份喜悦会使心灵得到非常大的满足。如果你将数学的大门推开一个小缝，视线越过那扇厚重的大门，你就会被里面奇异的美景所吸引，不知不觉就进入了一个新奇有趣的世界，探求永恒的真理。

　　我想起泰戈尔的《飞鸟集》——"放手后的自由"不正是对《飞鸟集》最好的诠释？不也正是对于课堂的最好诠释吗？（北宋一中学生　张欲晓）

"零"作业背景下学校文化生成与发展

　　观乎人文，以化成天下。文化是一种氛围，是精气神和真善美的外显，文化是一种力量，是凝聚力和创造力的源泉。学校文化是学校的个性所在，特色所在，是学校发展过程中的有效标签，用文化指引方向，用文化凝聚人心，用文化提升内涵，能增强学校底蕴，促进师生发展，成就教育品牌。

　　利津县北宋镇第一中学，原是东营市一所普通的农村初中。面临教育新形势、新发展，学校关注教育改革，立足教育原点，着眼教育未来，大力实施素质教育，以"创领学习、奠基成长"为办学理念，以"做一个文化磁场"为社会使命，以"'零'作业"为突破口，以"'零'管理"为依托，大胆尝试，不断探索。回归教育本质，让教师从无序的时间竞争中解放出来，让学生从繁重的作业竞争中解放出来，为师生插上成长的翅膀。

观乎人文，以化成天下。文化是一种氛围，是精气神和真善美的外显，文化是一种力量，是凝聚力和创造力的源泉。学校文化是学校的个性所在，特色所在，是学校发展过程中的有效标签，用文化指引方向，用文化凝聚人心，用文化提升内涵，能增强学校底蕴，促进师生发展，成就教育品牌。

利津县北宋镇第一中学，原是东营市一所普通的农村初中。面临教育新形势、新发展，学校关注教育改革，立足教育原点，着眼教育未来，大力实施素质教育，以"创领学习、奠基成长"为办学理念，以"做一个文化磁场"为社会使命，以"'零'作业"为突破口，以"'零'管理"为依托，大胆尝试，不断探索。回归教育本质，让教师从无序的时间竞争中解放出来，让学生从繁重的作业竞争中解放出来，为师生插上成长的翅膀。

迈上新征程，开启新未来。北宋一中将以"自信、超越"的精神，保有奋斗激情，树立精品意识，与时俱进，开拓创新，将学校打造成为农村学校素质教育的探索者。在发展中，不断践行办学理念，逐步丰富文化内涵，以更加稳健的步伐、更富韵味的姿态，扬帆奋进，再放新的光彩。

一、基本理念

1. 北宋一中的办学特色：1＋0＋0＝100

【阐释】"1＋0＋0＝100"即"一个文化磁场＋'零'管理＋'零'作业＝成人百分百"。

学校是文化传播的主阵地，肩负着带动文化大繁荣、大发展的历史使命。对内而言，北宋一中重视文化氛围的营造，在这里，师生共同构建的勤于读书、乐于学习、善于研究、勇于创新等学习风气，尊重包容、和爱互助、诚信淳朴、明礼有仪等美德形成一个强大的磁场，影响着每一个成员。对外而言，学校犹如一个文化的磁场，以强大的"同化"作用，影响着社会精神文明构建。首先，让家长委员会走出学校，走进村文化大院，定期邀请专家到村文化大院为家长讲课，提高家长的教育水平，引导他们参与学校管理。其次，开放办学，让学生社团活动走进社区、村庄，实现学校教育与社会生活的互动促进，实现学校公共服务职能。

"零"管理是一种团队管理模式，有利于培养人的自发管理意识，提升自我管理能力，形成"无为胜有为"的良性管理模式。"零"管理注重民主平等，学校以人为本，决策民主化，管理民主化，从而唤醒人的主体意识，弘扬人的主体精神，发挥人的主体能力，让每个人都能参与到学校管理中；"零"管理重视合作共进，没有完美的个人，只有完美的团队，学校借鉴"团队式引领"的管理思想，对小组结构进行优化调整，使先进带动后进，后进主动求发展，从而实现共生共长，并于这一过程中培养集体荣誉感；"零"管理关注文化浸润，学校努力构建独具特色的文化体系，让师生以文化沐浴心灵，在文化的引领下自觉规范个人行为。

"零"作业是创新型、高效型课堂模式，目的在于让师生从繁重的作业负担中解放出来，让学生有更多的自主学习时间，激发学习兴趣；让教师有更多的自主探究时间，构建高效课堂。"零"作业不是不学习，而是建立"学习型组织"，落实学习任务；运用"单元自主学习指导纲要"，提高学生自主学习效果；使用"课堂学习指导纲要"，促进教学环节优化；设计"双休日（节假日）生活指导"，培养学生创新实践能力，丰富学生双休日和节假日生活。

培养美好人性、塑造美好人格，拥有美好人生，建设一个美好社会，才是教育的根本使命。"成人百分百"即以此为追求，让每个人都能收获成长，让每个人都能终身发展。"1"强化人的责任意识，"零"管理锻炼的是自我管理、团队协作能力，"零"作业养成的是自主学习、合作探究能力，三者是"成人百分百"的有效保障。学校致力于学生的全面发展，使其德智体美全面发展，形成良好的教养、横溢的才智、强健的体魄、高雅的审美；致力于教师的素质提升，使其以教育家、思想家的眼界、胸怀和抱负付诸教学，从而实现其教育追求。

2. 北宋一中的办学理念：创领学习、奠基成长

【阐释】在现代学校自主发展的理念背景下，学校所追求的教育理想和目标就是为国家培养未来公民所应具有的共同素质服务。

北宋一中不断实践总结，创领学习"成人百分百"。一方面，创新教育教学模式，推行"零"作业，彰显育人的个性化特征，以更加专业的方式来体现地区的文化特质。另一方面，学校实施"走出去"和"引进来"相结合策略，运用文化磁场的巨大作用，注重有效沟通，加强学校和家庭之间的联系。真正起到纽带的作用，实现学校教育和家庭教育的和谐发展。

学校以科学精神培养与人文精神、人文知识拓展为主，培养学生的探索能力，丰富学生的文化底蕴和内在涵养；不断深化素质教育，提高学生的整体素质，增强教师和学生的执行力，培养人、发展人、完善人，为学生成长奠基，努力造就自主发展的一代新人。当学校、教师和学生各方的需求都得到满足时，学习和成长才显得更有生命力！

3. 北宋一中的学校精神：自信、超越

【阐释】自信：自信是人对自身力量的一种确信，深信自己一定能做成某件事，实现所追求的目标，它意味着相信自己能够取得成功，不畏惧失败，不断砥砺心智。自信是向上的力量，是积极的态度，它能产生一股强大的力量，极大地激发人的潜能，使人生的追求能成为现实。

超越：是每天都能进步，每天都有收获，不断取得新成就，达到新高度，焕发新面貌。它激励学校师生每天进步一点点，力求更上一层楼，把每一点进步当做下一个进步的基石，打造完美的人生征程。师生的超越精神亦能带动学校的发展，使学校以优异的教育成绩屹立于教育改革的最前沿。

4. 北宋一中的校训：志道游艺、抱朴求真

【阐释】志道游艺：语出《论语·述而》中的"志于道，据于德，依于仁，游于艺"。志不立，行不远，志道即立志于远大的目标，并为之不懈奋斗。学校遵循教育规律，回归教育本真，办有思想的教育，办减负增效的教育；师生胜不骄，败不馁，用信念坚守希望，用恒心赢得未来。游艺即学习、游憩于六艺之中，六艺为春秋时期所教授内容，体现着素质教育的内涵。游艺就是让教师游走教学艺术中，展现教学魅力；让学生德智体美全面发展，践行素质教育，传承黄河三角洲游艺文化，弘扬一方文明。

抱朴求真：抱朴，语出《道德经》中的"见素抱朴，少私寡欲"，即保

持本有的纯真。朴是真实自然，真诚待人的良好风气，教师抱朴，淡泊名利、勤于耕耘，以满腔的热情书写无悔人生；学生抱朴，与人友善、乐于助人，以善良的本性编织美好未来。求真，即探求真知，追求真理。千教万教教人求真，千学万学学做真人，教师当尊重教育规律，尊重学生个性，讲真话，授真知；学生当善于发现、勤于探索，在生活中发现知识，在实践中检验真理。

5. 北宋一中的校风：自主致知、和合共生

【阐释】自主致知：自主是人本思想下形成的良好风气，体现着人的主体意识和主观能动性；致知即获得新知识。学校以"'零'作业""'零'管理"为着手点，给师生充足的自主学习和思考时间，让师生形成自我管理的能力。教师以对教育的爱与责任，创新教育方法，与时代同步，带着个性进课堂；学生以兴趣为导向，自主选择，自主发展，挖掘自身潜力，张扬自我个性，完善知识结构，提升综合素质。

和合共生：二人同心，其利断金，和睦相处方能聚众人之心，汇众人之力；凡事合则兴，不合则衰，共同合作方能展示完美的个人，成就完美的团队。学校以"小组合作"为载体，以"学习共同体"为平台，构建"和合"氛围，培养师生的集体感和荣誉感。教师大度包容，与领导、同事、学生和睦相处，合作教学，发挥集体智慧；学生和以待人，合作学习，共同探究学问。

6. 北宋一中的教风：至诚于心、至善于教

【阐释】至诚于心：语出《孟子·离娄上》中的"诚者，天之道也；思诚者，人之道也"。诚是天的自然属性，是人进行道德修养的根本。教师讲诚信，言必信，行必果，如此，方能内不欺己，外不欺人，赢得学生的信任；教师对学生，待之以真诚，施之以和爱，将一颗心献给教育，不放弃每一个学生，用真情沟通，用真心交流，用真爱感化，建立和谐的师生关系，以尊重赢得尊重。

至善于教：语出《大学》中的"大学之道，在明明德，在亲民，在止于至善"。至善即追求完美极致的境界，是超越自我的进取状态。教育至善的根本在于研究创新，与时俱进；教育至善的表现在于因材施教，启发诱导。学校教师坚持学习钻研，总结探索，不断完善教学方法，追求创新，与时俱进，扎实教学基础，提高专业技能，以自身的成长促进学生的成长。

至诚于心，涵养师德；至善于教，成就师能。二者相合，体现着"知行合一"思想，是"成人百分百"的保障体系和具体举措。

7. 北宋一中的学风：乐学善悟、养正成习

【阐释】乐学善悟：语出《论语》中的"知之者不如好之者，好之者不如乐之者"。兴趣是最好的老师，乐于学习才能获得不断前进的动力，才能从学习中获得乐趣，从而变"要我学"为"我要学"。善悟，就是在学习中善于领悟、感悟，开动脑筋，放开思维，带着问题进行思考式学习，知其然更知其所以然，从而明辨是非，领悟真知，增长灼识，涵养智慧。

养正成习：养正语出《易·蒙》中的"蒙以养正，圣功也"。即涵养正道、正气。习惯形成性格，性格决定命运，学校是传承和传播文明的主阵地，教育中重在培养学生的良好习惯，让学生传承中华美德，知荣明耻，让美好的品格在日积月累中形成，内润于心，外化于行，一点一滴成就高尚人格，一言一行塑造美丽心灵。

二、发展理念

1. 北宋一中的学校愿景：农村学校素质教育的探索者

【阐释】新课改为农村教育注入了新的活力，是农村教育发展的一个重大机遇。北宋一中紧紧抓住课改契机，积极推进素质教育，立足农村教育实际，办人民满意的教育。

一所好的学校，必须有正确的办学方向，有先进的教育思想。北宋一中大力构建学习型组织，以先进教育理念为依托，以优异教学成就为保障，不断探索，大胆突破，敢于创新，走在教育改革的前沿。学校以"1＋0＋0＝100"为办学特色，将学校打造成具有较强辐射力的文化磁场，倡导"零"管理、"零"作业，让教师成为教育自由人，让学生成为学习自由人，实现"减负增效"的办学追求。

在未来的发展过程中，学校成员将紧跟时代发展步伐，遵循教育发展规律，创新办学，把创新做成常规，把常规做到极致，用激情与坚韧、智

慧与汗水将学校打造成为农村学校素质教育的探索者。

2. 北宋一中的培养目标：做有担当的现代人

【阐释】担当是"天下兴亡，匹夫有责"的使命，是"知过必改，善莫大焉"的智慧，是"团队进退，我的责任"的豪情。培养学生的担当意识，就是让学生担当起对社会的责任，做文化的传播者，像蒲公英的种子一般将文明带到社会各个角落；担当起对家庭的责任，传承中华孝德，知感恩，懂回报，报答父母的养育之恩，长辈的呵护之情；担当起对学校的责任，尊师重道，知礼仪，展个性，以自身的良好形象为学校增光添彩；担当起对小组的责任，团结协作，共生共长，在互相帮助中增友情，在共同提高中促进步。

培养学生成为一个现代人，就是培养学生的现代意识、世界情怀，成为一个与时俱进、兼容并包的人。做一个现代人，要不断地完善自己，提升自己，做一个德才兼备的人。首先要具备良好的人文素养，养成良好的行为习惯，具备诚信品质、善良品质、关爱品质、包容品质、谦虚品质等人文品质；其次要具备良好的科学素养，乐于学习、善于思考、勤于求知、敏于行动，从而拥有可持续发展的能力，拥有探索求真的意识，拥有科学研究的精神。

三、誓词宣言

1. 教师誓词：

我是北宋一中的教师，在此，我庄严宣誓：

做一个有方向感的教师，明确目标，努力而为；

做一个有上进感的教师，不甘平庸，提升自我；

做一个有奋斗感的教师，不畏艰难，拼搏前行；

做一个有约束感的教师，谨记师德，身正为范；

做一个有亲和感的教师，爱生如子，待生如友；

做一个有责任感的教师，爱岗敬业，敢于担当；

做一个有智慧感的教师，终身学习，学高为师；

做一个有专业感的教师，潜心教研，精益求精。

2. 学生誓词：

我是北宋一中的学生，在此，我庄严宣誓：

心拥自信，超越自我，

乐学善悟，厚我智慧，

养正成习，美我德行。

把读书当作习惯，

分秒必争，不负年少时光；

把学习当作兴趣，

时刻奋斗，不负师长期望！

3. 学校宣言：

教育是科学，需要求真；教育是事业，需要坚守；教育是责任，需要担当；教育是艺术，需要创新。

北宋一中，满怀教育梦想，承载社会厚望，养中华豪情，育现代英才，以和乐的大气、竞进的锐气、自信的豪气行走于教育大道。我们精于研究，勇于创新，探索农村教育的康庄大道；我们兢兢业业，勤勤恳恳，为学生未来发展奠基，为教师职业生命负责，为社会文化繁荣服务。

前进之路漫漫，我们踏实进取，积跬步至千里；前进之路坎坷，我们自强不息，搏行健而有成。

我期待着学校从优质学校向理想学校转化，摒弃把教师和学生压得喘不过气来的模式，转为用文化和精神来引领，激发教师、学生工作和学习的激情，创造让教师、学生自由呼吸的工作和学习环境，提升教师的幸福指数，塑造幸福的学生……

北宋一中作为山东省的一所农村初中，仅仅 5 年时间却已是门庭若市、炙手可热，而且赢得了社会的广泛认可。2008 年 1 月，山东省教育厅以鲁教基字〔2008〕6 号文件向全省推广"零"作业改革经验。新华社、《中国教育报》《大众日报》、山东教育社等四家媒体记者组团到学校实地采访。《光明日报》《中国教育报》《中国教师报》《山东教育》《山东教育报》《齐鲁晚报》等多家媒体先后报道学校素质教育改革经验。2009 年，作为东营市唯一的一所农村学校，北宋一中被省教育厅授予"山东省中小学素质教育工作先进单位"荣誉称号。2009 年 12 月，在山东省基础教育课程与教学工作会议上，我代表全省农村初中校长做了典型发言，在全省引起较大反响。2010 年 5 月，教育部基础教育课程杂志社在辽宁省丹东市召开的全国第二届课程课堂教学改革研讨会上，我做了"'零'作业：学校教学改革与内在发展的引爆点"的典型发言。2011 年，学校改革成果荣获山东省"十一五"地方教育创新成果一等奖。2012 年，该项成果荣获山东省第三界省级教学成果（中等以下教育）一等奖。

一次改革，让人们对北宋一中有了新的价值定位。作为一所农村学校，在今后的道路上，她必将还会迎接一个又一个困难。现在，许多学校都在践行创新教育思想，我想，只要剔除传统的功利教育思想，每一所学校都会轻装上阵。减负，在某种意义上，就是教育向"人性"的回归，而这种回归将是学校重新起航的开始。

当然，"零"作业的提出，绝不是像制造新闻一样的想引起某些效应，而是经过长期痛苦之后的绝地反思。北宋一中之所以坚定地提出"零"作业，也正是在反思之后，根据农村教育教学实际，做出的最终抉择，也是我们永远的理想与追求。

西南师范大学出版社
《名师工程》系列丛书目录

系列	序号	书　　　名	主编	定价
教育名校探索者·鲁派系列	1	《博弈中的追求——一位中学校长的"零"作业抉择》	李志欣	30.00
	2	《大教育视野下的特色课程构建——海洋教育的开发实施》	白刚勋	30.00
教育名师探索者·鲁派系列	3	《追问历史教学之"道"》	钟红军	30.00
	4	《灵动英语课——高效外语教学氛围创设艺术》	邵淑红	30.00
	5	《校园，幸福教育的栖居》	武际金	30.00
	6	《复调语文——尊重生命自我成长的语文教学》	孙云霄	30.00
	7	《智趣数学课——在情感深处激发学生的数学智能》	王冬梅	30.00
	8	《高品位"悦读"——让情感与心灵更愉悦的阅读教学》	马彩清	30.00
	9	《品诵教学——感悟母语神韵的阅读教学》	侯忠彦	30.00
	10	《智趣化学课——在快乐中提升学生的科学素养》	张利平	30.00
思想者系列	11	《回归教育的本色》	马恩来	30.00
	12	《守护教育的本真》	陈道龙	30.00
	13	《教育，倾听心灵的声音》	李荣灿	30.00
	14	《心根课堂——让教育随学生心灵起舞》	刘云生	30.00
	15	《做一个纯粹的教师》	许丽芬	26.00
	16	《率性教书》	夏　昆	26.00
	17	《为爱教书》	马一舜	26.00
	18	《课堂，诗意还在》	赵赵（赵克芳）	26.00
	19	《今日教育之民间立场》	子虚（扈永进）	30.00
	20	《教育，细节的深度反思》	许传利	30.00
	21	《追寻教育的真谛——许锡良教育思考录》	许锡良	30.00
名校长核心思想系列	22	《智圆行方——智慧校长的50项管理策略》	胡美山　李绵军	30.0
	23	《做一个智慧的校长》	孙世杰	30.00
	24	《成为有思想的校长》	赵艳然	30.00
名校系列	25	《人本与生本：管理与德育的双重根基》	广州市广外附设外语学校	30.00
	26	《生本与生成：高效教学的两轮驱动》	广州市广外附设外语学校	30.00
	27	《世界视野与现代意识：校本课程开发的二元思维》	广州市广外附设外语学校	30.00
	28	《让每个生命都精彩——生命教育校本实践策略》	王鹏飞	30.00
	29	《好学校，从关注每个学生开始——石梅小学优质教育多元感悟》	顾　泳　张文质	30.00
高效课堂系列	30	《让作文教学更高效——王学东写作教学手记》	王学东	30.00
	31	《用什么提高课堂效率——有效数学课必须关注的10大要素》	赵红婷	30.00
	32	《让作文更轻松——小学作文高效教学36锦囊》	李素环	30.00
	33	《让研究性学习更高效——研究性学习施教指导策略》	欧阳仁宣	30.00
	34	《让母语融入学生心灵——提升学生语文素养的高效施教艺术》	黄桂林	30.00

系列	序号	书　　　名	主编	定价
创新班主任系列	35	《班主任专业化成长策略》	杨连山	30.00
	36	《班级活动创新与问题应对》	杨连山　杨　照　张国良	30.00
	37	《班集体建设与创新人才培养》	李国汉	30.00
	38	《神奇的教育场——打造特色班级文化创新艺术》	李德善	30.00
教研提升系列	39	《校本教研的7个关键点》	孙瑞欣	30.00
	40	《教师怎样做小课题研究——高效助力教师专业化成长》	徐世贵　刘恒贺	30.00
	41	《今天我们应怎样评课》	张文质　陈海滨	30.00
	42	《今天我们应怎样进行教学反思》	张文质　刘永席	30.00
	43	《一节好课需要的教育智慧》	张文质　姚春杰	30.00
优化教学系列	44	《高效教学组织的优化策略》	赵雪霞	30.00
	45	《高效教学方法的优化策略》	任　辉	30.00
	46	《高效教学过程的优化策略》	韩　锋	30.00
	47	《让教学更生动——激发兴趣让学生快乐认知》	朱良才	30.00
	48	《让教学更高效——策略创新让教学事半功倍》	孙朝仁	30.00
	49	《让教学更开放——拓展延伸让学生触类旁通》	焦祖卿　吕　勤	30.00
	50	《让教学更生活——体验运用让学生内化知识》	强光峰	30.00
	51	《让知识更系统——整合与概括让学生建构体系》	杨向谊	30.00
	52	《让思维更创新——思辨与发散让学生思维活跃》	朱良才	30.00
创新语文教学系列	53	《曹洪彪新概念快速作文》	曹洪彪	30.00
	54	《小学语文：享受对话教学》	孙建锋	30.00
	55	《小学语文：名师教学目标落实艺术》	刘海涛　王林发	30.00
	56	《小学语文：名师魅力教学设计艺术》	刘海涛　王林发	30.00
	57	《小学语文：名师魅力课堂激趣艺术》	刘海涛　豆海湛	30.00
	58	《小学语文：单元整体教学构建艺术》	李怀源	30.00
	59	《小学作文：名师情趣课堂创设艺术》	张化万	30.00
教师成长系列	60	《做会研究的教师》	姚小明	30.00
	61	《学学名师那些事》	孙志毅	30.00
	62	《给新教师的建议》	李镇西	30.00
	63	《教师心灵读本：成为有思想的教师》	肖　川	30.00
	64	《教师心灵读本：教师，做反思的实践者》	肖　川	30.00
创新课堂系列	65	《个性化课堂教学艺术：小学语文》	商德远	30.00
	66	《如何实现三维目标——让学生与文本共鸣的诵读教学》	张连元	30.00
	67	《想说　会说　有话可说——突破作文瓶颈的三维教学法》	杨和平	30.00
	68	《综合课的整合创新教学》	周辉兵	30.00
	69	《如何打造学生喜欢的音乐课堂》	张　娟	30.00
	70	《理想课堂的构建与实施——一个教研员眼中的理想课堂》	张玉彬	30.00
	71	《小学语文：决定教学质量的关键策略》	李　楠	30.00
	72	《用〈论语〉思想提升数学教育智慧》	胡爱民	30.00
	73	《童化作文——浸润儿童心灵的作文教学》	吴　勇	30.00
幼师提升系列	74	《全国优秀幼儿健康教育活动课例评析》	教育部教育管理信息中心	30.00
	75	《全国优秀幼儿艺术教育活动课例评析》	教育部教育管理信息中心	30.00
	76	《全国优秀幼儿社会教育活动课例评析》	教育部教育管理信息中心	30.00
	77	《全国优秀幼儿语言教育活动课例评析》	教育部教育管理信息中心	30.00
	78	《全国优秀幼儿科学教育活动课例评析》	教育部教育管理信息中心	30.00
名师名课系列	79	《名师如何炼就名课》（美术卷）	李力加	35.00

系列	序号	书　　　　名	主编	定价
教师修炼系列	80	《班主任工作行为八项修炼》	杨连山	30.00
	81	《教师心理健康六项修炼》	李慧生	30.00
	82	《教师专业化五项修炼》	杨连山　田福安	30.00
	83	《课堂教学素养五项修炼》	刘金生　霍克林	30.00
	84	《高效教学技能十项修炼》	欧阳芬　诸葛彪	30.00
	85	《教师新师德六项修炼》	王毓珣　王颖	30.00
教学创新数学系列	86	《小学数学：名师教学目标落实艺术》	余文森	30.00
	87	《小学数学：名师高效教学设计艺术》	余文森	30.00
	88	《小学数学：名师易错问题针对教学》	余文森	30.00
	89	《小学数学：名师魅力课堂激趣艺术》	余文森	30.00
	90	《小学数学：名师同课异教》	林高明　陈燕香	30.00
	91	《小学数学：名师抽象问题艺术教学》	余文森	30.00
教育心理系列	92	《做最好的心理导师——中学生心理健康咨询手册》	杨东	30.00
	93	《每天学点教育心理学》	石国兴　白晋荣	30.00
	94	《学生心理拓展训练与指导》	徐岳敏	30.00
	95	《好心态成就好学生——学生心理问题剖析与对症教育》	李韦邌	30.00
教育通识系列	96	《用心做教师——青年教师快速成长的十大定律》	王福强	30.00
	97	《做最受学生欢迎的老师》	赵馨　许俊仪	30.00
	98	《做有策略的校长——经典寓言与学校管理智慧》	宋运来	30.00
	99	《做有策略的教师——经典故事中的教育启示》	孙志毅	30.00
	100	《从学生那里学教书》	严育洪	30.00
	101	《突破平庸——提升教育质量的31个跳板》	严育洪	30.00
	102	《教育，诗意地栖居》	朱华忠	30.00
	103	《好班规打造好班级》	赵凯	30.00
	104	《做学生成长的引领者——学生终身成长的素质培养》	田祥珍	30.00
	105	《如何管出好班级——突破班级管理的四大瓶颈》	刘令军	30.00
	106	《青春期性教育教师实用手册》	闵乐夫	30.00
教育细节系列	107	《名师最具渲染力的口才细节》	高万祥	30.00
	108	《名师最有效的沟通细节》	李燕　徐波	30.00
	109	《名师最有效的激励细节》	张利　李波	30.00
	110	《名师培养学生好习惯的高效细节》	李文娟　郭香萍	30.00
	111	《名师人格教育的经典细节》	齐欣	30.00
	112	《名师营造课堂氛围的经典细节》	高帆　李秀华	30.00
	113	《名师最有效的赏识教育细节》	李慧军	30.00
	114	《名师最有效的批评细节》	沈旎	30.00
教育管理力系列	115	《名校激励管理促进力》	周兵	30.00
	116	《名校安全管理执行力》	袁先潋	30.00
	117	《名校师资团队建设力》	赵圣华	30.00
	118	《名校危机管理应对力》	李明汉	30.00
	119	《名校校本研究创新力》	李春华	30.00
	120	《学校文化力建设策略》	袁先潋	30.00
	121	《名校长核心教育力》	陶继新	30.00
	122	《名校长高绩效领导力》	周辉兵	30.00
	123	《名校行政管理细节力》	杨少春	30.00
	124	《名校教学管理提升力》	张韬　戴诗银	30.00
	125	《名校学生管理教导力》	田福安	30.00
	126	《名校校园文化构建力》	岳春峰	30.00

系列	序号	书　　　名	主编	定价
大师讲坛系列	127	《大师谈教育心理》	肖　川	30.00
	128	《大师谈教育激励》	肖　川	30.00
	129	《大师谈教育沟通》	王斌兴　吴杰明	30.00
	130	《大师谈启蒙教育》	周　宏	30.00
	131	《大师谈教育管理》	樊　雁	30.00
	132	《大师谈儿童人格塑造》	齐　欣	30.00
	133	《大师谈儿童习惯培养》	唐西胜	30.00
	134	《大师谈儿童能力培养》	张启福	30.00
	135	《大师谈早恋与性教育》	闵乐夫	30.00
	136	《大师谈儿童情感教育》	张光林　张　静	30.00
高中新课程系列	137	《高中新课程：教师角色转变细节》	缪水娟	30.00
	138	《高中新课程：班主任新兵法细节》	李国汉　杨连山	30.00
	139	《高中新课程：教学管理创新细节》	陈　文	30.00
	140	《高中新课程：更有效的评价细节》	李淑华	30.00
教学新突破系列	141	《把教学目标落实到位——名师优质课堂的效率管理》	冯增俊	30.00
	142	《拿什么调动学生——名师生态课堂的情绪管理》	胡　涛	30.00
	143	《零距离施教——名师和谐师生关系的构建艺术》	贺　斌	30.00
	144	《一个都不能落——名师提升学困生的针对教学》	侯一波	30.00
	145	《让学习变得更轻松——名师最能吸引学生的情境设计》	施建平	30.00
	146	《让知识变得更易学——名师改造难学知识的优化艺术》	周维强	30.00
教学提升系列	147	《方法总比问题多——名师转变棘手学生的施教艺术》	杨志军	30.00
	148	《用特色吸引学生——名师最受欢迎的特色教学艺术》	卞金祥	30.00
	149	《让学生爱上课堂——名师高效课堂的引导艺术》	邓　涛	30.00
	150	《拿什么打开思路——名师最吸引学生的课堂切入点》	马友文	30.00
	151	《没有记不牢的知识——名师最能提升学生记忆效果的秘诀》	谢定兰	30.00
	152	《让学生的思维活起来——名师最激发潜能的课堂提问艺术》	严永金	30.00
名师讲述系列	153	《施教先施爱——名师讲述班主任的核心教导力》	杨连山　魏永田	30.00
	154	《在欢乐中成长——名师讲述最具活力的课堂愉快教学》	王斌兴	30.00
	155	《让学生做自己的老师 　　　——名师讲述如何提升学生自主学习能力》	徐学福　房　慧	30.00
	156	《引领学生高效学习 　　　——名师讲述如何提高学生课堂学习效率》	刘世斌	30.00
	157	《教育从心灵开始——名师讲述最能感动学生的心灵教育》	张文质	30.00

征 稿 启 事

　　《名师工程》系列丛书是西南师范大学出版社策划、组织出版的大型系列教育丛书。丛书以新课程下的新教学为背景，以促进施教者的教育能力为落脚点，以提高教育质量、提升教师水平为宗旨。

　　丛书首批推出的"名师讲述""教学提升""教学新突破""高中新课程""教师成长""大师讲坛""教育细节""创新语文教学""教育管理力""教师修炼""创新数学教学""教育通识""教育心理""创新课堂""思想者""名师名课""幼师提升""优化教学""教研提升""名校长核心思想""名校工程""高效课堂""创新班主任""教育探索者"等系列，共150多个品种，其余系列也将陆续出版。为了让广大教师有一个交流、借鉴的机会，同时也为了给广大教师提供更多、更好的图书，《名师工程》系列丛书编辑出版委员会特向全国教育工作者征集稿件。

稿件要求：

1.主题鲜明、新颖，有独创性。

2.主题以提升教育能力为主，也可适当外延。

3.主题要有一定规模、有典型案例支撑。

4.案例要贴近教育实际，操作性强。

5.文章、书稿结构清晰，语言精彩。

　　书稿作者在选题确定之后，请及时与我们做好沟通，具体事宜确定好之后再进行创作；也欢迎用已经完稿的稿件投稿。一线教师如希望参与图书案例的创作，可联系我社策划机构，由策划机构备案，在适合的图书中参与创作。

　　真诚欢迎各位教师踊跃投稿。

联系方式：

西南师范大学出版社高教分社

电话：023-68254356　　　E-mail：zcj@swu.cn

西南师范大学出版社高教分社北京策划部

电话：010-68403096

E-mail：guodejun1973@163.com